"C理论"系列丛书

不确定时代的质量管理

穿越周期的华为

吴晓波　于东海　许伟　陈川 / 著

中信出版集团 | 北京

图书在版编目（CIP）数据

不确定时代的质量管理：穿越周期的华为 / 吴晓波等著. -- 北京：中信出版社, 2023.9
ISBN 978-7-5217-5641-8

Ⅰ.①不⋯ Ⅱ.①吴⋯ Ⅲ.①通信企业－企业管理－质量管理－研究－深圳 Ⅳ.① F632.765.3

中国国家版本馆 CIP 数据核字 (2023) 第 067526 号

不确定时代的质量管理——穿越周期的华为
著者： 吴晓波 于东海 许伟 陈川
出版发行：中信出版集团股份有限公司
（北京市朝阳区东三环北路 27 号嘉铭中心 邮编 100020）
承印者： 宝蕾元仁浩（天津）印刷有限公司

开本：787mm×1092mm 1/16 印张：19 字数：246 千字
版次：2023 年 9 月第 1 版 印次：2023 年 9 月第 1 次印刷
书号：ISBN 978-7-5217-5641-8
定价：69.00 元

版权所有·侵权必究
如有印刷、装订问题，本公司负责调换。
服务热线：400-600-8099
投稿邮箱：author@citicpub.com

目录

总　序　C 理论：后真相时代的真相　　吴晓波　田涛 _ V
序言 1　穿越周期的基石　　唐立新 _ XI
序言 2　探索华为质量之道　　段永刚 _ XV
前　言 _ XIX

第一篇　华为质量体系 _ 001

第 1 章　从自尊到生命 _ 003
质量逻辑的转变 _ 003
质量是华为的自尊心 _ 007
质量危机带来的反思 _ 010
质量是华为的生命 _ 013
华为质量管理体系演进历程 _ 017
睿华视角：C 理论与华为启发 _ 027

第 2 章　觉醒期：基于流程的质量管理　_031

追求基业长青的流程再造　_033

集成产品开发变革　_042

集成供应链管理变革　_052

睿华视角：国内市场的追赶阶段　_057

第 3 章　成长期：基于国际标准的质量体系　_061

面向全球市场的质量要素体系建设　_063

面向全球的集成供应链管理变革　_071

从线索到回款流程变革　_073

集成财经服务变革　_077

睿华视角：从追赶到超越追赶　_080

第 4 章　卓越期：客户导向的大质量体系　_084

客户导向的卓越绩效体系建设　_086

客户导向的全球流程变革　_092

华为质量三支柱　_100

睿华视角：从超越追赶到全球引领　_103

第 5 章　数智期：质量数字生态体系　_107

构建基于核心技术的开放式创新生态体系　_109

5G 技术引领　_117

基于数字化转型的质量生态体系 4.0 建设　_121

睿华视角：不同机会窗口下的战略协同　_128

第二篇　华为质量文化 _133

第 6 章　华为质量的灰度哲学 _135

灰度哲学 _135

以确定性应对不确定性 _141

零缺陷与零距离的灰度 _144

灰度与精确的辩证关系 _149

质量成本一体化管理 _151

管理体系与质量体系 _156

睿华视角：灰度哲学与企业家精神 _158

第 7 章　华为质量核心价值观 _163

以客户为中心：板凳要坐十年冷 _163

以奋斗者为本："蓝血十杰"精神 _167

长期艰苦奋斗：深淘滩，低作堰 _172

坚持自我批判 _178

远见卓识的领导 _184

华为质量系统思维 _190

睿华视角：C 理论视角下的华为质量价值观 _193

第 8 章　华为质量反思：熵与活力引擎 _198

熵的引入 _198

质量的熵 _200

华为活力引擎 _203

睿华视角：活力引擎模型与开放式创新 _209

第三篇　华为质量战略与方法　_211

第 9 章　质量与战略　_213

全面质量管理　_213

质量战略　_215

质量战略解码与执行　_230

质量内控与质量审计　_237

睿华视角：非线性成长与质量战略选择　_240

第 10 章　质量与数字化　_244

质量数字化是思维巨变　_244

价值导向的质量零距离　_249

数字经济时代的质量发展　_260

睿华视角：技术创新与商业模式创新
　　双轮驱动　_269

参考文献　_273

总序

C 理论：后真相时代的真相

在这英雄辈出的市场经济时代，人们，尤其是"学者们"，会情不自禁地问：是时代造就了英雄？还是英雄造就了时代？160余年来国人的工业化之梦终成正果：重回"世界第一制造大国"。是第一次、第二次，还是第三次工业革命的巨大风口鼓动了这些企业家英雄？还是第四次工业革命？或称"新一轮科技革命"？或是企业家们成就了这一轮又一轮的工业革命？

近年来，有一个很流行的时代描述——"后真相时代"。其定义是这样的："后真相时代，立场越极端，敌人越鲜明，越容易迎合和操控民意。这个时代流行的，是断言、猜测、感觉，是通过对事实进行观点性包装，强化、极化某种特定看法。"原来如此！

每一次工业革命的兴起，每一个大国的崛起，都伴随着影响世界的伟大经济理论和管理理论的流行。从英国亚当·斯密的《国富论》、法国亨利·法约尔的《工业管理与一般管理》、德国马克斯·韦伯的《新教伦理与资本主义精神》、美国弗雷德里克·泰勒的《科学管理原理》、约瑟夫·熊彼特的《经济发展理论》、玛丽·福列特女士的《福列特论管理》、威廉·大内的《Z理论》，到日本藤本隆宏的《丰田制造系统的演化》（The Evolution of a Manufacturing System at Toyota）、韩国金麟洙的《从模仿到创新》，没有一个经济大国的崛起是没有理由的，也没有一个经济大国的崛起是没有其独特而又有普遍意义的管理创新的！时不我待，伴随着中华民族的伟大复兴，基于中国企业管理实践的"C理论"亦应运而生！

而今，中国经济的快速发展意味着什么？当"中国式现代化"登上世界大舞台之时，基于中国实践而又能影响世界的经济理论和管理理论是什么？身处"后真相时代"的"喧嚣"中，如何形成这样的理论？管理学的本源在于揭示价值创造、价值实现和价值分配所形成的良性循环规律。在忙于将西方理论引入中国，并用中国企业的进步去验证西方管理学的意义和价值的同时，中国的管理学者们还真得好好思考一下自己在中国情景下从事管理研究的真实意义和价值，沉下心来对中国企业的伟大实践进行深入的研究，以回归管理学者的本质。

面对彻底放下历史包袱，成功运用西方现代管理理论与方法，又浸润、融入中国千年文化底蕴，与当代科技革命紧密结合而取得巨大成功的中国企业，恐怕我们得先从"赛先生"这里开始补课。

眼下还有两个比较流行的名词："民科"与"官科"。即所谓"民间科学"与"官方科学"。二者有什么关系？有人说"官科"主要由政府支持，"民科"则由民间自发探索。在眼下的管理学研究中，似乎"官科"就是各高校主导的西学，"民科"则是由笃信传统文化或称"国学"的研究者主导的国学，大家各抒己见。

其实，在我们看来，就科学而言，本无官民或等级之分，科学是客观规律，所谓的"官科"或"民科"，都不能代表真正的科学。作为社会科学的管理学，是因组织的存在与竞争而有生命的学问。它根植于在有限资源的限制下追求效用最大化的企业竞技场，它研究竞技场中勇士们的竞争规则、制胜行为和战略、战术及其文化精神，而这一切又都受到组织外部和内部不断变化的场景影响。

很多时候，人们习惯于从现象中总结规律，我们称之为"经验科学"；但人们也能感觉到现象背后还有某种更抽象的、不以某人的意志为转移的东西，当人们能够通过"实验科学"的手段来探知这些规律，进而运用于实践之时，它所建立起的架构、规则和范式则能普适地造福于人类。在这所谓的"管理学丛林"中，我们还是欣喜地发现：中国的管理学研究正在进入一个"百花齐放"的新阶段，其典型现象就是各种新名词、新概念的涌现。兴奋之余，我们也不得不反躬自省：这些新名词、新概念，是不是忘掉了一些假设或前提？是不是忘掉了一些最基本的科学原理？是不是谁的嗓门大、听众多，谁就是对的？是不是谁引证的企业厉害，谁就能证明他有一套理论或范式？

人们时常会把某些成功企业家视为"神人"，可是人们又常见他们也会一个趔趄"跌下神坛"；人们总是过度关注"某某企业家说过……""某某企业家做过……"，似乎可以"照猫画虎"，让自己也成为一代枭雄。成功的企业家自有其伟大和神奇之处，一些明明白白的常识，经他们之口就成了"醍醐灌顶"的金句，可一转眼，他们自己却又往往倒在一些更为"浅显"的常识上。管理与管理学的区别就在这里。管理讲实效，管理学讲客观规律。人类文明的进步就在于，对客观规律的认识成为推动社会前进的"发动机"。

结果的成功是否能证明过程的正确？我们应该向失败者学习，还是向成功者学习？托尔斯泰在其名著《安娜·卡列尼娜》中说："幸福的家庭都是相似的，不幸的家庭各有各的不幸。"而在企业实践中，"失败的原因往往是相似的，成功之路则各不相同"。管理学者的科学精神，首先在于摆正管理科学研究与管理实践之间的关系。它们之间有着必然的紧密联系，但一定是有所区别的，同时也不仅仅是"经验"与"实证"或"规范"的关系。现实中更多的情况是：基于个别企业的经验直接得出的"有效"结论，与运用西方理论范式的

"科学"统计和演绎方法得出的脱离中国实际的结论,二者并存。

作为研究者,我们常以"理性精神"自诩,拥有批判理性的前提是拥有批判的能力。这就需要我们在认真学习和借鉴前人理论和经验的同时,深入企业实际,以全球视野和科学方法来"大胆假设,小心求证",进而揭示企业管理的科学规律,揭示蕴藏于千变万化的企业行为背后的管理真谛。

古希腊先贤亚里士多德曾作下面这张图,其中的四个维度分别是理论、知识/技能、智慧、实践。

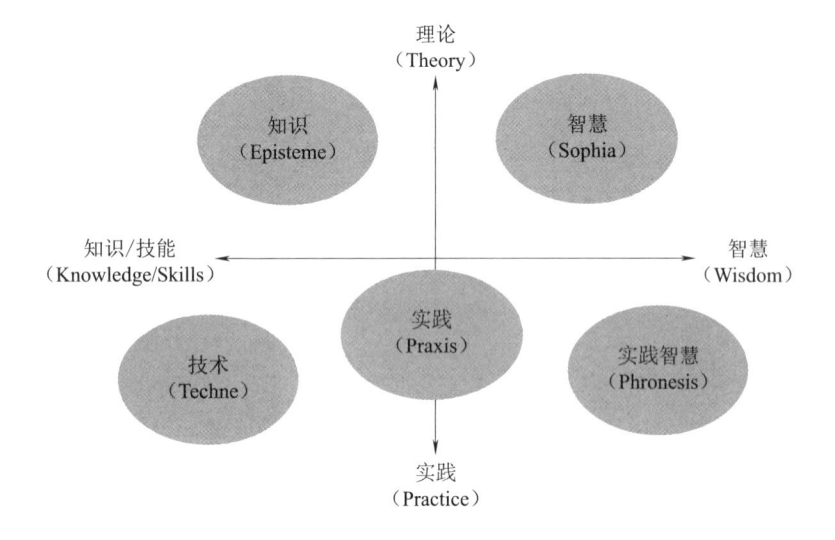

```
                    理论
                   (Theory)
                      ↑
   知识                │              智慧
 (Episteme)            │            (Sophia)
                       │
知识/技能 ←─────────────┼─────────────→ 智慧
(Knowledge/Skills)     │              (Wisdom)
                    实践
                   (Praxis)
   技术                │            实践智慧
  (Techne)             │           (Phronesis)
                       ↓
                    实践
                  (Practice)
```

这里的"phronesis"这个词是很有意思的,它是指基于实践的智慧,可译为"实践科学"或"实践智慧",是管理研究中最为人们所乐道的内容。通过这个框架,反思实践与理论的关系,能够端正我们的研究理性。

回到管理研究工作的本源。管理研究的本源是什么?管理研究的科学意义在哪里?我们认为,管理研究的本源就在于揭示组织的价值创造和价值实现的原理和规律,并将之与价值分配机制联系起来,形成某种可持续发展的良性循环。

作为长期关心和研究中国领先企业管理实践的学人，我们致力于用科学的批判和建设性思维，将曾经或正在华为等企业一线奋斗的管理者们的实践经验提炼出来，通过"睿华创新管理研究院"这个新型智库平台，推出凝结了我们30多年来对中国企业管理科学研究成果的"C理论"系列丛书。该丛书分"理论系列"和"实践系列"两部分。"理论系列"以学者的理论探讨为主，是从中国实践出发，对情景与变革（context and change）、超越追赶（catch-up and beyond）、混沌与范式转变（chaos and paradigm shift）、妥协与灰度（compromising and grey management）、共创共建共赢共享（co-create, co-construction, co-win, co-share）等核心概念的理论探索，系统地揭示中国企业在从追赶到超越的进程中所形成的管理思想和制度、规则，形成在学理上自洽，且能与中国一流企业自立于世界一流企业之林相匹配的自立于世界管理理论之林的管理理论体系；"实践系列"则通过学者和曾经的资深管理实践者的合作，对一个个鲜活的企业案例进行系统性的科学剖析和理性建构，从不同的视角总结出实用而又不失智慧的管理案例和管理实务，能为当下企业家和经理人的管理工作提供切实的帮助和启发。两个系列因相生而相融、因相争而相洽，在纠缠中升华。

我们一直在路上。我们殷切地期望与更多的学者和企业管理实践者携手并进，通过系统的科学研究，开发出更多基于中国实践的管理理论、方法和工具，成为能够影响世界，特别是帮助更多发展中国家加快实现从追赶走向超越追赶的中国方案，为全球企业乃至人类社会的健康可持续发展做出应有的中国贡献！

吴晓波、田涛

2023年7月，杭州、北京

序言 1

穿越周期的基石

关于质量，企业界和学术界有很多不同的表述。例如，著名质量管理专家爱德华兹·戴明和塔古奇认为：质量是客户感受到的东西，客户是生产线中最重要的一部分。现代质量管理的领军人物约瑟夫·朱兰认为：质量是一种合用性，即产品在使用期间能满足使用者的需求的程度。"零缺陷之父""一代质量宗师"菲利浦·克劳士比认为：质量即符合要求，而不是好。质量是用不符合要求的代价来衡量的，而不是简单地用指数来衡量的。"品管圈之父"石川馨认为：标准不是决策的最终来源，客户满意才是。克劳士比认为质量是有生命周期的，他基于长期的质量实践，从管理层的认识和态度、质量管理在组织管理中的地位、质量问题处理、质量成本占营业额的比例、质量改进活动、公司质量心态等6个领域，把质量管理成熟度总结为不确定期、觉醒期、启蒙期、智慧期、确定期5个阶段。国际标准化组织（ISO）给出了一个被广泛接受的质量定义：客体的一组固有特性满足要求的程度。

人们对质量的认识是一个发展的过程，需要运用"系统工程"的概念，把质量问题作为一个有机整体加以综合分析研究，实现全员、全过程、全企业的质量管理。即便在同一企业的不同发展阶段，人们对质量的认识也不尽相同。早期，企业对质量的认识通常偏向于传统的质量理念，认为质量就是产品性能和功能，质量好就是产品性能好、功能稳定。但随着现代管理理论的不断发展与深化，人们对质量的认识与管理发生了重要变化：在产品全生命周期中，对产品产生高附加值的阶段是两端的产品设计和产品销售阶段。

传统的产品设计概念经过不断地探索与研究，已经延伸和拓展到以质量为导向的全生命周期设计，包括产品设计和工艺设计，产品设计对外面向市场，工艺设计对内面向制造。工艺设计又同控制设计构成了制造环节的重要内容，工艺设计注重过程参数的设定，控制设计注重过程参数的实现路径。两者静态和动态的相互支撑，在满足产品设计目标的前提下决定了产品的最终质量。因此，多数企业的质量管理经历了从"成品检测检验"逐渐前移到"生产制造环节"，再进一步前移到"产品设计阶段"的过程，且在双循环新发展格局下，产品质量决定了循环网络的畅通质量，它必须以产品设计为出发点，不仅包含产品生产过程的监控、检验、检测等，还需要充分调查研究和考虑下游企业或者终端用户的多样性需求，精准控制制造中的生产计划与调度，形成产品设计、过程优化、质量发现、质量感知的全流程质量管理模式，实现对产品质量的高效、高质管理。

华为是把国际先进管理理论与中国企业实践相结合最为成功的企业，构建了全球独一无二具有中国特色和国际理念的现代企业管理制度。华为作为国内优秀科技制造企业的代表，在管理方面一直走在国内企业的前列，是国内众多企业学习的典范，在质量管理方面也不例外。从华为的质量体系发展历程来看，早期的华为质量管理也遵循传统企业对质量认识的一般规律。而随着业务的发展，华为对质量的认识逐渐从产品功能视角转移到客户满意视角，华为的质量理念也逐渐从业务管理层面上升到战略层面，最终上升到质量文化层面，并通过企业文化渗透到华为全体员工的思想意识和日常行为中。任正非曾说："资源是会枯竭的，唯有文化才能生生不息。"华为经过30多年的发展，逐渐形成了"以客户为中心，以奋斗者为本，长期艰苦奋斗，坚持自我批判"的核心价值观，这是华为文化的核心，是华为持续增长的基础，更是华为质量管理的核心理念。任正非曾说："以质量为中心，就是以客户为中心。"

本书系统梳理了华为质量管理的发展历程。华为在流程管理与研发创新方面学美国，在质量生产运营管理实践方面学德国、日本。从早期引入IBM等公司的集成产品开发（IPD）、集成供应链（ISC）、集成财经服务（IFS）、从线索到回款（LTC）、从问题到解决（ITR）等业务流程变革，构建自己的质量管理体系，到后来引入埃森哲客户关系管理、丰田精益制造、KANO模型[①]，构建基于全球质量能力中心的华为大质量体系，本书详细剖析了华为自创立以来，在不同发展阶段的质量管理经验和质量体系建设路径，为其他不同发展阶段的企业、企业中不同水平的质量从业人员和管理者提供了很好的参考和借鉴。

浙江大学吴晓波教授是我熟识的学者，他长期深入研究我国企业从追赶到超越追赶的创新管理体系，从30年前提出"二次创新管理理论"到带领团队原创性地构建"穿越周期的C理论"，有独到的建树和企业影响力。在本书的撰写过程中，他带领由华为质量管理的亲历者和质量管理博士组成的团队，透过实践看本质，见木更见林，从战略、文化和哲学的高度诠释了华为质量管理体系的成功之道。与通常偏重质量管理方法的专著不同，本书揭示了华为在学习和吸收西方质量管理方法、质量管理制度、质量思想精华的基础上，把西方的质

---

① KANO模型是东京理工大学教授狩野纪昭发明的对用户需求分类和排序的有用工具，体现了产品性能和用户满意之间的非线性关系。——编者注

量管理理念与中国传统文化有机融合，渐进形成华为独特质量文化的独到之处。

特别地，本书系统地阐述并提炼升华了华为质量文化中的"灰度文化"、质量价值观和"熵减"思维，从穿越周期、拥抱不确定性的C理论视角做了独到的剖析和解读。这是一部有品质、有创新，且有很强可读性的质量管理专著，相信能给广大读者，尤其是广大从事企业质量管理的管理者和研究者带来新的感悟和收获。

唐立新
中国工程院院士
东北大学副校长

序言2

探索华为质量之道

质量是企业的核心竞争力与生命线，经过改革开放40多年来的发展与演进，这已成为全社会的共识。在工业经济时期，人们对质量的认知是缺陷越少越好，企业对质量追求的极致是零缺陷。在数字经济时期，质量的定义发生了改变，人们对质量的追求，也从零缺陷转为无限满足客户需求。

1978年党的十一届三中全会，启动了中国改革开放的大潮。就在那一年，邓小平同志访问日本，随后袁宝华同志率领中国经济代表团访问日本，由此，全面质量管理（TQM）开始在中国导入并全面推进，现代质量意识与各种理念、工具、方法开始在中国企业普及。

1978年8月，中日专家一起将日本的全面质量管理模式引入中国，在全国范围内掀起全面质量管理宣贯热潮。整个80年代，质量效益成为主题。在政府部门及各类机构的推动下，符合性的质量管理认证在中国逐渐全面普及，标准化管理帮助中国企业的质量管理打下了更加坚实的发展基础。进入21世纪后，各种先进的工具和方法，比如卓越绩效模式、精益六西格玛等等，开始在中国企业有针对性地落地，致力于经营与发展质量的提升，助力企业不断从优秀迈向卓越。

党的十八大以来，国家高度关注发展质量，把质量工作放在更加突出的位置，坚持"以提高发展质量和效益为中心"，把质量强国放到了战略高度。习近平总书记在 2014 年提出了"三个转变"，即"推动中国制造向中国创造转变、中国速度向中国质量转变、中国产品向中国品牌转变"[①]，更是为高质量发展与转型提出了明确的方向。

40 多年来，中国企业不断发展、不断成熟，逐渐涌现出一批领跑者，其主要特征是：有良好的企业文化，有成熟的管理体系，有一流的质量水准，有良好的品牌形象。它们是中国经济的主体，也是高质量发展的标杆，而华为无疑是其中的佼佼者。

华为作为中国科技制造企业的杰出代表，是国内众多科技制造企业学习和研究的对象。创业以来，华为公司经过短短的三十几年，已经从最初的模仿者和跟随者，成长为通信领域的全球引领者，其快速发展的核心，就是对质量的始终坚持和不懈追求。创立初期，华为即面对爱立信、诺基亚、西门子、阿尔卡特、朗讯等国际竞争对手。华为始终坚持"以客户为中心"的核心价值观，高度重视产品质量，始终将质量作为企业成功不可或缺的物质基础。

与大多数中国企业一样，华为创建之初的质量管理也是基于事后的质量检测。经过 30 多年的发展，华为的质量管理已经从职能管理层面逐步提升到公司战略高度，从产品、技术、工程领域提升到思想建设、哲学建设和管理理论建设层面，并随着公司业务战略的解码和执行，进一步渗透到公司战略、各级组织部门与业务环节中，最终通过质量内控与质量审计，确保实现以客户为中心的质量闭环。就在不久前，由中国质量协会推荐，经过欧洲质量管理基金会（EFQM）的

---

① 来源：2014 年 5 月 11 日人民日报，《习近平在河南考察时强调：深化改革发挥优势创新思路统筹兼顾 确保经济持续健康发展社会和谐稳定》。——编者注

严格评审，华为荣获由 EFQM 颁发的"以客户为中心的杰出成就奖"。这一荣誉来之不易，也再次验证了华为深厚的质量底蕴。

本书作者吴晓波教授是我多年的老朋友，其严谨的治学态度与诚恳的工作作风，非常值得敬重。我们曾一起到上汽通用、广汽丰田等企业开展质量评价活动。吴教授也是中国质量协会学术委员会委员，是战略管理和创新管理研究领域的知名专家。他早年基于中国企业从追赶到超越追赶的管理实践所提出的"二次创新理论"，和近年针对超越追赶中"穿越周期"和"范式转变"所提出的"C 理论"，在学界和企业界均得到高度关注。他对华为的关注，多年来一以贯之，完全是一种沉浸式的研究与总结。这样的治学态度，在当今的年代殊为难得。作为他《华为管理变革》一书的续篇，本书从 C 理论的视角，全面梳理了华为在技术范式动态演化中的质量管理思想、方法和实践，系统阐述了华为如何通过战略引领下的多部门参与和多维度协同的管理变革，建立起高水平的质量管理体系，而这样的质量管理体系有助于华为在高度不确定的环境中快速建立平衡、维持高效平衡并在技术范式转变时主动打破平衡。

本书以华为质量管理体系 30 多年来的演进历程为主线，系统阐述华为在不同战略发展阶段的质量认知、质量思想、质量管理体系建设、质量管理能力提升、质量战略选择和质量文化建设。通过深入剖析华为从最初的模仿创新、只能进入农村市场、只能啃盐碱地，到如今通过建立把不确定性和变革视为常态的动态平衡机制，抓住技术范式转变中的机会窗口，成功推进 5G 的突破性自主创新和全球引领者的动态演进过程，全面呈现了其中优秀的质量实践、质量方法和质量工具。相信本书总结梳理的华为质量管理经验，能给企业家读者们带来很大的启发，特别是能够帮助企业家朋友们在当今科技革命大变局时代中抓住技术范式转变的机会窗口，实现企业的非线性成长与超越追赶。

质量是永恒的话题，而华为的质量无疑更值得深入研究与关注。可以说，本书是质量工作人员和研究者的必备参考书，是探索华为质量管理之道的最佳读本。

段永刚　博士
中国质量协会常务副会长兼秘书长

前言

历经 30 多年的砥砺前行，从 2G、3G、4G 到 5G 穿越周期，更以一己之力扛住美国数年的高压围剿制裁而不衰，华为已然成为引领未来的全球领先企业。罗马不是一天建成的，今日华为之成就得益于它汲全球领先企业管理之精华，融中华文明之精髓，构建了全球独具特色的现代企业管理体系。华为的优秀管理实践已经成为全球众多企业和商学院学子们努力学习的范例。

质量管理是现代企业管理的核心和基座。70 多年前的"阴差阳错"，让耶鲁大学物理学博士、美国国家人口普查局首席数学家和抽样顾问威廉·爱德华兹·戴明（William Edwards Deming）从一名应邀去日本从事战后人口普查的统计员变身为享誉全球的质量管理大师。他的 PDCA（PDSA）戴明环成为全球企业管理界的"第一性原理"。在改变日本制造的同时，将全球制造业的质量管控水准架上了基于统计科学的管理平台。其 8 天课程及根据课程整理而成的《戴明博士论质量的统计控制》手抄本彻底改变了"日本制造"。而另一位质量管理大师约瑟夫·朱兰则以"大 Q"与"小 q"的辩证关系和质量管理三部曲，在更高更广的管理空间上，将质量与商业范畴紧密相连。他将质量管理的第一性原理定义为：质量是一种合用性，即产品在使用期间能满足使用者的需求的程度。

而此后衍生出从全面质量管理（TQM）到质量功能展开（QFD）/质量屋、ISO 9000系列、六西格玛等等重要的方法和工具，得到全球企业的"零抵抗"和"全接受"。从日本的戴明国家奖、欧洲质量奖到美国波多里奇国家质量奖，从我国各地的市长质量奖、省长质量奖到全国质量奖，全球各地对质量管理的重视不断提升，质量管理方法日新月异。然而，万变不离其宗，让客户需求得到实实在在的满足是根本。

质量管理是华为实现战略目标的基础，如同其他的功能性管理，这样的管理体系在华为也不免经受了从"体"到"魂"的系统性改造和重生。应当看到，质量管理也是一把双刃剑，在追求质量提升的过程中由于非常刚性的专用性资产，而形成很强的路径依赖。当面对高度不确定的外部环境，特别是面对产业技术周期更迭时，如何摆脱路径依赖？又如何尽快建立起新的质量管理专用资产？如，日本企业以高水平的质量管理著称，但在面对产品的快速迭代时，高度追求质量所带来的路径依赖却对企业穿越周期的长期发展造成困难。在当前新一轮科技革命推动下，各行各业的技术与商业周期都在大大缩短，周期更替中高度的不确定性成为"新常态"。质量管理的这种"双刃剑"效应使走在竞争前沿的企业普遍陷入困境。通过构建"灰度管理"和"追求精确"精妙结合的二元体系，华为走出了"双刃剑"效应带来的困境。随着对华为系统性研究的深入，我们更清晰地看到了华为在抓住技术范式转变所带来的重大机会窗口，不断穿越产品/技术生命周期的过程中，将"变革"视为常态化的质量管理体系所发挥的关键作用。由此，我们有了从质量视角进一步解读华为成功密码的动机。

一

质量管理内生地具有极强的动态特质。本书以华为质量管理体系

30多年来的演进历程为主线，系统阐述华为在不同战略发展阶段的质量认知、质量思想、质量管理体系建设、质量管理能力提升、质量战略选择和质量文化建设。

华为质量管理体系的演进历程可以分为觉醒期、成长期、卓越期、数智期4个阶段。以引入IBM的集成产品开发变革为标志，华为质量管理开始走向规范化的质量1.0阶段。这一阶段，华为通过引入集成产品开发变革，逐步构建了基于流程的质量管理体系，使质量管理从基于事后的质量检测和弥补，转向基于设计的事前质量预防和保障。随着华为业务进入国际化阶段，为了全面满足国际客户的质量需求和准入要求，华为通过流程、组织、标准与信息技术系统的建设和整合，构建了一套"集大成的质量标准"体系。在这个时期，华为通过学习克劳士比的《质量免费》，树立了质量零缺陷的理念，并借鉴克劳士比的"质量四项基本原则"，构建了华为的质量基本原则，推动华为进入全面质量要素建设的质量2.0阶段。在大质量体系3.0阶段，华为引入KANO模型，基于用户导向构建了基于客户体验和期望、以客户为中心的质量闭环管理体系。而在数字技术广泛应用的新阶段，华为面向企业数字化转型，在流程持续优化和持续再造的基础上，通过产业链重构、战略备份，以及进入芯片设计等新领域，注重多路径、多梯次、多场景的质量生态体系建设，进入质量生态体系4.0阶段。华为由此也深刻认识到，一流企业竞争的核心是产业链的竞争，质量竞争的核心是质量生态体系的竞争。

从华为的质量思想和质量管理体系建设的发展历程可以发现，在企业发展的不同阶段，其对质量的理解，以及质量体系构建的成熟度有很大的不同。质量管理体系与企业的发展阶段相匹配，才能有效推动业务发展和竞争力提升。

二

质量管理是企业战略体系中的核心要素。从华为质量管理体系发展的历程来看，每次质量管理体系较大的升级和调整，都主动对应了不同阶段的企业战略转型：从农村市场到城市市场、从国内市场到全球市场、从运营商业务到云管端一体化，质量管理也从传统质量管理不断演进到质量生态体系建设。2015年，华为提出质量观念要从小质量转到大质量。自此，华为质量战略从产品、技术、工程领域提升到思想建设、哲学建设、管理理论建设层面，华为质量管理提升到了公司战略高度，进一步随着公司业务战略的解码和执行，渗透到公司战略、各级组织部门与业务环节中，并通过质量内控与质量审计，确保最终实现以客户为中心的质量闭环。

而数字经济时代的到来，则进一步改变了质量思维与质量运行的底层逻辑。数字要素成为质量的核心要素。华为敏锐地察觉到，工业经济时代质量追求零缺陷，而在数字经济时代质量追求零距离。质量零缺陷的主要目标是减少错误，而质量零距离则更是一种价值创造。如，通过引入 IBM 的数字流程变革，华为将质量部与流程 IT（信息技术）部合并，将质量工作融入数字流程中，将数字流程融入质量工作中，从质上改善了核心业务指标，提升了质量水平。数字流程 IT 的价值，体现在更好地实现了数字经济时代与客户的质量零距离。

更进一步，企业只有把质量上升到文化层面，才能真正构建大质量生态体系。华为质量价值观的核心有两点：一个是以客户为中心，一个是以奋斗者为本，并以此衍生出狼性文化、艰苦奋斗精神和自我批判精神。围绕质量价值观，华为一方面始终坚持"一次把事情做正确"，通过构建基于确定性规则的大质量体系，把质量管理中对精确的追求推向极致；另一方面，面对穿越周期过程中外部环境的高度不确定性，华为把熵理论引入质量管理中，充分体现了华为质量价值观中的妥协与灰度管理思想，更有效地解决了不确定时代的质量管理问题。具体地，华为通过在开放的耗散结构基础上构建活力引擎模型来激发组织活力，同时在开放文化和思想的指引下，构建了全面的开放式创新系统，通过与外界的开放与合作来保持和提升质量水平，最终达到熵减和激发组织活力的目的。

三

本书属于我们C理论丛书中的"实践系列"。通过将C理论运用于剖析华为质量管理体系在面对外部不确定性环境时的具体做法，特别是在范式转变的特殊阶段的具体质量管理方法等，多维度揭示驱动质量管理体系持续升级的关键力量和演进路径，找到推动华为公司抓住技术范式转变期的重大机会窗口，实现穿越周期从而成为世界级领先企业的底层逻辑。

中国企业从模仿中的二次创新，到追赶中的"后二次创新"，直至超越追赶中赶超国际领先企业的"原始创新"的过程，是一个高度动态化和充满不确定性的"非线性成长"过程。其间所经历的机会窗口，尤其是技术范式转变的机会窗口，都意味着巨大的压力和挑战，常常伴随着行业的大洗牌。对于后发企业来说，质量管理如何跟上持续不断的战略调整和管理变革，是保障和促使企业抓住机会窗口实现超越追赶的关键。华为质量管理体系发展的历程充分说明了这一点。本书中华为质量管理体系涉及的集成产品开发和集成供应链管理变革是其业务管理规范化的开始，集成产品开发变革和集成供应链管理变革推行期间成立的运作支持组织与质量管理和工艺技术部门，从组织能力上为产品与服务质量工作的改善提供了有效保障，也促进了华为在产品研发与供应链领域，在正确的变革方法论指导下不断改进优化，为公司持续穿越周期打下了坚实的基础。

本书的构思亦源自从2014年即开始的"睿华四季论坛"上华为"老干部"们的相关报告。从萌发具体想法到与华为老干部于东海先生（年龄并不老）及许伟和陈川两位博士组队研究、拟大纲、访谈，再到成稿和打磨，历时三年有余。其间，全球形势巨变，华为的管理体系亦有持续的变革，本书所描述和分析的华为亦非今日之华为。然而，我们相信：质量是最能体现企业工匠精神的载体，我们成就本书也本着严谨的工匠精神，而作为学者，自有对工匠精神进行批判的工匠精神。华为公司是我们批判和研究的数家重点企业之一，我们对自己的工匠精神负责，也对其中的不完美负责。

在此，我们诚挚地向一直以来为我们提供支持与帮助及提供批评与建议的华为新老干部们和有志于负责任地研究中国企业崛起之道的同道中人致敬并表示感谢。特别感谢中信出版集团和各位编辑在本书出版过程中给予的大力支持与帮助，使本书能给予读者更好的阅读体验。

希望本书能给广大读者朋友们带来启发，也更希望看到中国和其他国家有更多的企业如华为公司一样，运用质量管理新思维、新体系、新工具，更有效地为人类创造更具品质的好产品、好服务。当然，也更希望有企业能在本书的启发下，做得比华为更好！

吴晓波

浙江大学求是园

2023 年 6 月

第一篇

华为质量体系

> 人有一双眼睛用来观察世界——左眼是理智,右眼是疯狂。理智与疯狂之间,只隔着一条细细的红线。
>
> ——《细细的红线》

第 1 章　从自尊到生命

十年来我天天思考的都是失败，对成功视而不见，也没有什么荣誉感、自豪感，只有危机感。

华为的冬天可能来得更冷，更冷一些。没有预见，没有预防，就会冻死。那时，谁有棉衣，谁就活下来了。

——《华为的冬天》(任正非，2000 年)

质量逻辑的转变

工业经济时代的传统质量概念

质量是企业的红线。在工业经济时期，人们对质量的传统认知是缺陷越少越好，企业对质量的极致追求是零缺陷。然而到了数字经济时代，质量的逻辑发生了转变，人们对质量的追求，也从零缺陷转为零距离。华为产品质量的成功，主要是在传统质量领域追求零缺陷，在数字质量领域追求零距离。通过零缺陷与零距离的"双轮驱动"，华为实现了产品质量的卓越成长，从点、线、面、体、云维度逐渐构建了华为质量生态体系。

2014年4月25日，时任诺基亚CEO（首席执行官）约玛·奥利拉在记者招待会上公布同意诺基亚被微软收购的消息。在发言的最后他说了这样一句话："我们并没有做错什么，但不知为什么我们输了。"说完，连同他在内的几十名诺基亚高管情不自禁地落下了眼泪。电信时代的诺基亚经历了最为辉煌的时期，其传统功能手机在当时具有极佳的品牌效应和用户认同。从1996年开始，诺基亚手机连续15年占据全球手机市场份额第一的位置。就在全世界都看好诺基亚的时候，苹果公司的乔布斯发布了其第一代智能手机iPhone，并就此开启了全新的智能手机市场格局。谷歌和苹果完成了移动通信史上的朝代变革，传统手机从此成为明日黄花。当全球用户如潮水般放弃传统手机，转身投入智能手机的怀抱时，诺基亚的王朝开始坍塌。

从传统质量观念而言，诺基亚实现了手机质量的零缺陷。但是，数字信息空间这一"新大陆"的出现，改变了质量的逻辑。虽然大家看不见这个"新大陆"，但是所有人都无法逃过它的影响，都会感受到它的存在。信息空间改变了人们对质量的认知。不知道为什么输了，正说明诺基亚忽略了数字经济时代的质量逻辑——质量零距离成为数字经济时代新的质量红线。

对于质量的定义，企业界和学术界有很多说法。国际标准化组织在ISO 9000中给出了一个被广泛接受的质量的定义：客体的一组固有特性满足要求的程度。世界质量专家戴明、朱兰、克劳士比等专家的观点，代表着人类对质量的认识和理解不断加深，质量定义从符合标准到满足要求，从客观质量到主观质量，从小质量到大质量，质量重心和表现形式也发生了巨大变化。传统质量发展阶段可以分为质量检验阶段、质量统计控制阶段、全面质量管理阶段、质量保证阶段、卓越绩效阶段等。质量发展是在质量环境约束下，由需求拉动、技术推动和管理变革共同作用的结果。

近年来，人们对质量的认识逐渐加深：把客户的需求放在首位，为客户创造价值是质量的本质追求。质量的定义，具有经济性、广义性、时效性和相对性。质量经济性，是指质量与价值取向密切相关，高质量意味着产品以最少的投入获得最大的经济效益。质量广义性，是指质量不仅指产品与服务质量，也可指过程、活动和体系等实体的质量。质量时效性，是指组织应不断地调整对质量的要求，以满足不断变化的客户需求和期望。质量相对性，是指质量适用性因人、因时、因地而不断变化。质量的优劣是满足要求程度的一种体现，质量的比较应在同一等级基础上进行。只有满足需求的产品，才会被认为是质量好的产品。

数字经济时代的信息质量概念

数字经济时代，传统质量的概念与内涵都遇到了新的挑战。"春江水暖鸭先知"，作为信息与通信技术行业的世界领先企业，华为早在20世纪90年代就认识到信息产品不同于传统工业产品，数字经济时代，质量的逻辑也必然会发生新的转变。IBM从硬件制造商向综合服务商的转型，使华为深刻认识到，IT产品本质上是一种信息服务。任正非于是提出：人们对信息需求的有限性和制造信息产品的资源无限性之间的矛盾，是数字经济时代华为质量思考的新逻辑。

> 由于互联网及芯片的巨大进步，其使用使人大脑的等效当量成千倍地增长。美国虽然只有两亿多人口，但由于互联网和芯片的使用，却相当于有4000亿个大脑。这些大脑一起运转，就会爆发出新的技术、新的知识和新的文化，它会大大超越人类真实的需求。因为人类需求的进步是缓慢的，它随着人的生理和心理的进步而进步。这就是人们对信息需求的有限性和制造信息产品的资源无限性之间的矛盾。
>
> ——《在"广东学习论坛"第十六期报告会上的讲话》
> （任正非，2004年）

数字经济时代，大数据、5G、物联网、人工智能等新一代信息技术，对传统经济模式的改变是全面的，质量发展也随之进入数字智能化的网络生态体系阶段。智能化最大的意义在于把信息空间、物质空间和人类空间紧密结合在一起，并用智能化引领质量资源配置和质量要素整合。数字经济时代，从零缺陷走向零距离是质量发展的必然趋势。如果说满足个性化需求是质量发展的趋势，那么实现智能化才能使个性化质量真正落地。

只有偏执狂才能成功

《细细的红线》是一部反映二战时期太平洋战场岛屿争夺战的电影，它改编自小说家詹姆斯·琼斯的同名小说。战争年代，人们的理智与疯狂之间，只隔着一条细细的红线。战与不战，正义与邪恶，只在一念之间。企业组织和军事组织很像，都有强烈的危机感和求胜意识。"在战争中学会战争，在游泳中学会游泳"，任正非喜欢用军事术语来比喻企业管理，华为早期20年的组织文化也像军队文化：群体意志坚定，技术意识敏锐，节奏短促有力，执行迅速果敢。战争前沿技术是催生军事变革的引擎。

在有文字记载的数千年历史中，人类经历了近1.5万次大大小小的战争。纵观人类战争史可以看出，从徒手战争、冷兵器战争、热兵器战争、机械化战争，到如今海、陆、空、天、电五维的信息化战争，战争的形态和作战样式随着时代和科技发展而不断变化，战争形态的每次转变都是以新一代武器装备的使用为标志，都明显烙下了军事科技进步的印记。人类历史上几次大的战争形态变革也同样证明，军事装备技术的发展水平是决定战争形态变化的主要因素。先进军事技术作为传统战争形态的决定性力量，总是强制性地推动作战方式的变革，引起战争形态的历史性变化。

华为的主业属于信息与通信技术行业。短短40多年，信息与通信技术领域发生了多次技术革命，仅无线通信技术就完成了从 1G 到 5G 的大跨越。每次信息通信技术革命，都有无数世界知名企业倒下，新的企业巨头跻身世界 500 强。信息与通信技术行业是一个群雄逐鹿的四战之地，要想在这个行业立足并赢得世界第一，只有"偏执狂"才能成功。柳传志多年前在央视点评华为时，说过这样一段耐人寻味的话："我很佩服任正非，华为走出了一条非常独特的道路，这点我们联想做不了。联想走的路是走 10 里就安营扎寨，等休息好看好地形再走。守正出奇，风险性小，但登顶的时间要更长。而华为敢于冒险，敢于投入，选择了最陡最险的一条路，但如果成功了，登顶用的时间也最短。任正非这个胆量和气魄是我所没有的。"

质量是华为的自尊心

华为公司明确提出质量是华为的自尊心，并将其写入《华为基本法》：我们的目标是以优异的产品、可靠的质量、优越的终生效能费用比和有效的服务，满足客户日益增长的需要。质量是我们的自尊心。

中华有为

华为的名字来源于"中华有为"这一标语。对于华为公司的名字由来，任正非曾这样解释："其实华为公司的命名，当初有些随意。我在 1987 年成立公司的时候想不出名字，抬头看见了墙上的'中华有为'四字标语，于是直接就将公司命名为华为。"随着时间的推移，华为公司高层发现，华为这个名字起得好像并不是太好，因为"华为"在英语中读起来很容易和夏威夷（Hawaii）混淆。为此，华为公司曾经还召开了一场会议，讨论是否需要更改公司名称，但华为最终放弃了改名的念头。不改名，不起英文名，也是华为公司的自信之处。任正非认为：与其让华为接受外国人的读音习惯，还不如通过产品质量让他们纠正自己的读音去读出 HUAWEI。

产品质量是一个国家与企业的名片

一个国家、一个城市、一个企业要赢得世界的尊重，需要有世界级的产品质量。旧中国的车被称为"洋车"，铁钉被称为"洋钉"，火柴被称为"洋火"，很多日用工业品前面都要加上一个"洋"字，这说明当时中国工业基础薄弱，产品质量低劣，很多东西依赖进口。今天，中国制造业规模超过美国、日本、德国制造业规模总和，中国制造行销全球，质量口碑和声誉也越来越好。在高新技术产品出口领域，中国不断为世界做出自己的贡献。一个没有质量追求的企业、城市或国家，再有钱也很难得到世界人民的尊重。今天享誉世界的德国制造与日本品质都曾有过黯淡的历史。1887 年，英国议会修订《商品法》，勒令所有进入英国和其殖民地的德国产品都必须打上"德国制造"的印章。"德国制造"一度成了假冒伪劣、价廉货次的代名词。后来德国通过彻底自我反省，以精良设备、精准计量、工程师文化和标准化生产建立了德国制造的口碑与声誉。

每一个国家的质量声誉都是众多企业努力奋斗的结果。发展实业需要眼光，更需要定力。德国总理默克尔在任期间先后 12 次访华。作为"来华次数最多、最了解中国的欧洲国家领导人"，她对中国质量发展的评价一直比较客观。默克尔刚上任时，称中国没有让人尊敬的高质量产品与技术。她早期访华的议题主要是打击假冒产品、加强知识产权保护等。现在，她公开承认中国在多个工业领域已经成为德国必须认真对待的竞争对手。2020 年，默克尔力挺中国华为 5G 技术，并认为中国崛起源于勤奋、创造与技术。

华为是中国质量的名片

中国有句古话是"三十而立"。华为成立至今,已经有30多年。1987年在广东深圳龙岗区,华为技术有限公司(Huawei Technologies Co., Ltd.)正式成立,成为香港一家生产用户交换机公司的销售代理。从代理销售到自主研发,从农村包围城市到实现国内第一,从艰难出海参与国际竞争到行业世界第一,华为用了不到30年。

2010年,华为未经审计的全年销售收入达280亿美元,折合人民币1850亿元,较2009年增长了24%。自此,华为超越诺基亚、西门子和阿尔卡特-朗讯,成为全球仅次于爱立信的第二大通信设备制造商。2010年7月8日,《财富》世界500强企业排名公布,华为首次入围。继联想集团之后,华为成为闯入世界500强的第二家中国民营科技企业,也是500强中唯一一家未上市公司。"华为,不仅仅是世界500强"很快成为华为新的目标。

2013年,华为超过爱立信成为全球最大的通信设备供应商。2013年9月,任正非在接受华为内部无线业务汇报时说道:"最好的防御就是进攻。"他指出:"华为必然会是世界第一。"他还建议干部们要去看看《南征北战》这部电影:不舍得拿出地盘来的人不是战略家,不要在乎一城一地的得失,我们要的是整个世界。任正非把当年的形势比喻成解放战争中的大决战,指出要用大决战思维指导华为全球战略决策,将战略资源配置到关键产品与市场中。2017—2021年,华为公司的PCT(专利合作条约)专利申请量连续5年位居全球第一。华为成为世界通信行业领先企业,并率先推出5G商用技术。

中国如今已经是全球通信网络领域的超级大国,而华为是其中最耀眼的明星企业。改革开放初期,中国内地所有地区的电话拥有量加起来还不如香港一个地区。1978年,中国固定电话用户数量仅为192.5万户,电话普及率约为每百人0.38部。那时候别说手机,连固定电话都是稀罕物。然而,在过去的40多年中,中国已经从一个通信落后的国家成长为世界信息通信技术强国。在这 40 多年中，中国移动通信技术实现了从 2G 空白、3G 跟随、4G 并跑到 5G 引领的重大突破。"十三五"期间，中国建成全球规模最大的固定和移动通信网络，行政村通光纤和 4G 的比例均超 98%，5G 正式商用，数字经济迅速发展。目前，在全球 5G 标准必要专利声明中，中国占比位居前列，截至 2022 年底，我国已累计建成开通 5G 基站超过 230 万座。2019 年，我国数字经济规模达 35.8 万亿元，对 GDP（国内生产总值）增长的贡献率为 67.7%，较 2015 年提升 36 个百分点。原信息产业部部长吴基传说："改革开放 40 年来，中国人的通信手段完成了从原始到现代的巨大转变，通信的使用范围也从人扩展到物，通信行业也从制约国民经济发展的瓶颈，一跃成为国民经济的基础性、先导性行业，并为我国创新引领全球数字经济发展创造了条件。"其中，华为发挥了重大作用。

质量危机带来的反思

2000 年底，面对即将到来的互联网泡沫危机，任正非写下《华为的冬天》一文。这篇文章在中国 IT 界与企业家中广为流传，受到柳传志、王石等企业家的极力推崇。在华为 2000 财年销售额达 220 亿元，利润以 29 亿元人民币位居全国电子百强首位的时候，任正非大谈危机和失败，这种居安思危的精神，确实令人佩服和发人深省。

2000 年，任正非很心焦，互联网泡沫的爆裂声清晰可闻，一些国内知名网站几乎跌入纳斯达克 5 美元"垃圾股"行列，朗讯、爱立信、北电、诺基亚、摩托罗拉等国际通信巨头也面临困境，其中尤以朗讯的处境让华为震惊。朗讯曾是华为学习的榜样，任正非曾怀着敬仰之心参观了朗讯的贝尔实验室。回来后，他还亲自撰文抒发对朗讯的钦佩之情。但这个曾出过数位诺贝尔奖获得者的通信巨人在2000年也轰然倒塌,股价一度跌到几美分。

国际通信行业的冬天已经来临。而在中国市场,近10年的通信领域大规模建设也出现了收尾的迹象,"优化"成了运营商网络建设后期的主题。任正非认为:"我们还太嫩,我们公司经过10年的顺利发展,没有经历过挫折。不经历挫折,就不知道如何走向正确道路。""IT业的冬天对别的公司来说不一定是冬天,但对华为来说可能就是冬天。华为的冬天可能来得更冷,更冷一些。"当时,为了度过行业的严寒期,通信领域国际巨头们纷纷使出裁员这一招儿。任正非也表示:"我们从来没有承诺过像日本一样执行终身雇佣制。我们公司从创建开始就强调来去自由。"显然,2000年在任正非的眼里是晦暗的。以下是《华为的冬天》节选:

> 我们大家要一起来想,怎样才能活下去,也许才能存活得久一些。失败这一天一定会到来,大家要准备迎接,这是我从不动摇的看法,这是历史规律。
>
> 华为的危机以及萎缩、破产是一定会到来的。
>
> 现在是春天吧,但冬天已经不远了,我们在春天与夏天要念着冬天的问题。IT业的冬天对别的公司来说不一定是冬天,但对华为来说可能就是冬天。华为的冬天可能来得更冷,更冷一些。
>
> 记住一句话,"物极必反",这个网络设备供应的冬天,也会像它热得人们不理解一样,冷得出奇。没有预见,没有预防,就会冻死。那时,谁有棉衣,谁就活下来了。
>
> ——《华为的冬天》(任正非,2001年)

在华为的发展中,危机感始终推动华为质量持续提升。任正非坦言自己曾因压力过大,患过抑郁症。他表示:"人一成功后,容易被媒体包装他的伟大,他们没看到我们鼠窜的样子。"华为创办至今已经 30 多年,多次面临生死存亡的险境,危机意识始终萦绕在创始人和高管团队心中。2012 年,华为授权出版了《下一个倒下的会不会是华为》一书。华为面临着各种各样的危机,从长期看,华为早晚会死亡,这符合企业生命周期的自然规律。质量需要持续改进与创新,正是这种时刻不忘的危机意识,推动华为持续进行质量管理体系的变革。

质量第一,先进第二

华为认为,质量是第一位的,先进性是第二位的。技术领先不代表质量领先,质量竞争才是企业竞争的本质。新技术在没有成熟前,往往意味着新的问题。2013 年,在 IP(网际互连协议)交付保障团队座谈会上,任正非开篇就说:"今天我要给你们泼点冷水,是否别跑得太快了?开发团队要在可靠性上多下功夫,不要为了领先谁,而加班加点。即使真领先了,一旦有事垮下来,后退就是三年。"他接着又强调:"我们现在一路高歌猛进,扛着红旗往前冲,若忽视反思薄弱环节,别人若在峰腰位置一拦断,将全军覆没。所以我们既要迅猛前进,也要高度重视质量、重视服务,进而重视各个体系的建设。"

针对运营商设备业务,华为提出了"高稳低免"的质量要求。在高端产品领域,华为坚持硬件以稳定为导向的质量保证制度,明确质量主要责任,同时加强服务体系的建设,以产品服务化、服务工程化的思路,来完善"硬件 + 服务"的质量稳定目标。在中低端产品上,华为明文要求硬件 2000 天无故障免维修,要做到像德国和日本的消费电器一样,在使用寿命内永不需要维修。华为对中低端产品的质量追求是"好的产品像人民币一样,有价值、低损耗、免维护"。

质量是华为的生命

活下去是硬道理

活下去，是华为的最高纲领，也是最低纲领

> 死亡是会到来的，这是历史规律，我们的责任是不断延长我们的生命。
>
> ——《一江春水向东流》（任正非，2011 年）

华为轮值 CEO 徐直军说：2020 年华为的目标是力争活下来，2021 年华为的目标还是活下来，活得更好一些。30 多年来，华为活得一直不容易，但是任正非说：华为不会跪，华为要站着，还要把钱挣了。华为的骨气代表着华为的自尊与骄傲。

华为从创立开始，就面临着生存危机。质量是华为的生命，这句话凝聚着任正非对人性的深刻洞察。1987 年，任正非以注册资本 2 万元创建华为。创业是为了活下去，是被逼无奈的选择。没有资本、没有人脉、没有资源、没有技术、没有市场经验，华为唯有勇敢向前。任正非用了 23 年的时间，把华为从创业带到了世界 500 强企业的位置。2020 年，在超级大国美国的封杀下，华为依然能够屹立不倒，这是多么不容易。在华为的发展历程中，在其历次战略制定与调整中，"活下去"是华为始终坚持的最高目标，但它同时也是华为战略目标的最低标准。因为，只有活下去，企业才有机会寻求更好的发展。

质量是企业活下去的基石

华为有一种实用主义战略：为企业生存而战。华为最大的战略就是"活下去"。华为的 4 个发展阶段，其实始终都是要活下去。第一阶段，华为没有自主核心技术，得不到大城市运营商认可，只能农村包围城市,从县乡镇开始着手。第二阶段,华为全球化也是实用主义战略,跟着党走、跟着外交路线走,走海外版的农村包围城市道路。华为把国际化作为长期活下去的立身之本,自己建立国际营销体系,先从亚非拉开始,再走向欧洲国家、日本等高端市场。第三阶段的云管端战略,目标是:世界通信行业三分天下,华为占其一。云管端一体化的核心,就是追求世界第一。第四阶段的质量数字生态体系建设,是在美国技术清单封杀下,通过战略收缩与核心业务聚焦,坚持有尊严地活下去。

  质量是企业活下去的根本保证。华为不能在幻想下制定战略,如果是这样,华为就会死。质量是企业的生命,产品和服务没有质量安全,在市场上将无法立身,没有质量,组织将无法长久。德鲁克认为:"企业的首要责任就是活着。"生存既是企业的最低目标,也是企业的最高目标,这是由企业本身的特性决定的。生存还是毁灭,这是个问题。如何做到长期生存而不是走向毁灭,更是个问题。英特尔公司创始人之一安迪·格鲁夫"只有偏执狂才能生存"的论断揭示了危机意识的重要性。任正非不但坚信"唯有惶者方能生存",而且认为"封闭就会死亡"。活下去短期看是创业最初的目标,长期看则是一个企业的顶层战略。华为创业之初,筚路蓝缕,几次处于生死关头。在当时的商业大环境下,低成本竞争是很多企业采取的战略,而华为却走出了一条艰难的追求品质的道路。在创业初期,华为仅靠一部示波器、两台万用表、几个人起步,进行产品开发,制造工厂的条件也很简陋。华为当时瞄准的是先进的数字程控技术,早期产品质量不稳定,每次开完局后都要留下工程师守局,一守就是几个月。任正非在一次内部讲话中坦言:"创建初期,我们的产品质量不好,是靠遍布在全国的33个维修点及时的售后服务来弥补的。"虽然说"高质量、低成本"是所有商业组织的不懈追求,但在质量与成本互相矛盾的情况下,很多企业会选择牺牲质量降低成本。然而,华为对此的态度很明确:"绝不走低价格、低成本、低质量的道路。"

华为能够在跨国企业和国有企业之中异军突起,有人说它靠的是客户关系和价格优势。但有趣的是,任正非曾经说过这样一段话:"华为公司的价值观是坚持以客户为中心。要把自己的质量做好,让运营商通过与我们合作获得好处,这样运营商就会坚定不移地选择我们。我们也不卖低价,卖低价发低工资,那样我们的人都跑光了。我们是要真正地提高质量,竞争最本质的问题是提高质量。"所以,华为绝不会走低价格、低成本、低质量的道路。

> 我们所有工作,要以质量为优先,研发、采购、制造、供应、交付……都要以质量为优先。我们对客户负责,首先是质量;我们与供应商分享,首先也是质量。所以我们所有采购策略中,质量是第一位的,不管是技术评分,还是商务权重等,就是以质量为中心。没有质量就没有谈下去的可能性。这些年我们公司总体还是坚持以质量为中心的,包括终端,这些年坚持质量第一的道路就走正确了,慢慢就追上来了。
>
> ——《在 EMT 办公会议上的讲话》[①](任正非,2015 年)

闯入"无人区"

任正非在 2016 年 5 月底召开的全国科技创新大会、两院院士大会、中国科学技术协会第九次全国代表大会上的发言《以创新为核心竞争力,为祖国百年科技振兴而奋斗》在网络媒体推出后,引起广泛关注。在讲话中,任正非的两个判断振聋发聩:第一个是华为创新进入了"无人区",实现从追随到创新引领;第二个是对智能时代认知不足,大数据洪流下未来趋势不确定。军队打败了敌人,但是眼前是战争的"无人区",心里是战略的"无人区",头脑中是梦想的"无人

---

① EMT 指运营管理团队。——编者注

区"。作为中国最优秀的企业家之一，任正非内心最大的恐惧或许是无法准确定义敌人，无法定义需求，而孤独可能导致误判一个崭新的时代。

> 华为这些年逐步将能力中心建立在战略资源的聚集地区，现在华为在世界上建立了26个能力中心，聚集了一大批世界级的优秀科学家，他们全流程地引导着公司。这些能力中心自身也在不断发展中。
>
> 华为现在的水平尚停留在工程教学、物理算法等工程科学的创新层面，尚未进入真正的基础理论研究。随着逐步逼近香农定律、摩尔定律的极限，而有关大流量、低时延的理论还没创造出来，华为已感到前途茫茫，找不到方向。华为已前进在迷航中。重大创新是"无人区"的生存法则，没有理论突破，没有技术突破，没有大量的技术积累，是不可能产生爆发性创新的。
>
> 华为过去是一个封闭的人才金字塔结构，我们已炸开金字塔尖，开放地吸取"宇宙"能量，加强与全世界科学家的对话与合作，支持同方向科学家的研究，积极地参加各种国际产业与标准组织、各种学术讨论，多与能人喝喝咖啡，从思想的火花中，感知发展方向，有了巨大势能的积累、释放，才有厚积薄发。
>
> ——《以创新为核心竞争力，为祖国百年科技振兴而奋斗》
>（任正非，2016年）

讲话中提到的香农定律和摩尔定律是计算机与通信领域的重要原理。经过近半个世纪的飞速发展，无论是通信网络还是计算机设备，都在世界范围内获得了快速的普及，这些都有赖于两个定律所描述的市场空间和客观进化规律。诸如苹果、英特尔、诺基亚、华为这样的IT与通信巨头实际上都是在这两个定律的红利期得到了快速发展。

而这个红利期的瓶颈就出现在最近几年。从集成电路的角度，单核芯片所带来的计算能力的提高已经不能为用户需求提供更高性价比的满足。双核芯片的出现，就是摩尔定律接近极限的一个重要信号。而通信领域，在4G之后，应该说大部分的通信需求都得到了满足。5G技术和设备的迭代使得数据传输容量不足和瓶颈带来的发展动力逐渐下降问题，变得没有那么急迫。香农定律走到临界点让通信设备迭代的动力严重下降。"理论无人区"实际上就是在描述以上客观状态。

华为的成就和中国的全球化红利高度捆绑，和时代趋势高度捆绑。华为目前的两大推动力分别是：第一，中国在全球化过程中的核心驱动地位甚至主导地位，以及由此推动的全球大规模通信基础设施建设投资；第二，消费电子时代的新时代红利。然而，硬币的另一面也很清晰。基于华为目前的战略成就，可能出现的战略挑战是：第一，国际市场环境有可能伴随着中国复杂的国际关系大环境而发生逆转，这一点已经从美国对华为的商业限制中展露端倪；第二，信息时代周期性带来发展动力下降，这里面包括香农定律和摩尔定律带来的红利期瓶颈的问题；第三，智能时代对组织再造产生重大挑战，工业化和信息化时期快速成长起来的华为可能面临着人员过剩的问题。虽然第三个挑战目前还不明显，但这可能是存在于不远处的真正问题。

可见，华为在人机智能时代到来之时，本身已经走到发展的十字路口。数字经济时代的质量追求，已经从零缺陷转向零距离，构建基于数字化转型的质量生态体系成为华为赢得竞争优势的关键。

华为质量管理体系演进历程

华为质量管理发展四阶段

华为的质量管理体系，是和客户共同成长起来的质量体系。菲利浦·克劳士比借鉴医生的思维模式，结合长期的质量实践提出质量管理成熟度模型，把质量管理成熟度分为 5 个阶段：不确定期、觉醒期、启蒙期、智慧期和确定期。每个阶段对应不同的管理层认识和态度、质量管理在组织管理中的地位、质量问题处理、质量成本占营业额的比例、质量改进活动、公司质量心态等内容维度。

参照克劳士比的质量管理成熟度模型，可以把华为质量管理体系的演进历程分为觉醒期、成长期、卓越期、数智期 4 个阶段。各阶段的质量要素及特点见表 1-1。

第一阶段：觉醒期

1996—2002 年，以任正非到美国考察并决定引入 IBM 的集成产品开发变革为标志，华为质量管理逐渐走向规范化。这个阶段属于基于流程的质量管理体系 1.0 建设，是质量流程管理与"人本主义"结合时期。

创业初期，华为聚集了中国电信行业最优秀的一批青年才俊，享受了中国工程师红利。在质量管理方面，华为高度强调人的因素，强调员工的责任心与现场改进意识，把人的作用发挥到了极致。当时的质量组织主要是围绕生产流程的线性职能化组织。而早期的质量管理则以检验与测试为主，重视传统质量管理手段和方法，通过积极学习和采用成熟质量技术方法和工具，提高产品与服务质量。

1998 年，在 IBM 公司的帮助下，华为开始构建集成产品开发和集成供应链流程体系，并围绕集成产品开发和集成供应链流程，建立和完善了质量管理体系 1.0。在软件质量控制上，华为引入软件能力成熟度模型（CMM），并在印度建立了华为印度软件研究所。集成产品开发和软件能力成熟度模型是全球通用的语言体系，这期间也恰好是华为国际业务大幅增长的时期，全球通用的语言可以帮助客户更好地理解华为的质量体系并接受华为的产品与服务。

表1-1 华为质量管理体系演进四阶段

成熟度阶段	第一阶段 觉醒期	第二阶段 成长期	第三阶段 卓越期	第四阶段 数智期
以客户为中心	客户1.0 国内市场客户	客户2.0 国际市场客户	客户3.0 全球优质客户	客户4.0 闯入"无人区"
质量体系	质量管理体系1.0: 基于流程的 质量管理体系	质量管理体系2.0: 基于国际规则的 质量保证体系	大质量体系3.0: 客户导向的 大质量体系	质量生态体系4.0: 数字化质量 生态体系建设
标志事件	引入IBM的集成产品开发变革	英国电信认证事件	马电事件	5G技术全球领先和美国封杀
质量工作重心	质量流程管理 与人本主义结合	质量要素建设时期	质量闭环管理	质量生态体系建设
时间段	1996—2002年	2003—2009年	2010—2016年	2017年至今
管理层的认识和态度	认识到质量管理或许有价值，但不愿投入时间或金钱来改进	参加质量改进的计划，对质量管理较为了解，比较支持和协助	参加活动，完全了解质量管理基本原则，并充分认识到个人在该持续改进中的角色	认为质量管理是公司管理系统中的基本部分
质量管理在组织管理中的地位	任命强有力的质量负责人，但基本任务是使生产顺畅，只是生产或其他部门的一部分而已	质量部门向管理层负责，所有评估结果纳入正式报告，质量经理在公司管理层有一定地位	质量一把手责任，报告有效的工作情况，采取预防措施，参加与客户有关的反被指派的其他特殊活动	预防成为基本重点，质量被认为是公司的先导

第1章 从自尊到生命　　019

续表

成熟度阶段	第一阶段觉醒期	第二阶段成长期	第三阶段卓越期	第四阶段数智期
质量问题处理	组成工作小组来解决大量大问题，但没有处理问题的整体目长远的决策与方法	建立通畅的沟通渠道用于纠错活动，公开面对问题，并有计划地解决	问题能在其发展初期就被发现，所有部门都接受公开的改进建议并实施改进活动	除极少数，大部分问题的发生均被预先防止
质量成本占营业额的比例	报告为3% 实际为18%	报告为8% 实际为12%	报告为6.5% 实际为8%	报告为2.5% 实际为2.5%
质量改进活动	"兴趣所致"时会尝试一些短暂的改进活动	完全了解14个改进步骤并落实执行每个步骤	继续实施14个步骤行动并开始"走问确定"	质量改进是日常的、持续的活动
公司质量心态	"总有质量问题是不是绝对的？"	"经过管理层的承诺和质量改进活动，我们已能发现并解决问题"	"缺陷预防是我们日常工作的一部分"	"我们知道我们为什么没有质量问题"

020　不确定时代的质量管理

第二阶段：成长期

2003—2009 年，以英国电信（BT）认证为标志，华为国际市场开拓迎来新局面。

这个阶段是基于国际规则的质量管理体系 2.0 建设，质量体系进入"要素建设"时期。2003—2009 年，随着国际市场的稳步开拓，华为开始面向国际规则构建以客户为中心的质量管理体系，重点关注标准、流程、组织、信息技术等质量要素的建设。

随着公司的快速发展，华为的业务在欧洲大范围开展，新的问题也随之出现：欧洲国家多，运营商多，标准也多。欧洲的客户对供应商的产品质量有一套详细的量化指标，比如接入速度是多少，稳定运行时间是多少，等等。华为在为不同的运营商提供产品和服务时，需要仔细了解客户的标准，再将标准信息反馈到国内的设计、开发和生产制造环节，以确保最终交付的产品能够满足客户对质量的要求。国际客户标准之间的巨大差异大大增加了产品设计、开发、生产的难度和质量保证的难度。为了获得欧洲优质客户的普遍认可，华为将欧洲 ISO 质量管理标准、美国通信工业协会标准、英国电信认证标准等融入产品质量实践的各个环节，最终建立起一套"集大成的质量标准"体系。

华为质量管理体系第二阶段的建设，主要体现在流程、组织、标准与 IT 系统等质量运营要素的建设和整合上。在质量流程体系建设和完善的基础上，华为强化了标准对于质量的要求，通过量化指标使产品得到客户的认可。2007 年 4 月，华为公司 70 多名中高层管理者召开了质量高级研讨会，以克劳士比"质量管理四项基本原则"（质量的定义、质量系统、工作标准、质量衡量）为蓝本确立了华为的质量原则。之后，华为开始引入克劳士比的零缺陷理论，做全面质量管理，强调每一个人在工作的时候，都要做到没有瑕疵。后来，华为在零缺陷理念的基础上，不断完善华为质量要素建设。

第三阶段：卓越期

2010—2016 年，以马电事件为标志，基于用户导向的闭环管理，华为推动大质量体系 3.0 建设。

2010—2016 年，作为世界通信行业的引领者，华为面临的环境越来越复杂。为了更好地服务客户，华为开始基于客户体验与期望来抓质量，着重构建无生命的质量管理体系，希望以规则、制度的确定性来应对环境的不确定性，以质量管理体系的优化为中心，实现卓越运营。

客户的需求在变，没有一套质量体系可以一成不变。随着成为世界通信行业领军者，华为又遇到了新的问题：如何让客户更满意？围绕客户满意度提升，华为的质量建设进入第三阶段。此时，KANO 模型给华为质量管理指明了新的方向。东京理工大学教授狩野纪昭（Noriaki Kano）把用户需求分为三个层次：基本型需求、期望型需求和兴奋型需求，他也是第一个将满意与不满意标准引入质量管理领域的质量管理大师。参照 KANO 模型建立的以客户为中心的闭环质量管理体系，使得华为在 2016 年获得了"中国质量奖"。该体系要求在质量要素建设之外，要更加重视用户的体验。

第四阶段：数智期

2017 年至今，以 5G 技术全球领先和美国封杀为标志，华为质量从偶然走向必然，从必然王国走向自由王国。

这个阶段，华为基于数字化转型的质量生态体系 4.0 建设，进入万物互联的数字世界。中美贸易战让华为深刻认识到，一流企业竞争的核心是产业链的竞争，质量竞争的核心是质量生态体系的竞争。于是，通过产业链重构、战略备份、芯片设计等战略，华为开始面向企业数字化转型构建新的质量生态体系。希望通过新的质量生态体系，让华为融入数字世界的每一个人、每一个企业。2021 年，华为借鉴 Intel inside（内含英特尔）的理念，提出 Huawei Inside 的理念，致力于做数字中国的底座、数字世界的内核。希望通过核心技术研发，与更多企业联手构建数字世界，助力客户成长。

在新的质量生态体系建设中，除了流程的持续优化和持续再造，华为还注重质量多路径、多梯次、多场景建设。通过质量数字化构建系统平台，发挥数字使能作用。利用人工智能、物联网与云计算等技术，对公司业务进行场景化管理，提升工作效率，保证产品与服务质量。

以客户为中心的华为质量运营体系

客户第一的思想

任正非把华为30多年的成功总结成四句话："以客户为中心，以奋斗者为本，长期艰苦奋斗，坚持自我批判"，并把以客户为中心当作华为成功的唯一真理。他认为，"为客户服务是华为存在的唯一理由，客户需求是华为发展的原动力"。从企业活下去的根本来看，企业要有利润，但利润只能从客户那里来。任正非强调："华为的生存本身是靠满足客户需求、提供客户所需的产品和服务并获得合理的回报来支撑的；员工是要给工资的，股东是要给回报的，天底下唯一给华为钱的，只有客户。"

华为秉承以客户为中心的理念，心里始终装着消费者，始终把提升消费者体验、为消费者创造价值放在第一位，敢于创新、敢于突破、敢于领先，并为此不懈努力奋斗。始终站在客户的角度，第一时间高质量、高效率地响应客户需求。全流程的所有决策点在进行取舍的时候，都要坚持优先考虑客户。客户来访，无论什么背景，都要有一个级别高于客户的人陪同接待。客户会议无论是现场会议，还是电话会议，必须提前了解会议内容，精心准备。所有客户邮件、微信、短信要第一时间响应。所有发给客户的报告都要经过相应的审核、批准、质量检查。

客户第一的思想，反映的是华为的长期主义思维。只有真正了解客户需求，了解客户的压力与挑战，并为其提升竞争力提供满意的服务，客户才能与企业长期共同成长与合作，企业才能活得更久。

以客户为中心的正向质量管理体系

在源于企业自身正向的质量管理体系上，华为从流程管理，到标准量化、零缺陷管理和质量文化，再到质量生态体系建设，不断改进和优化质量体系。华为质量管理体系是跟随客户的发展而逐渐完善的。

在质量文化建设上，华为推崇大质量文化与质量哲学的概念。在中国传统文化基础上，积极吸收德国、日本、美国等国家的优秀质量文化要素，与华为的实践相结合，形成涵盖产品、工程、流程、组织、思想等各个方面，尊重规则流程，一次把事情做对，持续改进的大质量文化。

在质量组织上，华为通过成立和运作公司客户满意与质量管理委员会（CSQC），实现了对各级质量组织的垂直管理。CSQC主任由华为轮值CEO担任，公司质量部作为秘书机构。市场各地区部、各产品线、各业务与平台部门设立质量运营部，接受CSQC管理。由此保证每一层级的组织对质量都有深刻的理解，知道客户的诉求，把客户最关心的东西变成改进的动力。华为以客户为中心的质量运营管理模式如图1-1所示。其中，质量运营以客户为中心，围绕增值业务流程和战略、管控、组织资源等支撑业务流程进行运营，简化管理，提升效率。质量运营是流程OWNER（责任人）的业务伙伴，是业务流程运营与改进的保障者。质量运营有5个方面：（1）客户满意流程运营与持续改进；（2）战略流程运营与持续改进；（3）管控流程运营与持续改进；（4）组织资源流程运营与持续改进；（5）主业务流程运营与优化。

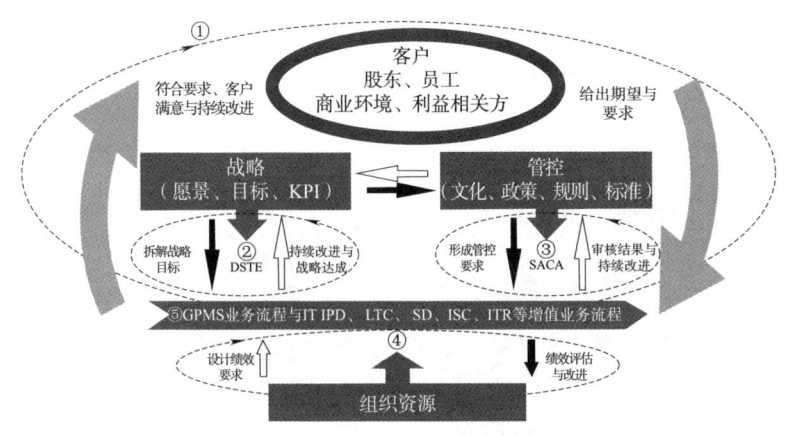

图 1-1　华为以客户为中心的质量运营管理模式①

在流程再造上，华为对关键业务节点授权、赋能、监控。同时建立流程责任人制度，把业务管理和质量管理责任落实到各级流程责任人，让企业变成流程的主人，而不是被流程所束缚。流程责任人制度从组织上确保所有流程都有人负责，有人监管，有人优化。

在敏捷开发上，为了适应快速变化的市场机遇与挑战，华为把敏捷开发的理念融入集成产品开发与 CMMI 流程，形成"敏捷 + DevOps"相融合的、独特的华为敏捷研发模式。②

在智能制造上，华为以工业 4.0 为标杆，探索先进制造模式，在生产无人化、控制智能化等方面不断学习和探索可行路径。

在运营管理上，华为选择对标爱立信，在当时其运作效率远高于华为。在公司推行卓越运营的背景下，华为面向公司全体提出"5 个 1"的目标，把产品开发、销售、供应、交付以及客户界面等环节集成打通，改进的业务环节都是与一线主业务流息息相关的，是第一次

---

① DSTE 指开发战略到执行，SACA 指半年度控制评估，GPMS 指企业各部门内部人员对现有过程进行渐进的持续改进。——编者注
② CMMI 指能力成熟度模型集成，DevOps 是一组过程、方法与系统的统称。——编者注

从公司整体层面对变革进行度量并提出明确要求,需要各业务部门有序、上下对齐开展。"5个1"目标设定详见表1-2。

表1-2 华为"5个1"目标设定

业务段	现状	目标
从客户采购订单(PO)下单到生成订单	11.8天	1天
从生成订单到备货完成	24天(供应链服务水平协议:平均21天)	1周
任何产品从订单确认到全球任意站点	6~8周(深圳供应中心) 4~5周(其他供应中心)	1个月
软件从客户下单到软件加载	2天	1分钟
设备从进站到验收	125天	1个月

源于客户的逆向质量追溯体系

为了更好地提升客户满意度,华为还建立了源于客户的逆向质量追溯体系。比如运营商BG[①],每年都会召开用户大会,邀请全球100多个重要客户的首席惊喜官(CXO)来到华为,用3天的时间,分不同主题进行研讨。研讨的目的就是请客户提意见,给华为梳理出一个需要改进的首要(TOP)工作清单。华为基于这个清单,每一条与一个客户结对,并在内部建立一个质量改进团队,针对性解决主要问题。在第二年召开用户大会时,第一件事就是汇报上一年的TOP10工作清单改进状况,并让客户投票。

一个是源于内部管理的正向体系,一个是源于外部客户的逆向体系,二者如何实现闭环?这就要求各层级的客户满意与质量管理委员会责任人必须定期审视自己管辖范围内的客户满意度,包括产品质量

---

① BG指华为的一个业务集团。——编者注

不确定时代的质量管理

本身，也包括各个环节的体验，以找到客户最关切的问题，来制订重点改进计划，保证客户关切的问题能够快速得到解决。同时，还要针对客户回诉举一反三，不断改善质量管理体系，使体系能够跟随客户的要求不断演进。

睿华视角：[①]C 理论与华为启发

C 理论

  1982 年，意大利创新经济学家乔瓦尼·多西提出技术范式和技术轨迹的概念。他把技术范式定义为一组处理问题的，为设计师、工程师、企业家和管理人员所接受与遵循的原理、规则、方法、标准、习惯的总和；技术轨迹则是为技术范式所规定的解决问题的具体模式和方向。技术轨迹由技术范式中隐含的对技术变化方向做出明确取舍的规定所决定。

  C 理论是以中国企业从追赶到超越追赶的创新管理实践为基础，分析企业抓住范式转变的机会窗口实现超越追赶规律的理论体系。原始创新主导了技术范式和技术轨迹的形成、发展；二次创新则是指在技术引进基础上进行的，囿于已有技术范式，并沿既定技术轨迹发展的技术创新。C 理论根据二次创新发展的不同过程和阶段，把二次创新分为（Ⅰ）干中学、（Ⅱ）国产化、（Ⅲ）改进型创新、（Ⅳ）后二次创新 4 种模型。简单来说，Ⅰ型二次创新的核心是在成熟技术引进基础上的设备和工艺的重组，其关键是模仿与重组；Ⅱ型二次创新的核心是通过成熟技术的引进，在消化吸收的基础上，逐步实现技术和设备的国产替代，其关键是逆向工程；Ⅲ型二次创新是在国产化的基

---

① 睿华是吴晓波老师的笔名。——编者注

础上，在产品功能和工艺层面逐步引入自主创新的技术，逐渐摆脱对原有技术引进的完全依赖；Ⅳ型二次创新的核心则是在引进新兴技术或实验室技术的基础上，通过自主研发，实现产品和工艺创新的过程。Ⅳ型二次创新在技术范式的早期即参与进来，在产品和工艺实现上具有更大的自主权。发展中国家的技术发展大都经历了Ⅰ型、Ⅱ型、Ⅲ型和Ⅳ型二次创新，并最终走向一次创新，即完全自主创新。

根据C理论的研究，技术的发展都是有生命周期的，或者说是非线性的。如图1-2所示，在一项技术范式被新的技术范式取代的转变期，充满了非线性和不确定性。比如数码相机取代传统相机、新能源汽车取代燃油动力汽车、分布式计算网络取代传统互联网技术网络。在不同的技术范式下，产品的形态和对应的商业模式也是不同的。因此，与之相适应的企业战略、组织结构、管理体系和商业模式也会不同。企业要在新的技术范式下维持或获取持续竞争优势，就需要及时调整组织战略、组织结构、管理体系，构建新的商业模式。否则，企业可能会错失机会窗口。

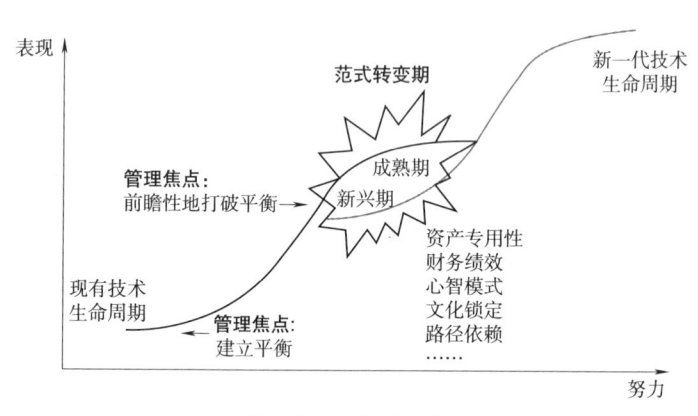

图1-2 技术演化规律

由此可见，在技术范式转变的混沌期，既存在巨大风险，也充满了机会。对于创业企业，如果能及早识别并抓住机会，即可实现换道超车，在新一轮产业竞争中快速成长壮大。对于行业领先企业，如果没有抓住范式转变的机会窗口，则可能被新进入领域的创业企业颠覆和取代。因此，企业必须打破固有思维模式，主动求变、敏锐思考、敏捷行动，从而抓住范式转变的机会窗口，实现跨越式发展。这是C理论的核心观点，也是C理论的价值所在。

华为的启示

华为自1987年成立以来，经历了从模仿、追赶、超越追赶到技术引领的不同阶段。过去的30多年，华为所在的信息与通信技术领域，经历了从模拟信号到数字信号、从1G到5G的技术发展和技术范式转变过程。那么，华为是如何抓住每一次范式转变的机会窗口，实现稳步快速增长，从最初的模仿者和行业跟随者，到最终超越诺基亚、西门子、阿尔卡特–朗讯和爱立信等国际大公司和行业巨头，走到5G全球引领地位的呢？

本书作者在对华为发展历程多年的跟踪研究，以及与华为内外部专家的多轮讨论中发现，华为30多年的发展史，其实是一部波澜起伏的管理变革史。华为以客户为中心的企业价值观和质量管理理念，贯穿了华为整个管理变革过程和系统。华为自成立以来，始终坚持以客户为中心，始终追求质量好、服务好、运作成本低、优先满足客户的质量理念。这不仅是提升客户竞争力和盈利能力的关键，也是华为赖以生存的制胜法宝。即便在最困难的发展初期，华为的态度也非常明确："绝不走低价格、低成本、低质量的道路。"

华为认为，企业竞争的本质是质量竞争。面对激烈的市场竞争和用户需求，华为提出质量是华为的生命、是华为的自尊。华为始终坚持质量第一的理念，明确提出华为的目标是以优异的产品、可靠的质量、优越的终生效能费用比和有效的服务，满足客户日益增长的需要。面对困难，华为从来不会气馁；取得成功，华为也从来不会沾沾自喜。华为时刻不忘提醒自己：成功不是未来的向导，有时候是未来的绊脚石。正是这种以客户为中心、以质量为生命的理念和坚持，以及向死而生的忧患意识，支撑华为渡过了一次又一次的难关。为了更好地服务客户，满足客户的质量需求，华为持续投入大量研发费用，用于技术研发和技术创新。同时，华为不惜投入重金，聘请国际一流咨询公司帮助进行管理变革，以适应不同技术范式下的企业经营管理和商业模式匹配需求，确保战略目标的实现。

在本书的后续章节中，笔者将以 C 理论为基础，以华为质量管理体系发展为主线，围绕不同技术范式下，华为如何通过组织战略、组织架构、管理体系等多部门参与、多维度协同的管理变革，来建立平衡、维持平衡和主动打破平衡。通过建立以不确定性和变革为常态的动态平衡和组织机制，来抓住不同技术范式转变中的机会窗口，并在不同技术轨迹下，保持组织的高速稳定增长，直至走向 5G 的自主创新和全球引领。希望华为的优秀做法和实践经验，能给更多企业带来一些启发，帮助企业抓住技术范式转变的窗口期，实现企业的非线性成长与超越追赶。

第 2 章　觉醒期：基于流程的质量管理

> 流程才拥有权力，最高领袖没有权力，最高领袖只能做规则。
> ——《南华早报采访记录》（任正非，2020 年）

事件一：华为呆死料大会——从泥坑中爬起来的人就是圣人

2000 年 9 月 1 日下午，华为在深圳体育馆召开以"从泥坑中爬起来的人就是圣人"为主题的自我批判大会，共 6000 余人参加。任正非在会上发表了题为"为什么要自我批判"的讲话，以下是讲话内容摘录。

今天研发系统召开几千人大会，将这些年由于工作不认真、BOM（物料清单）填写不清、测试不严格、盲目创新造成的大量废料作为奖品发给研发系统的几百名骨干，让他们牢记。之所以搞得这么隆重，是为了使大家刻骨铭记，一代一代传下去。为造就下一代的领导人，进行一次很好的洗礼。我今天心里很高兴，对未来的交接班充满了信心。

华为还是一个年轻的公司，尽管充满了活力和激情，但也充塞着幼稚和自傲，我们的管理还不规范。只有不断地自我批判，才能使我们尽快成熟起来。我们不是为批判而批判，不是为全面否定而批判，而是为优化和建设而批判，总的目标是要导向公司整体核心竞争力的提升。

我们处在IT业变化极快的十倍速时代，这个世界上唯一不变的就是变化。我们稍有迟疑，就失之千里。故步自封，拒绝批评，忸忸怩怩，就不止千里了。我们是为面子而走向失败，走向死亡，还是丢掉面子，丢掉错误，迎头赶上呢？要活下去，就只有超越，要超越，首先必须超越自我；超越的必要条件，是及时去除一切错误。去除一切错误，首先就要敢于自我批判。

真正的科学家，他的一生就是自我批判的一生，他从不满足于现阶段的水平，不断地深究、探索。

如果没有长期持续的自我批判，我们的制造平台，就不会把质量提升到20PPM（百万分之二十）。

公司正在走向与国际接轨，如果不是不断地自我批判，那位领导制定的管理制度动不得，某某领导讲的话不能改，改动一段流程触及哪些部门的利益，导致要撤销某个岗位，都不敢动，那么面对全流程的体系如何建设得起来？没有这些管理的深刻进步，公司如何实现为客户提供低成本、高增值的服务？那么到今天市场产品竞争激烈，价格一降再降，我们就不可能再生存下去了。管理系统天天也在自我批判，没有自我批判，难以在迅速进步的社会里生存下去。

没有自我批判，克服不良习气，我们怎么能把产品制造到国际水平，甚至超过同行？这种与自身斗争，使自己适应如日本人、德国人一样的工作方法，为公司占有市场打下了良好基础。如果没有这种与国际接轨的高质量，我们就不会生存到今天。

追求基业长青的流程再造

面向国内市场的质量 1.0

质量 1.0 指的是华为目标客户以国内市场为主的质量发展阶段。早期华为质量管理以检验与测试为主，重视传统质量管理手段和方法。然而随着企业快速成长与规模扩张，以事后检验为主的质量管理越来越难以适应企业发展需求，难以适应大规模、多产品线、全球差异化的客户质量需求。于是，经过认真考察和反复讨论，华为决定引入 IBM 的集成产品开发、集成供应链等流程管理体系。这个阶段属于基于流程的质量管理体系 1.0 建设，是质量管理与"人本主义"结合时期。

创业初期，在质量管理方面，华为高度强调人的因素，强调员工的责任心与现场改进意识，把人的作用发挥到了极致。当时的质量组织主要是围绕生产流程的线性职能化组织。而早期的质量管理则以检验与测试为主，重视学习国内外先进质量管理经验，重视传统质量管理手段和方法，通过采用成熟质量技术方法和工具，不断提高产品与服务质量。

20 世纪 90 年代，是中国电信业的 10 年黄金发展期，政府主导下的电信基础设施建设带动了国内电信行业的整体发展，涌现出了以"巨大中华"（巨龙通信、大唐电信、中兴通讯、华为技术）为代表的一批电信企业。创业初期的华为，虽然选择了技工贸的发展道路，但当时的技术能力根本无法和那些国际大公司正面竞争，所以只能走"农村包围城市"的曲折路线。当时，华为几乎在国内每个省、直辖市和自治区都建立了省级市场办事处和工程服务体系。秉承以客户为中心的理念，华为人辛勤工作，在工作场所的每一个角落都可以看到华为市场或技术人员的身影。

1993 年，华为第一台 C&C08 2000 门数字交换机在义乌佛堂开局，总工郑宝用亲自到现场指挥，任正非也多次到现场给大家加油鼓劲。开始时，设备出现了很多问题：呼损大、断线、死机……经过多方的努力，交换机最终稳定运行，华为优质的产品和员工的敬业精神也赢得了义乌邮电局的高度认可。C&C08 2000门数字交换机不仅技术定位高，与国外产品相比，还有话务统计、终端操作和计费等多项附加功能，价格却只有国外同类产品的一半左右。凭借这一款拳头产品，华为迅猛发展，并很快推出C&C08万门机。1993年华为有员工400人，销售额4.1亿元。随着C&C08的大规模商用，到1995年，华为员工增长到1800人，销售额突破14亿元，成为中国农村通信市场的主流设备供应商。C&C08项目作为华为发展的基石，为华为培养了一大批干部，华为后来的大部分副总裁都出自这个项目组，如郑宝用、毛生江、洪天峰、徐直军、费敏等。在软件质量控制上，华为引入了软件能力成熟度模型，并在印度建立了软件研究所。

烧不死的鸟是凤凰

创业早期，华为质量高度强调人的因素，注重把人的作用发挥到极致。"从泥坑中爬起来的人就是圣人""烧不死的鸟是凤凰"，这些任正非经典语录，都是华为人奋斗理念的凝结。华为的两个高层共识是华为质量30年持续成功的思想基础与组织基础。其中一个是《华为基本法》，它构筑了华为人独特的气质，打造了华为基于共同价值观进行决策与行动的敏捷组织；另一个是"烧不死的鸟是凤凰"的持续变革精神，支撑了华为基于顶层设计的常态化流程变革行动。华为高层的质量认知，决定了华为质量战略与质量经营的路径选择。

华为人成就了华为品质

人品决定产品，质量能力建立在组织能力之上。华为人艰苦奋斗的精神，成就了华为享誉世界的质量口碑。华为的成长史，就是一部荡气回肠的华为群英传！任正非、郭平、孙亚芳、郑宝用、徐直军、余承东……一个个熠熠生辉的名字，和华为一起被载入史册。

真正能够改变世界的，往往是那些心怀伟大梦想，矢志不渝，并愿意为此不断努力拼搏的人。任正非创业之初，就有雄心壮志。早在1994年，在华为上一年营业收入只有4亿元的时候，任正非就说过"未来世界通信行业三分天下，华为将占其一"的话。当时大家都觉得这是天方夜谭，一时成为业内笑谈。然而今天，这句话早就成为现实，华为早已成为世界通信行业的引领者，并率先推出5G。而同时代那些叱咤风云的千亿通信巨头所剩无几。余承东经常吹牛，被戏称为余大嘴，结果几年后发现，他说过的话基本都实现了。如果不是受到美国封杀，华为手机业务必定世界第一。

华为把员工分为三类：普通劳动者、奋斗者和有成效的奋斗者。华为不是以人为本，而是以奋斗者为本。华为人是奋斗者的共同体，华为文化是奋斗者文化，崇尚英雄主义与探险精神。华为奋斗者文化形成的秘诀在于"用好人，分好钱"。任正非的名言"钱给多了，不是人才也是人才"广为人知。人欲即天理，任正非认同钱对年轻人或华为员工来说非常重要这个常识。"华为从不回避员工的正常欲望与需求，而且要在能力和条件允许的情况下尽量多给员工。"华为知道，处理好分钱、分名、分权的"三分问题"，员工才能把后背留给公司，全身心投入工作中，充分发挥自己的才华，付出超常的努力，在推动公司高速、高质量发展的同时，获得更多的个人回报！

有能力才有未来，人才队伍建设是企业的核心能力。哪里有人才，华为就在哪里设立研发中心。世界人才在哪里，华为就在哪里。华为以人才为中心，逐渐构建了遍布全球的能力中心。华为最初的成功，很大程度上是因为抓住了中国电信行业的工程师红利。而华为今天举世瞩目的成就，则是因为抓住了全球的人才。华为信奉压强原则，这是实现大规模、超前崛起的秘密武器。压强原则就是将有限的资源集中于一点，在配置强度上大大超过竞争对手，以求重点突破，然后迅速扩大战果，最终达到系统领先。压强原则在华为公司人力资源战略上的体现，就是不断加大人力资源方面的投入。《华为基本法》明确规定："我们强调人力资本不断增值的目标优先于财务资本增值的目标。""机会、人才、技术和产品是公司成长的主要牵引力。这4种力量之间存在着相互作用。机会牵引人才，人才牵引技术，技术牵引产品，产品牵引更多更大的机会。加大这4种力量的牵引力度，促进它们之间的良性循环，就会加快公司的成长。"

火凤凰与组织再造

任正非有一句名言："烧不死的鸟是凤凰。"其人物原型就是毛生江，人称毛凤凰。

创业初期，任正非像个"甩手掌柜"，任由全国各地办事处的"游击队长"自由发挥，用什么人，用多少人，发多少工资，基本都是办事处主任说了算。到1996年，有些办事处开始有诸侯割据的苗头，无法统一管理，这让任正非深感焦虑。在和市场部负责人孙亚芳沟通后，任正非决定来一次市场部大辞职，对固化的干部队伍进行一次大整顿。

"主动辞职、重新竞聘上岗"的内部整训运动持续了整整一个月，孙亚芳带领市场部26个办事处主任，每人同时向公司递交两份报告——一份辞职报告，一份述职报告，由公司视组织改革后的人力需要决定接受哪一份报告，或就地下岗，或择优录用。在竞聘考核中，大约30%的干部被替换下来，这就是著名的"市场部集体大辞职"事件，华为也由此开启了大规模的人力资源体系建设。

在市场部集体大辞职中，毛生江是受挫折最大的一个人，经历的时间也最长，但是他在这4年中得到了很多锻炼，也得到了很大的成长。作为曾经的功臣和英雄，看着曾经的下属变为上级，内心的煎熬，只有他自己清楚。

作为一位降职干部，毛生江说："我的羽毛被烧掉了，但它发出的光芒能照亮后来的人！"对华为来说，真正有能力的人不怕考核，烧不死的鸟才是凤凰。

无论在外部看来，还是在任正非本人看来，市场部大辞职都算得上一场惊天动地的大变革，对华为公司文化的影响巨大。中国人向来爱面子，任正非认为，只有不过分顾及面子的人，才能获得成功。华为职位能上能下的文化和机制，也正是那几年开始形成的。任正非说："市场部集体大辞职对构建公司今天和未来的影响是极其深刻和远大的。我认为任何一个民族、任何一个公司或任何一个组织，只要没有新陈代谢，生命就会停止。只要有生命的活动就一定会有矛盾，一定会有斗争，也就一定会有痛苦。如果说我们顾全每位功臣的历史，那么我们就会葬送我们公司的前途。如果我们公司要有前途，那么我们每个人就必须能够舍弃小我。"

2000年，任正非又提到了毛生江，提出要向市场部特别是向毛生江学习："毛生江从山东回来，不是给我们带来一只烧鸡，也不是给我们带来一只凤凰，因为虽说烧不死的鸟是凤凰，但凤凰也只是一个个体，凤凰是生物，生物是有时限的。我认为他给我们带来的是一种精神，这种精神是可以永存的。"市场部大辞职，激活了组织活力，任正非趁热打铁，着手进行内部管理流程和制度的统一。

《华为基本法》

创业早期，华为采取粗放式、分散化管理。公司不同部门、不同地区的管理人员有很大自主权，可以采取不同的管理方法。随着业务的增长，面对不断膨胀的市场压力，华为并没有建立起一个中央集权的决策体系，而是越来越像一群游击队员组成的松散组织。

在华为成立之初，我是听任各地"游击队长"们自由发挥的。其实，我也领导不了他们。前十年几乎没开过类似办公会的会议，我总是飞到各地去，听取他们的汇报。他们说怎么办就怎么办，我理解他们，支持他们；听听研发人员的发散思维，乱成一团的所谓研发，当时简直不可能有清晰的方向，像玻璃上的苍蝇，乱碰乱撞，听到客户一点点改进的要求，就奋力去找机会……更谈不上如何去管财务了，我根本就不懂财务，这也导致我后来没有处理好与财务的关系，他们被提拔少，责任在我。也许是我无能、傻，才如此放权，使各路诸侯的聪明才智大发挥，成就了华为。我那时候被称作甩手掌柜，不是我甩手，而是我真不知道如何管。到1997年后，公司内部的思想混乱，主义林立，各路诸侯都显示出他们的实力。公司往何处去，我不得要领。

——《一江春水向东流》（任正非，2011年）

1996年，华为的内部还是一团糟，没有形成一个完整的体系。为了改变公司内部管理不当、权力分散等问题，经过将近3年的讨论与反复修订，1998年《华为基本法》正式颁布。《华为基本法》作为华为内部的"宪法"，是华为决定一切原则、制度、战略和选择的基本大法，是华为制订一切规则的元规则。《华为基本法》的确立，统一了华为内部职工的思想，统一了公司上下的基本准则，确定了公司未来的发展蓝图，确定了公司打造世界一流企业的观念、战略和基本方针。同时，《华为基本法》的确立，也加快了华为变革的进程，为华为的快速发展壮大奠定了基础。

流程才有最高权力

在华为公司里，企业领袖任正非想喝可乐也得自己去买。企业一把手没有最高权力，流程才有最高权力，这是华为流程变革成功的秘诀所在。

任正非曾说："IBM给我们做顾问时，就给我们提了一个条件，改革的结果就是把你自己杀掉，改革要把所有的权力都放进流程里，流程才拥有权力，最高领袖没有权力，最高领袖只能做规则。改的最后结果，就是我变成傀儡了，自己在公司想喝可乐也得自己去买，流程不支撑……自己在公司的身份只是傀儡。"

蓝色巨人的驾驶术

华为老员工中流传着一个段子。一天，IBM 总裁郭士纳开着一辆富康车在深圳的北环大道上行驶，任正非开着一辆宝马从后面疾驶而来。在与郭士纳相遇的一刹那，任正非大声向郭士纳喊："你开过宝马车吗？"郭士纳不理会，一踩油门超过去了。过了一会儿，任正非开着宝马又赶上来了，又向郭士纳喊："你开过宝马车吗？"郭士纳问他到底要干什么，任正非说："宝马的刹车在哪里？"开车不仅要学会踩油门，更要学会踩刹车。企业管理也是一样：业务发展是油门，质量管理是刹车，决定车速的不是油门，而是刹车。

华为的质量体系，不是跟传统工业企业的老师傅学习的，而是跟当时全球 IT 第一巨头 IBM 学习的。被称为"蓝色巨人"的 IBM 成立于 1911 年，长期以来被视为计算机的代名词，是美国科技实力的象征和国家竞争力的堡垒。1993 年，郭士纳接手 IBM 时，这家超大型企业因为臃肿的机构设置和孤立封闭的企业文化，已经变得步履蹒跚，亏损额高达 160 亿美元，正面临着被拆分的危险。媒体将其描述为"一只脚已经迈进了坟墓"。而郭士纳不仅让 IBM 扭亏为盈，而且在他掌舵的 9 年间，IBM 持续盈利，股价也上涨了 10 倍，成为全球最赚钱的公司之一。后来，郭士纳用《谁说大象不能跳舞？》这本自传，记录了自己让 IBM 起死回生的过程。

1998 年的华为，经过 11 年的发展，销售收入达到 89 亿元，员工 8000 人，成为国内最大的电信公司，同时也开始进军国际市场。然而，业务的快速扩张使得华为的管理系统陷入混乱。一方面，虽然华为十分重视产品研发，每年把销售收入的 10% 投到产品开发中，但是华为的产品开发周期仍然长于国际同行的平均水平；另一方面，业务量的扩张带来了华为管理成本的大幅增加，尽管营业收入连年增长，整体利润却在逐渐下降。华为的人均效益只有思科、IBM 等世界领先企业的 1/3~1/6。

于是华为开始思考：一个大企业能不能在未来可能出现的颠覆性创新和产业转型中生存下来？一个大企业能否从速度规模型向质量效益型转型，并保持可持续增长？任正非前瞻性地认识到华为和世界级领先企业的差距，决定不再盲目地依靠经验来开展经营管理，而应该向国际一流企业学习。于是，1997 年年末，任正非带领部分公司高管去拜访美国一些成功的企业，学习他们的管理经验。在学习中，IBM 公司的管理模型，尤其是它变革的经历引起了任正非极大的兴趣。经过认真研究和讨论，华为最终决定投入 5.6 亿元人民币，邀请 IBM 公司为其开展集成产品开发变革、集成供应链管理变革、集成财经服务变革等一系列重要的管理变革项目。5.6 亿元相当于华为当时一年的利润，可见任正非变革的决心之坚定。

> 决心要穿一双美国鞋，那我们就不能摇摆，如果我们今天摇摆这样明天摇摆那样，我们将会一事无成。所以要坚定不移地向 IBM 学习，集中精力向 IBM 学习不摇摆。
> ——《变革最重要的问题是一定要落地》（任正非，2007 年）

IBM 带给华为最大的转变是思想上的：让流程驱动质量管理，而不是让质量控制主导流程；按流程办事，是尊重规则的最好体现；按规则开展企业管理，才是规避风险、提高效率的保障；企业格局决定了企业发展的未来，权力的有效性需要通过流程来体现，离开流程的权力是无效的；流程各节点就是权力行使和权力受控的体现，权力大小与边界都可以在流程中加以设计和界定；流程变革的目的就是为客户创造价值，业务流程中流动的是价值流；流程变革追求的是过程而不是结果，在过程中去认识这个规律。

以客户为中心，是华为30多年悟出的质量实践经验的高度凝练。华为是一个充满英雄主义精神的集体组织，经过IBM指导的流程变革，从个人英雄主导的手工作坊式组织，一个垂直性功能组织，逐渐转变为一个以客户为中心的价值流组织。这样的组织，能更好地为客户创造价值，能更加迅速地响应和满足客户多样化的需求，在实现客户体验和满意度最优的同时，实现生产效率最高。

华为质量变革的初心

为客户创造价值，是华为的初心。华为创业初期，经历过两次跨越。任正非说自己是愚昧无知才选择电信行业的，进入之后才发现这是个红海，竞争非常惨烈。但是前期研发已经投进去了，骑虎难下。为了活下去，只好硬着头皮上。最初创业，华为主要代理销售香港公司的用户交换机。1989年，在交换机生意最红火的时候，香港公司断供，幸亏任正非的备胎战略起到作用，华为才渡过了难关，幸存了下来。

华为在局用机市场还没站稳脚跟，就出现了一件始料未及的事情：邮电体系直接与国外同步，发起了从模拟信号到数字信号的转型。已经穿上"红舞鞋"的华为，骑虎难下。1993年，华为全力投入2000门数字交换机的研发。当时华为正处于破产的边缘，任正非承受着巨大的心理压力，他在研发动员大会上对大家说："如果这次研发失败了，我就从楼上跳下去，你们还可以另谋出路。"郑宝用担任总工程师，从邮电系统挖过来的专家毛生江担任项目经理，刘平担任软件经理，近300位研发人员分为50个子项目组，同步攻克数字交换机的各个技术难题。在大家的齐心努力下，1993年10月，第一台C&C08 2000门数字交换机在义乌佛堂开局。C&C08不仅技术定位高，还有话务统计、终端操作和计费等很多国外交换机没有的附加功能。凭借这款具有竞争力的数字交换机产品，华为进入迅猛发展期。

一个搞激光的外行，经历摸索后，大胆地提出来瞄准世界最先进水平，赶超AT&T5号机，又碰到任正非这个傻子，他们多么像现代的堂吉诃德。C&C08成功后，郑宝用在电话上跟我说，回想起来，全身发抖，全世界没有我们这么搞科研的，同时采用这么多新技术，没有样机借鉴，一步到位地从头设计，幸亏我们成功了，失败了后果真不堪设想。

——《目前我们的形势和任务》（任正非，1995年）

集成产品开发变革

集成产品开发流程体系变革

任正非很早就意识到了华为的内部质量危机。1998年，华为正式决定和IBM合作。值得一提的是，西方公司与咨询公司签订协议时多采取"封口"合同的形式，即变革的完成有确切的截止日期，根据变革项目所耗的人天数进行费用结算。而华为与IBM签订的则是一份"半开口"合同，即没有在合同中约定截止日期。咨询费用是在评估变革质量的基础上，按照顾问服务的人天数来结算的。这样一来，咨询顾问更愿意从根本上调查问题的原因并彻底解决问题。胡彦平说："华为这样做的目的，是希望咨询公司能真正解决企业存在的实际问题，而是否真正解决了问题无法由时间来裁定。"

在集成产品开发变革项目开始之前，双方先启动了一个IT S&P项目，即IT策略和计划项目。在IT S&P项目阶段，IBM的顾问对华为进行了系统的调研和访谈，找到了华为管理实践中的78个问题，并将这些问题按照流程、组织、IT系统分为三大类。整个IT S&P项目分为三步走：需求与现状分析、架构设计、实施方案。各阶段的主要工作及输出成果如图2-1所示。

阶段	第一阶段 需求与现状分析	第二阶段 架构设计	第三阶段 实施方案
主要工作	・理解业务战略与当前管理问题 ・评估当前IT资源与环境 ・分析IT技术发展趋势与相关行业先进趋势 ・定义未来IT远景	・定义未来的应用架构 ・定义未来的IT基础设施架构 ・定义未来的IT组织治理架构	・IT项目定义 ・规划实施方案与实施路线图 ・IT投入产出分析
输出成果	IT现状评估与战略报告	IT蓝图规划报告	3~5年实施计划

图 2-1 华为 IT S&P 项目各阶段的主要工作及输出成果

IBM 的系统诊断

在集成产品开发项目正式启动之前，IBM 的顾问就展开了项目的前期调研工作。通过调研，对华为的研发与创新管理现状做出了全面的剖析与诊断。在 1998 年 9 月的调研报告会上，IBM 顾问提出了华为研发的主要问题，包括：没有跨部门的结构化流程，各部门都有自己的流程，部门之间的工作衔接是靠人来完成的，效率极低，责任不清；各部门存在本位主义和部门墙，部门各自为政，造成了严重的内耗；研发人员专业技能不足，作业不规范，依赖个别英雄；项目缺乏有效的计划，缺少变更控制，版本泛滥等……这些尖锐的问题直接触到了华为的痛处。汇报结束后，任正非深感庆幸地说："这次请 IBM 当老师对了，华为就是要请这种敢跟我们叫板的顾问来做项目。"集成产品开发业务框架见图 2-2。

先僵化，后优化，再固化

项目初期，遇到了研发和市场部门的排斥和抵触。于是，任正非提出"先僵化，后优化，再固化"的变革方针，明确 5 年内不需任何改良，5 年之后局部改动，10 年之后才能结构性改动。"我们是要先

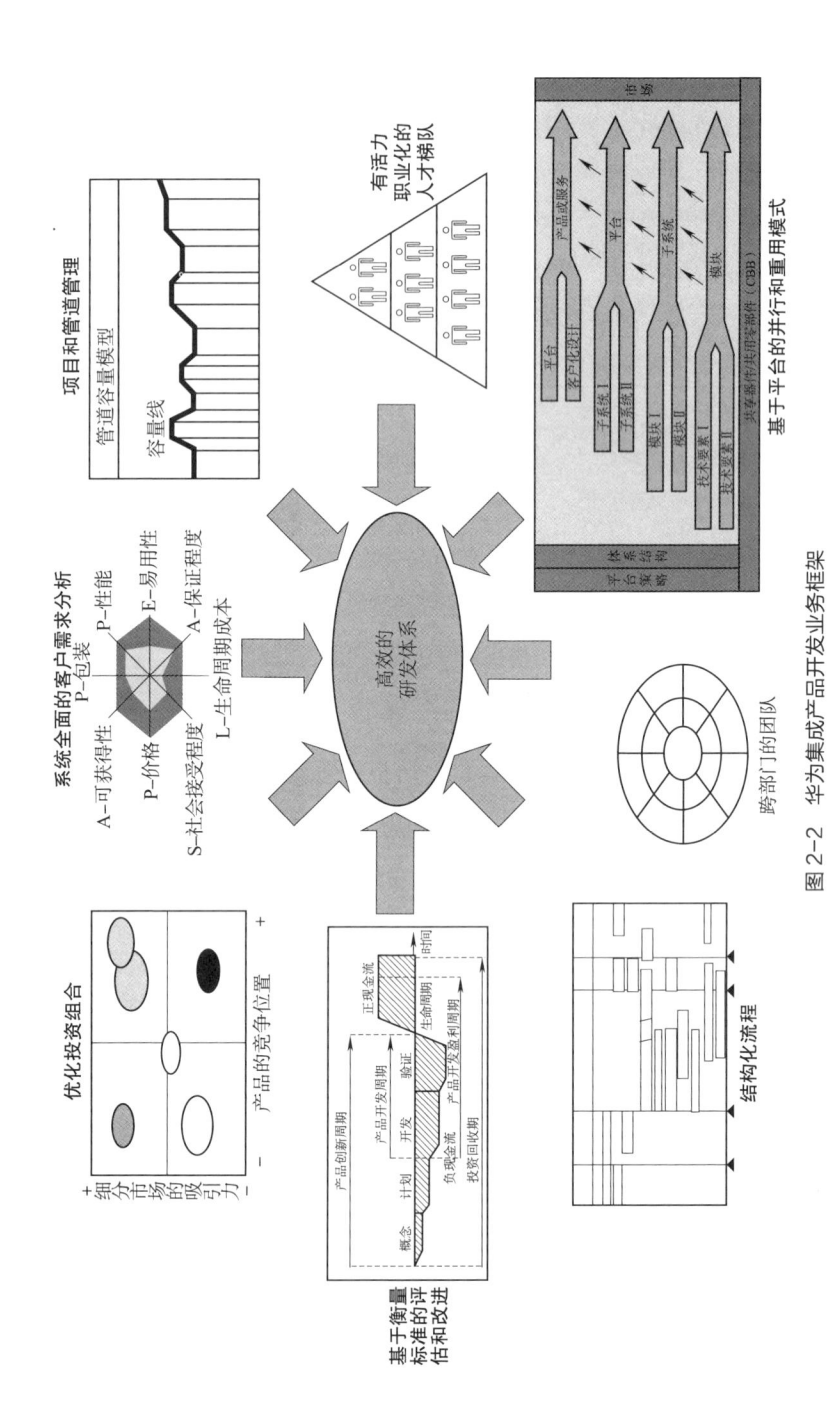

图 2-2 华为集成产品开发业务框架

买'一双美国鞋',不合脚就削足适履。要先僵化后优化。"他还强调,华为在管理方面主要向 IBM 学习,先学会 IBM 的管理方法,再考虑学习其他管理方法。

在组建内部项目团队时,任正非强调,一定要挑选沉得下心、责任心强的员工加入集成产品开发团队,一定要踏踏实实、认认真真地学习,不要自以为是。集成产品开发项目组成员要流动,要将不理解、不认同集成产品开发体系的人赶出项目组,要每月评估一次项目组成员的胜任度。任正非还提出:"就集成产品开发来说,学得明白就上岗,学不明白就撤掉,我们就是这个原则,否则我们无法整改。"

建立跨部门组织,优化流程和模板

在集成产品开发变革之前,不同部门负责和管理产品开发的不同阶段,产品开发在不同部门之间串行流转。一旦一个环节出现问题,可能就需要重新返工,造成一些工作的重复和浪费。而在集成产品开发运行机制下,要求在产品设计之初,就引入市场、生产、用户服务、财务、采购等代表,组建跨部门团队,共同参与产品立项环节的讨论和决策。这样,就连安装部门的人员都可以参与最初的产品设计,他们甚至可以提出改变螺丝的位置以便提高产品安装效率的建议。

这种跨部门的团队结构和并行的开发流程,减少了前期考虑不全面导致的重复工作和返工问题,可以一次将产品设计做好,缩短产品开发的时间,并且减少不必要的资源浪费。另外,为了跨部门团队内部能够更好地沟通和协调,提高工作效率,集成产品开发还提供了一套标准化的工作流程和模板,通过培训统一大家的语言,使得来自不同岗位、没有工作经验的员工在经过系统的培训后,可以快速融入产品开发流程中。

构建以客户为中心的质量 PDCA 循环

从质量视角来看,集成产品开发流程再造实质就是将 PDCA 循环(plan-do-check-action,计划—执行—检查—改进)融入集成产品开发流程中。在推行集成产品开发变革时，华为将原研发质量部人员分别融入各级集成产品开发团队，从而将质量管理的基本原则带入集成产品开发流程。后来又成立了质量流程IT团队，作为一个部门来推动流程变革与质量改进。

集成产品开发流程的导入，使"以客户为中心"被重新定义。尽管华为在成立初期就提出了"以客户为中心"的核心价值观，但事实上早期华为内部不同部门的员工对这一核心价值观的理解和实践并不统一。对于研发部门的员工来说，"以客户为中心"仅仅是一句口号，他们实际上依旧是技术导向而非市场导向。他们追求将更先进的技术应用于产品，而并不关心产品最终的商业结果。对于市场部门的员工来说，"以客户为中心"则意味着他们要和研发部门尽力斡旋，以便客户提出的要求能更快速、更全面地得到满足。集成产品开发变革之后，产品的市场效益被纳入包含研发人员和市场人员的跨职能团队的考核指标。这样一来，研发部门和市场部门的利益不再冲突，大家利出一孔，目标一致。这使得研发人员逐渐从技术导向转向了市场导向，而市场部门也不再盲目地将未经分析的客户需求一股脑儿地提交到产品开发部门。在一定程度上，集成产品开发变革之后，华为公司内部对于"以客户为中心"的理解和实践更加趋于统一了。

华为集成产品开发流程中的质量保证

> 质量管理体系是预防体系。建立质量管理体系是为了预防，而不是检验和救火。
>
> ——《质量免费》（克劳士比，1979年）

建设质量预防体系

产品的质量是设计出来的，而不是检验出来的。质量问题70%

左右来自产品设计与质量策划阶段，而集成产品开发流程就是解决这一问题的利器，通过事先质量策划，将可能发生的质量问题消灭在产品设计和开发阶段。以客户需求为导向是集成产品开发流程的核心理念。这种理念贯穿从产品概念设计到最终产品发布的全过程，要求研发人员从产品设计环节就开始构建产品质量、成本、可制造性和可服务性等方面的优势。集成产品开发将产品开发作为一项投资来管理，在产品开发的每一个重要阶段，都从商业的角度而不只是从技术的角度进行评估，以确保产品最终投资回报的实现。这也更符合华为"以客户为中心"的质量价值观。

集成产品开发对于产品的质量策划，主要通过流程中的评审点来实现。在集成产品开发流程中，通常有 5 个决策评审点（Decision Check Point, DCP）和 7 个技术评审点（Technology Review Point, TRP）。决策评审点主要从商业的角度，确保产品开发具有商业价值，以便在后续开发中继续提供资金和资源的支持。技术评审点主要从技术角度，发现产品开发过程中的显性或隐性技术问题，确保产品开发的技术可行性。业务决策评审点和技术评审点的关键指标和评审目的如图 2-3 所示。

Charter 开发确保产品对准客户需求

集成产品开发流程非常重视产品项目计划书（Charter）的开发，每个产品的项目计划书开发，都要成立专门的 Charter 开发团队，并在经过严格的决策评审后才能立项，进入产品开发阶段。Charter 开发的目的，是为投资决策提供支撑，同时指导研发团队一次性把正确的事情做正确。这就要求 Charter 不仅要明确产品要做成什么样，要什么时候、怎样做出来，还要明确如何确保产品符合客户需求，如何赚钱，如何确保成功。Charter 开发的核心是以客户需求为出发点，以高质量产品为导向。在 Charter 开发中，项目团队需要用"$APPEALS"模型，从价格、可获得性、包装、性能、易用性、保证程度、生命周期

图 2-3 中的图示内容：

项目任务书	概念DCP	计划DCP		ESS DCP	BETA测试	可获得性DCP	GA	EOL DCP
	概念阶段	计划阶段	开发阶段		验证阶段	发布阶段		生命周期管理阶段

各阶段关键评审目的：

- 完成对产品备选概念的评审，主要以市场定位和财务盈利为关键关注点
- 完成对产品业务计划的评审，主要关注产品包的业务计划，覆盖全领域
- 早期销售DCP完成对产品早期上市的评审，关注产品未满足发布要求而上市的条件与风险
- 完成对产品开发项目的全面验收评审，关注产品业务上是否（能否）达到预期目标
- 完成对产品是否退市决策，从而更有力地支持组合投资

阶段产出：原型机、初始产品、可制造的产品

技术评审点：

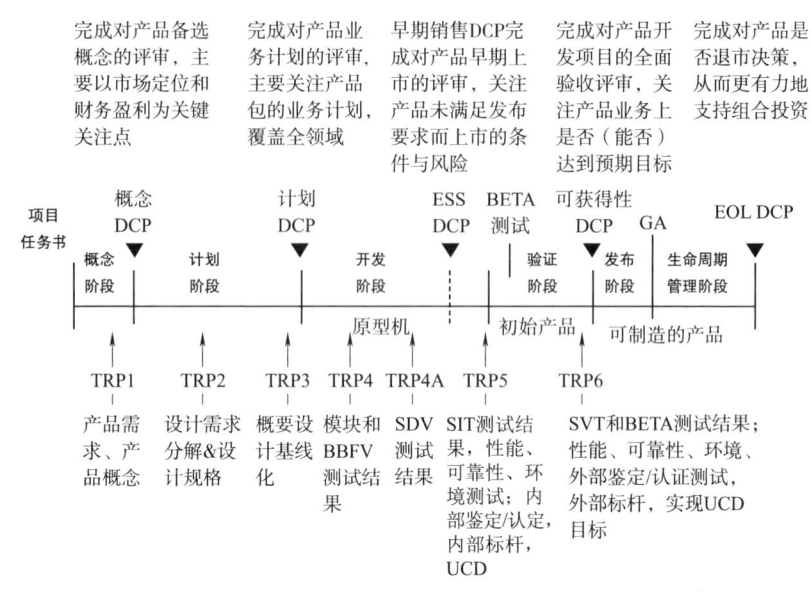

- TRP1：产品需求、产品概念
- TRP2：设计需求分解&设计规格
- TRP3：概要设计基线化
- TRP4：模块和BBFV测试结果
- TRP4A：SDV测试结果
- TRP5：SIT测试结果，性能、可靠性、环境测试；内部鉴定/认定，内部标杆，UCD
- TRP6：SVT和BETA测试结果；性能、可靠性、环境、外部鉴定/认证测试，外部标杆，实现UCD目标

图 2-3 业务决策评审点和技术评审点的关键指标和评审目的[①]

成本和社会接受程度等 8 个维度，分析客户需求，找到客户真正看重产品、愿意购买产品的原因，从而形成产品的价值主张。"$APPEALS"模型为员工提供了一个结构化的分析思路，有了这个模型，即使是新员工也可以遵循模型独立完成需求分析。员工可能一开始无法理解为什么要从这 8 个维度去描述需求，但这并不妨碍他们完成一份良好的需求分析报告。

为了确保最终产品的成功，华为要求 Charter 开发必须遵守四大高质量原则，即输出高质量、活动高质量、评审高质量、管理高质量，并强调要有配套的高质量 Charter 开发团队。

---

① ESS——由相同逻辑管理域下的所有客户端组成，BETA——针对用户公开的测试版本，GA——全球加速，EOL——生命周期终止，BBFV——构建模块功能确认，SDV——系统设计验证，SIT——系统集成测试，SVT——系统验证测试，UCD——用户体验设计。——编者注

构建基于集成产品开发的质量运营管理体系

在集成产品开发变革之前，华为质量管理主要集中在生产环节，公司生产部下设了生产质量管理部。以集成产品开发、集成供应链管理变革项目为代表的流程制度建设，使得公司的质量管理体系也逐步完善，碎片化的组织运作模式逐渐转变为流程型的组织运作模式。流程型组织可以更好地满足客户需求，为客户创造价值，如图2-4所示。集成产品开发变革项目主要从以下三方面进行质量管理和运营体系的构建。

第一，建立职业化的质量管理队伍。在集成产品开发流程建设中，根据流程运作需要，华为在公司层面设立了质量委员会，并把生产质量部与工艺部门合并为工艺质量部。而流程中各职能线和产品线，也相应地任命了专门的质量负责人，形成矩阵式质量管理体系，确保产品开发的过程质量。

第二，建立以客户满意为导向的指标度量体系。为了确保集成产品开发流程的有效运作，华为在绩效考核中增加质量类指标，包括版本质量评价、缺陷及时解决率、研发事故数、影响五项指标的事件数等。

第三，建立端到端的质量管理体系。集成产品开发流程的特点是端到端的结构化流程，因此，基于集成产品开发的质量管理体系，也符合端到端、结构化的特点，确保产品质量从客户（需求）中来，到客户（满意）中去。

产品开发过程中的质量保障

从制订产品质量计划开始，到过程中的决策评审点、技术评审点设置，再到缺陷预防和质量审计，集成产品开发对产品开发过程进行了全流程的质量管理，在过程中确保了最终产品的高质量。

制订"产品质量计划"：按照集成产品开发流程的要求，华为产品开发团队（PDT）需要根据项目任务书中确定的质量类别，来制订

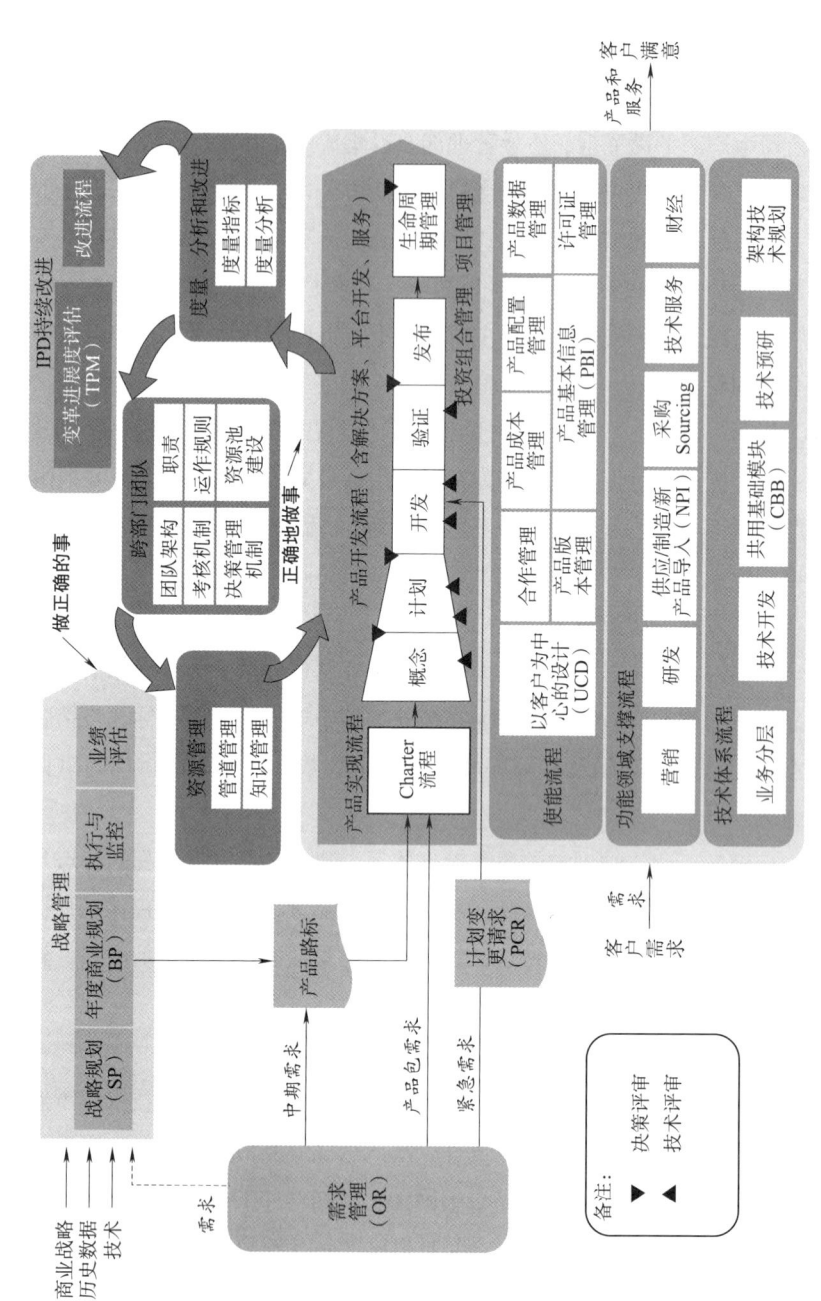

图 2-4 集成产品开发管理流程框架（研发质量体系）

050　不确定时代的质量管理

本项目的"产品质量计划",把产品质量计划中的各项要求落实到具体的开发活动中,并遵照执行。流程质量管理者(PQA)在集成产品开发各阶段对产品质量计划各部分的执行情况进行跟踪监控,并指导相关人员解决产品质量计划执行中存在的问题。如有必要,可以按照问题上升渠道将问题上升。如发现质量风险,则将其纳入产品的风险管理。

分阶段设置技术评审点:为保证产品最终能实现目标,集成产品开发在开发过程中设置了多个技术评审点,以进行质量控制,用以检查产品开发进行到一定阶段时产品的技术成熟度,评估可能存在的技术风险,并给出相应的操作建议,以确保在未来阶段的技术可行性。

分阶段设置决策评审点:集成产品开发流程中分阶段设置了多个决策评审点,目的是审视前期工作质量,评估是否能够进入下一阶段,以便提供相应的资源支持。

缺陷预防:集成产品开发要求产品开发团队针对产品研发活动设立一次性做好的目标,各产品参考历史的缺陷分析数据制订计划并实施缺陷预防活动,同时监控预防措施的效果。对于网上问题和测试问题,要对发现的重要缺陷和问题进行根源分析,制定解决和预防措施,并跟踪关闭。各产品线建立团队负责组织级缺陷预防活动,针对缺陷预防活动制订计划和策略,建立组织级和产品级的缺陷库,作为产品开发的依据。

设立质量保证和审计:集成产品开发流程针对所有产品线设立了独立于产品的质量团队(QA),负责产品质量工作的引导、监控和审计。针对所有产品进行计划并开展交付审计、内部审计以及专项审计,以检查产品过程以及工作产品是否遵循相关的过程、标准和规范,并记录不符合项。在研发过程的每个阶段,对工程文档、代码,以及测试结果进行交付审计。每个产品在结束前,至少进行 1 次内部审计。所有审计的结果通报各级主管,针对不符合项,标识出纠正和预防措施,并跟踪关闭。质量部定期进行审计发现问题的综合分析,标识出好的经验以及组织过程改进点。

集成供应链管理变革

华为供应铁军

华为对供应链高度重视，正是强大的供应链，有效支撑了华为业务的快速发展与辉煌成就。1999 年，华为在进行集成产品开发变革的同时，也展开了集成供应链管理的变革。从这次变革起步，经过多年的发展，华为在发展最迅速、变动最强烈的信息通信行业，构筑了一条具有钢铁意志与卓越能力的供应链，形成包括客户、公司、员工、供应商和运营商在内的价值链与"互赢利益共同体"。同时，华为还打造了一支能战、敢战、善战，有着百炼成钢作风意志和钢铁战斗力的供应铁军。这支铁军的目标是：要做就做最好，构建世界一流的供应链体系；队形是，铁三角 + 价值链 + 端到端；口号是，只有接不回来的单，没有交不出去的货。

危急时刻还是要看供应链，强大的供应链体系是华为多次安然度过危机的重要保障。早在 2000 年，华为就意识到供应链对于企业管理的重要性，进而把供应链提升到与研发、财务同等重要的高度。2002 年，当公司面临自成立以来最为困难的"华为的冬天"时，任正非进一步明确地指出了供应链的重要性，指出"企业未来的竞争，就是供应链的竞争"。

> 我们公司胜利后，大家知道，这是一条供应链，将来的竞争是供应链的竞争。我们的供应链上要连着数百个厂家，有器件的、标准的、系统的、合同的制造商、分销商、代理商，是非常庞大的体系。这个体系要当成我们的同盟军，你们只是不能干涉

人家的经营，但要在刨松环境土壤上做出贡献，一件件的小夹袄送来，只要送到两万件小夹袄就够了。安圣已经给了我们一件大棉袄披上，再配上我们同盟军，冬天就不存在了。

——《迎接挑战，苦练内功，迎接春天的到来》

（任正非，2002年）

华为供应链分水岭

在集成供应链项目立项的时候，华为公司提出，希望变革能够满足质量好、成本低、服务好、快速响应客户需求的目标。华为公司希望通过集成供应链管理变革，打造一条从原材料到终端客户，全产业链上企业战略协同的供应链条，从而保证在正确的时间，把正确的产品和服务交付给客户，提高客户满意度，缩小供应链总成本。在和IBM顾问反复讨论后，华为公司对即将建设的集成供应链模型设立了三大目标：建立以客户为中心的集成供应链，建立成本最低的集成供应链，提高供应链的灵活性和快速反应能力。

对于供应链来讲，效率是价值的第一链。早在1996年，华为公司就取得了ISO 9001认证，也有一个简单的订单流程和制造资源计划系统MRPⅡ，但当时的供应链是零散的。当时由于业务发展迅速，订单交付不及时、发错货等问题经常发生。据说任正非曾经给做供应链计划的两位同事每人送了一双皮鞋，意思就是让他们走到前线去，自己好好琢磨怎么把计划做准、解决问题。这就是供应链著名的"两双皮鞋"的故事。在重整供应链之前，华为的订单及时交货率只有50%，而其他国际电信设备制造商的平均水平为94%；华为的库存周转率只有3.6次/年，而国际平均水平为9.4次/年；华为的订单履行周期长达20~25天，而国际电信设备制造商平均水平为10天左右。

集成供应链更多的是一个战略性的链条，而非策略采购性质的合作。其管理的原则是通过规划、控制供应链中的物资、信息和资金，提高客户满意度和降低供应链的成本。集成供应链建设的关键，在于以产业关联拉通整个链条的信息流动，通过沟通机制和规范规划，实现最小失真的计划上下游传递。华为集成供应链管理变革采取先完成采购和库存、运输、订单履行等内部环节，再建设和优化企业资源计划（ERP）系统，最后再发展电子商务的顺序。从变革的难度来说，集成供应链重整对华为的挑战要大于集成产品开发等其他变革。重构供应链的目的就是设计和建立以客户为中心、成本最低、效率最高、供货及时、质量有保证的集成供应链，为华为早日成为世界级企业打下良好的基础。

华为公司整个供应链的流程设计是基于 SCOR 模型（Supply Chain Operations Reference model，供应链运作参考模型）的，该模型是国际供应链协会向业界推荐的模型，也是世界级最佳供应链运作流程。如图 2-5 所示，SCOR 模型的左边是供应商，右边是客户。从左到右会涉及采购、制造、运输和订单几个模块，采购计划是拉通供应商和客户间所有模块的链条。

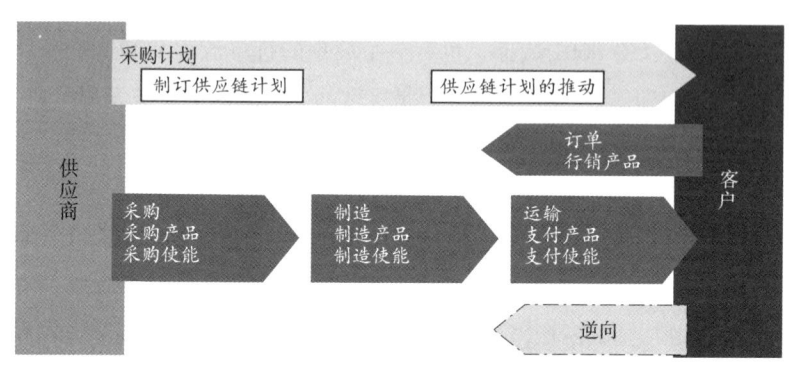

图 2-5 基于 SCOR 模型的集成供应链流程

华为基于 SCOR 模型重新设计了销售、计划、采购、生产和交付五大流程。经过多年的实践和持续优化，目前华为公司的供应链系统共有50多个二级子流程、几百个三级及以下子流程。

销售流程

华为强调通过订单管理来优化销售流程。在集成供应链建设中，华为首先完善MRPⅡ系统的功能，建立统一信息平台。然后把MRPⅡ系统延伸到每一个地区办事处，向销售人员提供可承诺交货量信息和查询订单状态的功能，增加订单在生产环节的可视性，帮助销售人员对客户的需求做出正确、快速的响应。该信息平台集成了客户的所有信息，包括合同内容、产品配置、调试安装、详细地址、服务流程和历史交易记录等，可供销售人员参考。

计划流程

华为对每个生产线实施销售和运营计划（S&OP），包括订单计划、生产计划、采购计划和库存管理计划。该计划将华为高层次的战略规划和业务计划细化分解为每个环节的运作计划。通过S&OP可以充分审视客户的需求变化所带来的影响，并在综合考虑当前的计划、拖欠订单、物料和产能约束等因素的基础上，对原有的生产计划做出及时调整。调整后可行的计划会传递给生产部门执行。S&OP通过销售、采购和库存部门的充分信息交流，提高了物料清单、项目、工艺路线等基础数据的准确度，保证了计划的科学合理性。

采购流程

采购流程的建设主要遵循几个原则：第一是物料分类，针对不同物料建立专家团；第二是供应商分级分层，核心供应商要建立战略合作伙伴关系；第三是采购介入研发；第四是阳光采购、价值采购。IBM顾问建议华为通过竞争性评估的方法选择供应商，重点考核供应商的可持续开发能力、技术能力、质量保证能力等。竞争性评估避免了传统的价格战，保证了可持续的服务能力。

生产流程

在生产流程建设方面，华为通过改善物料供应流程来保证生产过程中物料供应的及时性，并对原有的 MRP Ⅱ 系统进行完善，通过提高生产计划的质量改善生产的质量。

交付流程

客户订单交付流程涉及物流和配送、合同管理、库存管理、工程安装、应收账款管理、收货和发票等环节。为了提高订单交付及时率和准确率，华为通过条形码、标签打印、射频识别等技术，减少手工操作和键盘输入，实现物流管理的协调、同步、自动化，提高整体效率。

华为集成供应链管理变革中的质量保证

华为集成供应链管理变革的目标是质量好、成本低、服务好、快速响应客户需求。经过初期的集成供应链管理变革和后续的持续改进，华为打造了包括全过程的物料控制体系、主动供应链策略、均衡采购策略在内的制造全过程质量改进与控制体系，加上对过程的变异质量控制机制和质量预警机制，确保了制造环节的全流程质量可控。

在集成供应链管理变革中，华为融入了主动供应链策略。一方面通过主动进入端到端流程的其他部分充分协作，实现研发、供应采购与销售业务无缝连接，在保证质量的同时快速交付，降低了采购环节的整体成本；另一方面，从供应链内部挖潜，通过订单履行可视化识别和预防风险，根据产品、客户和区域的特性差异化交付，最终实现客户满意。

依照集成供应链体系的流程要求，供应链质量、工艺和生产部门过程需要提前策划，并在受控条件下进行生产。对于生产中的特殊过程，需要通过操作人员、设备、工艺进行过程控制，以保证最终产品的质量。

采购质量、成本、响应的平衡，是企业供应链卓越运营的保证。集成供应链管理变革通过完善供应商管理流程和采购流程，保证了物料的顺畅与连续，保证了原材料品质的稳定，也保证了生产成品的品质优良。供应商充足的交货，确保了公司生产发货的准确性和灵活性。供应的及时性和准确性，保障了公司给客户交付的及时性和准确性。

睿华视角：国内市场的追赶阶段

C理论主要聚焦于"技术范式转变期"的创新与战略管理。C理论研究发现，后发企业在创业初期主要是在成熟技术和设备引进的基础上的模仿与重组，最初的技术创新关键是模仿与重组，之后随着技术的积累和进步，逐渐进入国产化替代阶段和自主创新阶段。

华为早期的发展，也符合C理论的研究结论。在技术方面，华为经历了从模拟信号到数字信号、从有线到无线的技术范式转变，并从二次创新逐渐走向自主创新。在市场层面，华为也经历了从农村市场到城市市场，最终走向国际市场的战略转变。

技术范式：从模拟信号到数字信号、从有线到无线

过去几十年，华为所在的信息与通信技术领域处于技术快速发展和迭代的过程中。华为成立之初，中国电信行业语音业务正由起步走向爆炸式发展，中国通信市场被几家国际通信巨头占领，"巨大中华"等本土通信企业才刚刚起步，无论是在资金、技术、产品、人才还是在品牌方面，都与国际大企业有着较大的差距。当时，中国企业还不能自主生产程控交换机，受西方高端技术出口限制，也无法通过引进获得相关技术。在这样的大环境下，华为一边通过代理香港的程控交换机，获取市场份额，一边探索通过散件组装和模仿，来研发小交换机。这个阶段，华为的技术创新主要是通过模仿和重组的方式来实现，即通过"干中学"式二次创新，实现产品和技术开发。

然而，华为的模拟交换机刚推出不久，跨国厂商就推出新一代数字技术交换机，这意味着华为的模拟交换机刚起步即处于被淘汰的边缘。于是，华为快速组织优秀研发骨干，追踪最新趋势，投入数字交换机的研发。1993年，华为成功推出拳头产品C&C08 2000门局用数字交换机，随后又进一步推出C&C08万门局用数字交换机。凭借C&C08系列高质低价的产品，加上团结一致的狼性销售团队和良好的售后服务，华为很快赢得了市场的广泛认可，销售额和市场占有率快速增加。而C&C08系列局用交换机在市场上的大规模应用，也使国内程控交换机的价格迅速下降，跨国厂商赚取高额利润的时代随之结束。在这一阶段，华为的创新主要是在国外成熟产品的基础上，通过快速消化、吸收和再创新，实现数字局用机的全面国产化替代，华为的技术创新全面进入Ⅱ型二次创新即国产化替代阶段。

很快，华为又迎来了新的技术跨越，即从有线到无线。从1G转型为2G，有线的未来是有限的，无线的未来是无限的。从1996年开始，华为先后从东方通信挖了侯金龙、刘江峰等一批人来开发全球移动通信（GSM）设备。1997年，华为推出无线GSM解决方案。1998年，华为将市场拓展到中国主要城市。1999年底，华为在福建获得了总金额3亿多元的GSM合同，从此昂首进入移动领域。

可以看出，华为起步初期即经历了信息与通信技术领域一次次的技术范式转变，华为凭借敏锐的嗅觉和敏捷的反应，抓住每次技术范式转变的机会窗口，快速缩小与国际巨头的技术差距和产品差距。

战略选择：从农村市场到城市市场

后发企业在发展中，选择与自身能力、技术相匹配的战略至关重要。华为创业早期，缺乏资金、技术和人才，产品无法和国外厂商正面竞争。于是选择竞争压力相对较小的农村市场，并从酒店和小企业的交换机开始自主研发产品。之后，凭借在农村市场的积累，华为的技术能力和产品性能逐步提升。在通过技术上的引进消化吸收和二次创新，成功推出局用数字交换机C&C08系列产品后，华为开始有能力挺进城市市场。尤其是在推出无线GSM解决方案后，华为进一步将市场拓展到中国主要城市，并逐步进入海外市场。可以说华为在市场拓展上，借鉴农村包围城市、最终占领城市的战略思想，结合自己的技术和产品创新，走出了一条具有华为特色的市场发展道路。

管理举措：追求基业长青的流程再造

从中国及其他发展中国家技术发展的路径来看，发展中国家的企业实现追赶和超越追赶，通常都是走引进消化吸收再创新的二次创新路径，并逐渐进入自主创新阶段。但是，仅仅依靠引进消化吸收再创新，还是无法实现超越追赶。后发企业需要构建包括创新能力、营销能力、生产能力、交付能力在内的系统优势和管理体系的全面提升，并长期坚持战略目标不动摇，才能最终实现超越追赶和国际领先。

从质量的视角来看，华为早期的质量管理体系是基于检测的质量管理。随着业务的增加，尤其是从农村市场进入城市市场和海外市场之后，之前简单的基于检测的质量管理体系已经无法满足华为大规模、多产品线、全球差异化的客户质量需求，业务发展使得华为迫切需要建立全面、规范的质量管理体系。

从1995年开始，华为首先起草了《华为基本法》，从思想上统一干部和员工的思想认识，紧接着，提出向国际一流企业看齐的战略目标，在经过多次学习、考察和内部讨论后，华为决定引进IBM的集成产品开发和集成供应链管理变革，从产品研发和供应链领域开始构建质量管理体系1.0。另外，华为还在软件开发领域推行软件能力成熟度模型，帮助提升软件产品的开发和管理能力，以适应和满足客户对软件产品质量的需求。

中国企业探索管理模式的历程可谓迂回曲折，集成产品开发和集成供应链管理变革只是华为业务管理规范化的开始，从此华为在产品研发与供应链领域，在正确的变革方法论指导下不断改进优化，为公司之后的业务发展打下了坚实的基础。集成产品开发和集成供应链管理变革推行期间成立的运作支持组织与质量管理和工艺技术部门，从组织能力上为产品与服务质量工作的改善提供了有效保障，同时也为华为之后的持续管理变革打下了扎实的基础。

第 3 章　成长期：基于国际标准的质量体系

> 深淘滩，低作堰，是李冰父子两千多年前留给我们的深刻管理理念。同时代的巴比伦空中花园、罗马水渠、澡堂，已荡然无存。而都江堰仍然在灌溉造福于成都平原。为什么？
>
> ——《在华为运作与交付体系奋斗表彰大会上的讲话》
>
> （任正非，2009 年）

事件二：英国电信认证事件与华为国际化

2003 年，IT 行业泡沫化严重，欧洲电信运营商受到巨大冲击，成本和经营压力陡增。英国电信当时是全球资产规模最大的运营商，但是受 IT 泡沫的影响，英国电信也不得不卖掉所有海外资产回缩到英国。

当时，英国电信作为全球化公司，已经拥有成熟的运营体系。IT 泡沫之后，英国电信改变策略，想要在欧洲寻找新的合作伙伴。此时华为并不在英国电信想要合作的名单中，参观华为仅仅是因为"顺路"。但是，华为对于这仅有的 10% 的希望付出了 100% 的努力。功夫不负有心人，这 10% 的希望成真了，英国电信来到华为参观，做好万全准备的华为让英国电信刮目相看。看到一家中国公司竟然有集成产品开发这样的国际化流程，集成供应链流程也在推行中，时任英国电信首席技术官和创新部门主管麦特·布鲁斯（Matt Bross）一行在惊讶之余也有些欣喜。在他们看来，产品管理、开发、质量控制这些企业非常核心的能力，华为基本都具备了，尤其是在研发产品的流程方面，华为已经学会了"国际语言"，是可以和英国电信进行"对话"的。于是，华为顺理成章地进入了英国电信的合作名单。

为了可以进一步合作，英国电信提出了对华为进行全面详细"体检"的要求，而正是这次"体检"对华为产生了巨大的影响。这次"体检"持续了整整4天，"体检"内容涉及华为业务管理的13个方面，覆盖了从商业计划、客户关系管理到企业内部沟通的纵向管理过程，以及从需求获得、研制生产到安装交付的横向管理过程的所有环节。这让刚刚准备进入国际市场的华为，完全理解了华为需要具备怎样的能力才能满足国际市场的需求。这次"体检"，华为其实才刚刚及格。本以为英国电信会不愿与华为合作，可是没想到英国电信愿意帮助华为改进。

在英国电信的帮助下，华为经过一系列改进，终于通过了英国电信的标准认证并进入英国电信的采购短名单。在此后的一次项目竞标中，华为凭借高性价比的产品和方案，赢得了项目合同。就这样，通过努力，华为从刚开始的体检勉强及格的"替补队员"慢慢成长为英国电信项目的"主力队员"。英国电信项目的成功不仅帮助华为打开了欧洲市场，更让华为建立了更加系统的质量管理体系，在理解客户需求方面也更上一层楼。

面向全球市场的质量要素体系建设

质量 2.0：全球化市场

质量 2.0 指的是华为为适应国际客户需求，不断提升产品和服务品质的质量发展阶段。这个阶段是基于国际规则的质量管理体系 2.0 建设，质量体系进入"要素建设"时期。2003—2009 年，随着国际市场的稳步开拓，华为开始面向国际规则构建以客户为中心的质量管理体系，重点关注标准、流程、组织、信息技术等质量要素的建设，实现及时、准确、优质、低成本的质量目标。

在从追赶走向超越追赶的过程中，为了构建零缺陷的质量体系，更好地满足国际客户的差异化需求，华为对其国际业务的运作模式进行了全面升级。为了真正实现端到端的全流程打通，华为在集成产品开发、集成供应链管理变革之后，进一步推动了从线索到回款订单交付流程变革。通过打通端到端的交付流程，最大程度地满足客户需求，以此构建和完善以客户为中心的运作和管理流程，提升公司整体经营指标，实现卓越运营。此外，华为还启动了结果导向的集成财经服务变革，以支撑业务流程的运作，使财务流程与业务流程相互贯通。再加上铁三角模式的运作，真正实现了流程、资源与组织的协同和配合。在进入国际市场后，华为还通过全球供应链（Global Supply Chain，GSC）项目，把集成供应链管理变革的流程、组织与 IT 等经验推广到海外，构建华为全球化的供应链网络。2000 年以后，华为经过一系列的变革和努力，管理水平逐渐赶上国际管理水平。

获得英国电信认证是华为走向国际市场的标志，华为的一只脚迈进了欧洲市场。面对"七国八制"的欧洲市场标准要求，华为要想在高手林立的欧洲市场竞争中站稳脚跟并获得欧洲市场乃至全球客户的认可，必须建立更高的质量标准。于是，华为引入克劳士比的"零缺陷"质量理念，开始构建零缺陷质量管理体系，自此，华为进入全面质量管理时代。

21世纪第一个十年，是华为海外开拓的关键时期，竞争激烈的欧洲市场对当时的华为而言是全球最难进入的市场之一。2003年，IT行业泡沫化严重，以英国电信为首的欧洲电信运营商受到巨大冲击，成本和压力陡增，不得不把市场重心从全球市场退回到欧洲市场，并寻找新的合作伙伴，以降低成本压力。对于正在寻求国际市场突破的华为来说，这无疑是难得一遇的外部机会窗口。为了抓住这次机会窗口，华为提前在技术和市场方面做了充分的准备。一次偶然的机会，华为获得英国电信项目的投标机会。华为全力以赴，在经过一系列的努力和竞争之后，最终凭借高性价比的产品和方案，通过了英国电信的标准认证，就此打开了欧洲市场的大门。

华为质量2.0的主要任务，就是与国际接轨、实现全面的国际化。华为国际化采取引进来和走出去相结合的策略。引进来，即引进国际先进经验、国际一流人才、全球先进技术。走出去，即参加各种大型会展，在海外设立研发基地、技术中心、办事处，开拓海外市场等。2000—2010年是华为在国际市场上发展的重要阶段，在这个阶段，华为实现了从本地化到全球化的重要转变，是华为的管理体系、企业文化、组织架构、市场营销、技术研发等全面升级的阶段。经过一系列的变革和努力，华为的管理达到国际水平，市场营销走向国际化、具备国际竞争能力，多个产品、技术达到同期世界先进水平，在资本构成上也具有国际化的特点，成为一个真正国际化的企业。2000年，华为的销售额超过26.5亿美元，其中海外销售额仅为1亿美元。2005年，华为的销售额为83亿美元，其中海外销售额达到32.8亿美元。2009年，华为的销售额为300亿美元，其中海外销售额将近200亿美元。

2004年，华为获得荷兰电信运营商Telfort 2500万美元以上的合同，实现在西欧市场的重大突破，南欧、东欧市场也相继打开。2005

年，华为与沃达丰签署《全球框架协议》，正式成为沃达丰的优选通信设备供应商。同年，华为成为英国电信首选的 21 世纪网络供应商，为英国电信的 21 世纪网络提供多业务网络接入部件和传输设备。华为与泰国电信局签订了价值 1.58 亿美元的合同，为其建设全国性 CDMA2000 的 3G 网络。此外，华为业务还进军澳大利亚，成为澳大利亚运营商新电信澳都斯股份有限公司（Optus）的数字用户线路合作商。这一年，华为凭借高质量、低价格赢得了国际市场的青睐，海外合同销售额首次超过了国内合同销售额。

任正非曾在述职报告中提到："在优先满足客户需求的基础上，紧紧围绕质量好、服务好和运作成本低，建立长期竞争优势。"而一份份合同签订的背后是华为以客户为中心的理念。为了更好地为客户提供服务、降低成本，华为对于自主研发非常重视。截至 2005 年 6 月，华为已经拥有 10 个联合研发实验室。2006 年，华为与摩托罗拉合作，在上海建立了联合研发中心，开发通用移动通信（UMTS）技术。正是靠着自主研发带来的成本与质量优势，华为逐步在国际市场立足。随着海外市场的不断扩大，为了适应国际市场的需求，华为在满足客户需求的同时，持续追求高质量、高品质服务和最优性价比。

质量 2.0：面向国际客户的质量体系建设

"深淘滩，低作堰"的质量初心

什么是好产品？都江堰就是一个例子。几千年过去了，都江堰是当今世界年代久远、唯一留存的以无坝引水为特征的宏大水利工程。建堰 2000 多年来经久不衰，而且发挥着越来越重要的作用。为客户持续创造价值，才是真正的初心，才是真正的高质量追求。华为常常把自己比喻成做管道的，其管道中跑的是信息流。

任正非与华为高管在多次游览都江堰后，找到了华为的生存之本。

对于华为公司来说，"深淘滩"就是确保增强核心竞争力的投入，确保对未来的投入，即使在金融危机时期也不动摇；同时不断挖掘内部潜力，降低运作成本，为客户提供更有价值的服务；只有"深淘滩"，才能真正做到及时、准确、优质、低成本交付，才能真正实现质量运营的最佳绩效。"低作堰"就是节制对利润的贪欲，不要因为短期目标而牺牲长期目标，自己留存的利润少一些，多一些让利给客户，善待上游供应商。只有"低作堰"，才能确保从上游到下游的产业链整体健康发展，这是华为的经营之道，也是华为的生存之本。

华为一贯主张赚慢钱，不赚快钱，不追求利益最大化，只追求合理的利润。"深淘滩，低作堰"是都江堰的治水名言，更是华为商业模式的生动写照。"深淘滩，低作堰"的商业模式，直观地反映了华为"以客户为中心"的核心价值观，其中蕴含的智慧和道理，远远超出了治水本身。

质量免费与"零缺陷"质量体系

在华为的质量体系建设中，克劳士比的"零缺陷"理论有着里程碑意义。2007年4月，华为借鉴克劳士比《质量免费》一书中"质量管理四项基本原则"的理念，确立了华为自己的质量原则。之后华为开始进入全面质量管理时代，并逐渐从依靠质量体系硬性指标考核的推式质量控制模式，过渡到人人为质量负责的全员质量文化模式。用"质量免费"理论具体总结华为的质量文化就是：将"一次把事情做对"和"持续改进"有机结合起来，在"一次把事情做对"的基础上"持续改进"；不断反思，不断构建我们的体系，坚持不放过问题的意识，文化是根本的。

构建零缺陷质量体系，需要把过程导向与结果导向结合起来。华为在过程导向上追求端到端的全流程打通，同时坚持结果导向的干部责任考评制度。

华为的端到端早期主要是指端到端的合同交付，是以合同为主线，从项目立项、投标、合同签订、制造、发货、工程准备、工程实施到合同关闭的整个过程。端到端流程打通就是要解决流程断头的问题。通过端到端流程打通，将各相关部门的业务环节衔接起来，消灭"断头路"，不断提高内部的效率并满足客户的需求，最终实现企业效益最大化。端到端流程是从客户需求端出发，到满足客户需求端去，提供端到端服务。端到端的输入端是市场，输出端也是市场。这个端到端必须非常快捷，非常有效，流程很顺畅，同时还能确保一次把事情做对，这样就可以大大降低人工成本、财务成本、管理成本以及质量成本。

华为坚持责任导向和结果导向的质量绩效管理，拒绝重奖"救火员"。在生产线上遇到意外故障，华为不会重奖"救火员"。华为认为这种情况说明产品研发与流程设计有缺陷而未被察觉，即使解决了这个具体故障，还可能有其他故障发生。所以要推倒重来，一次把事情做对。推倒重来不是为了作秀，而是立足长远降低成本的理性选择。华为还建立了责任导向的干部考评制度。一个公司的发展过程就像人的身体，没有新陈代谢就没有生命。华为结果导向的干部任命制度，可以确保干部队伍始终充满活力，从而确保质量目标的达成。

质量运营核心要素建设

华为质量运营四要素：及时、准确、优质、低成本交付

在传统质量管理中，人员（man）、机器（machine）、物料（material）、方法（method）、环境（environment）是影响产品质量的5个主要因素，其实，还应该再加上质量测量（measurement），5M1E共同构成产品质量的"六大要素"。质量六大要素中，人是处于中心位置和主导地位的，是核心。质量管理，以人为本，只有不断提高人的工作质量，才能不断提高活动或过程质量、产品质量、组织质量、体系质量

及其组合的实体质量。

及时、准确、优质、低成本交付4个要素是从客户视角来看待质量管理成效。质量第一思想的确立，需要4个维度的动态平衡，只有这4个维度同时满足，才是真正的以质量为中心，以客户为中心。及时，强调快速响应客户需求。准确，强调对客户需求理解要准确，对客户服务与售后等相关工作要认真负责。优质，就是质量好，强调高标准的产品与服务水平。低成本交付，强调价格合理，低成本是客户关心的核心价值。华为质量的价值观是以客户为中心，客户价值最基本的着眼点是质量好、服务好、价格合理、快速响应客户需求，这是客户最朴素的诉求，永远不会改变。

> 及时、准确、优质、低成本交付，只有4个要素同时满足，才是真正的以客户为中心。以客户为中心实际上是一个辩证的关系，就是要挤出公司内部最后一滴多余的成本，成就客户的成功，从而成就公司的成功。
>
> ——《CFO要走向流程化和职业化，支撑公司及时、准确、优质、低成本交付》（任正非，2009年）

华为始终坚持质量第一、交付第二、成本第三、质量优先、以质取胜的策略。有很多中国企业的高管在遇到质量和成本、效率以及其他方面的冲突的时候，首先考虑成本要素，但是德国、日本的世界一流企业就不是这样。华为目标远大，以世界一流品牌的标准要求自己，坚持学习德国、日本企业的管理理念，不断和业界最优秀的实践对标，并逐步靠近质量标杆，在不断超越中坚守"质量树品牌"的理念，加速迈向世界品牌之路。2017年，华为消费者业务召开内部最高规格的质量大会，华为消费者业务CEO余承东强调：一切冲突都不应以牺牲质量为代价。华为质量优先于成本，优先于利润，优先于其他，质量享有最高的优先级。

华为质量运营体系四要素：流程、标准、组织与IT

在引入IBM信息技术变革后，流程、标准、组织与IT成为华为质量运营体系核心要素。华为质量2.0阶段，质量体系建设主要体现在集成交付流程变革、集成的质量标准、质量组织再造、IT项目变革等方面。

流程变革是华为全球化进程的关键举措。华为的发展史，是一部波澜壮阔的变革史。任正非的变革管理基本思想是：以规则的确定性来应对结果的不确定性，目标是多产粮食和增加土地肥力。集成产品开发和集成供应链流程建设，使华为产品质量和生产效率都有了很大改善。这使华为变革的决心更加坚定。

在全面进入全球市场前，华为虽然已经建成了集成产品开发、集成供应链流程，但整个流程体系还缺乏系统性。华为的"以客户为中心"还不是自发的，缺乏交付、财务和售后服务等流程体系的支撑，难以满足欧洲客户的高标准质量要求。特别是缺乏满足英国电信、德国电信等优质客户所需要的端到端的解决方案。通过英国电信认证之后，华为深刻认识到自身的短板。于是，又在IBM、埃森哲等咨询公司的指导下，推动了从线索到回款订单交付流程变革项目和售后服务从问题到解决流程变革项目。加上原有的集成产品开发流程和集成供应链流程，华为基于业界的国际一流标准逐渐构建了一套系统化、国际化、数字化的质量管理流程体系。

> 为什么我们要搞变革？实际上我们要做一件事情，我们要以规则的确定性来应对结果的不确定性。我们对公司未来的发展实际上是不清晰的，我们不可能非常清楚公司未来能到哪一步，因为不是只有我们设计这个公司，而是整个社会和环境都来设计这个公司。所以我们不可能理想主义地来确定我们未来的结果是什

么，但是我们可以确定一个过程的规则，有了过程的规则，我们就不会混乱。

——《与IFS项目组及财经体系员工座谈纪要》

（任正非，2009年）

集成的质量标准是国际市场的敲门砖。国际市场准入最主要的技术壁垒是标准认证，欧洲客户对供应商质量的认定有一套详细的量化指标。在与客户磨合的过程中，华为渐渐意识到标准对于质量管理的重要性。质量就是符合标准，构建一套让欧洲发达国家能够看得懂的质量管理体系与技术标准体系，是华为打入欧洲市场的敲门砖。于是，华为在流程的基础上，强化了标准对于质量的要求，制定了一套能满足所有欧洲客户标准要求的"集大成的质量标准"。经过多次流程变革，加上多年的实践、总结和优化，华为的业务流程体系逐渐达到了国际一流水平。

质量组织是承载质量的根本保障。华为在流程体系建设和完善的进程中，不仅学习了IBM公司的流程体系，还学习了IBM公司的组织结构设计模式，以满足流程运行的需要。在第一轮集成产品开发和集成供应链管理变革中，华为解散了二级质量部门，把质量部人员和质量管理工作归口到市场部、工艺部、研发部等部门，原质量部负责人作为流程IT变革项目骨干参与到变革项目中。同时，按照流程体系运作要求，华为在公司一级部门中，设立了流程IT部门，并在流程IT部门下设置了公司质量分部，对分散到流程和业务各个环节的质量人员和质量工作进行管理和监督。

IT系统是质量和业务数据流转的载体与使能器。好的流程产生好的信息，好的信息需要好的流程。IT承载的是业务流以及数据。没有IT支撑的流程容易成为一堆废纸，难以执行。在华为业务流程架构的演进中，在质量、内控、数据、安全等关键要素的保障方面，

IT 系统都发挥了重要的作用。

华为从成立开始，一直十分重视 IT 系统的建设。华为 IT 不追求自身的卓越，而追求公司业务的卓越运营。最初的 10 年，华为的 IT 系统 1.0 主要以电子邮件和 MRP Ⅱ 为主。从 1998 年到 2003 年的 5 年间，随着集成产品开发、集成供应链流程体系建设项目的推进，华为的 IT 系统建设逐渐从分散走向集中。在这个过程中，华为围绕集成产品开发和集成供应链管理这两条业务主线打通 IT 系统，通过 IT 系统对业务集中管理并提供更好的支撑。

面向全球的集成供应链管理变革

集成供应链管理变革初期，主要是解决国内供应问题。后来，逐渐推广到全球供应链。2005 年，华为海外业务进入快速上升期，当年销售额为 453 亿元，海外合同销售额第一次超过国内。华为在发达国家市场也取得了突破性进展，世界电信运营商前 50 强，有 28 个成为华为的客户，华为的产品与服务质量逐渐得到欧美发达国家客户的认可。华为早期以深圳东莞生产基地为中心的单一供应网络已经无法满足海外业务爆发式增长的需求，这倒逼华为供应链再次变革。

华为全球供应链系统

全球供应链项目的目的是把集成供应链管理变革的流程、组织与 IT 等经验推广到海外，构建华为全球化供应链网络。华为基于高级计划与排程（APS）系统对全球供应链进行了整体规划。

全球供应链变革项目的第一个主要任务是全球网络设计，第二个任务是全球均衡供应链的运作，包括国内和海外。在全球供应链建设中，华为遵循"贴近核心供应能力建设采购中心，贴近客户布局区域物流与供应链中心"的策略。当时，华为的业务已经几乎遍布世界各地。为了满足不同地区的客户订单需求，华为在中国、墨西哥、印度、巴西和匈牙利共建立了 5 个供应中心、3 个区域物流中心和 5 个采购中心，并花费大量的精力，根据每个供应中心的能力来平衡各个地区的订单。在多供应中心模式下，一个供应中心能覆盖哪些国家的订货，需要考虑供应中心的加工制造能力、与覆盖国家的物理距离、运输环境、运输成本、供应中心所在国家与覆盖目的国之间的贸易关系、供应中心挂靠的华为国际与覆盖国家的子公司，以及与华为技术之间的结算方式等多方面的因素。华为根据这些因素，组织设计出一套集成贸易条件、关联交易和供应中心产品导入的订单拆分方案。当客户合同下单到供应链系统后，系统自动运行拆分逻辑，将不同设备拆分到最近、最便捷的供应中心备货，在保证海关外部遵从的前提下，既缩短了交货期，又节省了运输成本。这一订单拆分方案，使华为的全球供应网络顺畅无阻，订单履行和产品交付及时有效。

全球供应链滚动规划

华为每年滚动执行 3~5 年业务规划和运作规划。供应链规划作为运作规划最重要的部分，直接指导着公司未来几年的采购、生产和库存等活动。因此，供应链规划又被细分为生产计划、能力规划、采购计划等。华为采用集成销售和运作计划管理全球的需求和订单。销售部门、生产部门和采购部门每个月举行一次例会来判断需求和供应能力之间的差距，并据此调整采购计划、生产计划和交付计划以对差距进行弥补。由于这些计划严重依赖需求信息和预测的准确性，华为通过全球高级计划与排程系统对海内外所有地区的订单信息进行整合。同时，华为还通过销售和预测会议，确保各个部门及时更新和获取信息。高级计划与排程系统流程如图 3-1 所示。

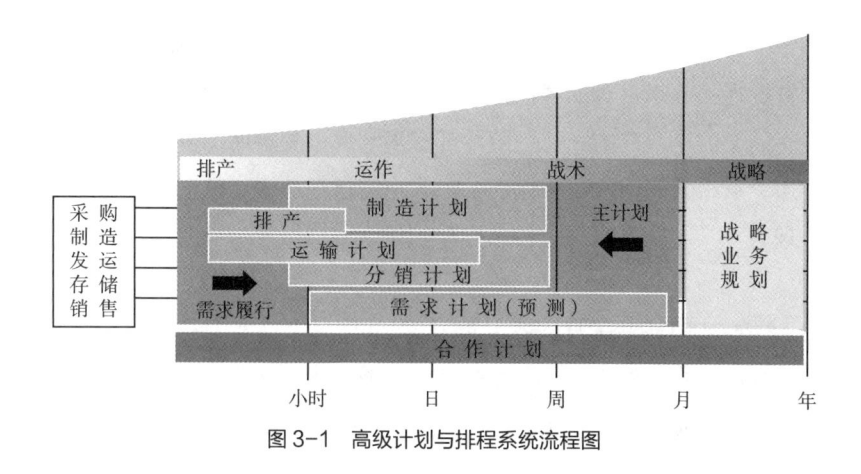

图 3-1　高级计划与排程系统流程图

从线索到回款流程变革

从线索到回款流程变革目的

2009 年，华为在埃森哲咨询公司的帮助下，开始构建主业务流程从线索到回款。从线索到回款流程的核心价值，是从营销视角建立从发现销售线索、培育线索、将线索转化为订单管理、订单执行，到回款传递的端到端的流程。

华为从线索到回款流程变革的目标是通过构建和完善以客户为中心的运作和管理流程，提升公司整体经营指标（客户满意度指标、财务指标、运营绩效指标），确保客户订单及时、准确、优质、低成本交付，实现卓越运营。从线索到回款流程是华为 17 个一级业务流程之一，承载了从线索到回款的业务流。从线索到回款通过和其他流程集成协作，在业务过程中把质量、运营、内控、授权、财经等要素融入流程中，形成了完整的闭环体系。华为从线索到回款流程变革项目让所有参与从销售到回款业务的人员统一了工作方法、业务语言、行动逻辑和过程步骤。

华为通过从线索到回款流程，把企业各相关功能领域的业务活动和资源连接起来，对准客户价值，实现跨领域业务协同。客户和企业之间的交流是双向的，每个阶段都有多频次、多角度、多角色的交流沟通，从线索到回款流程保证了对客户需求的准确、完整理解和闭环处理。

从线索到回款流程体系主要内容

从线索到回款作为华为端到端的主业务流程之一，主要分三大部分：线索管理、机会点管理和合同执行管理。详见图3-2。

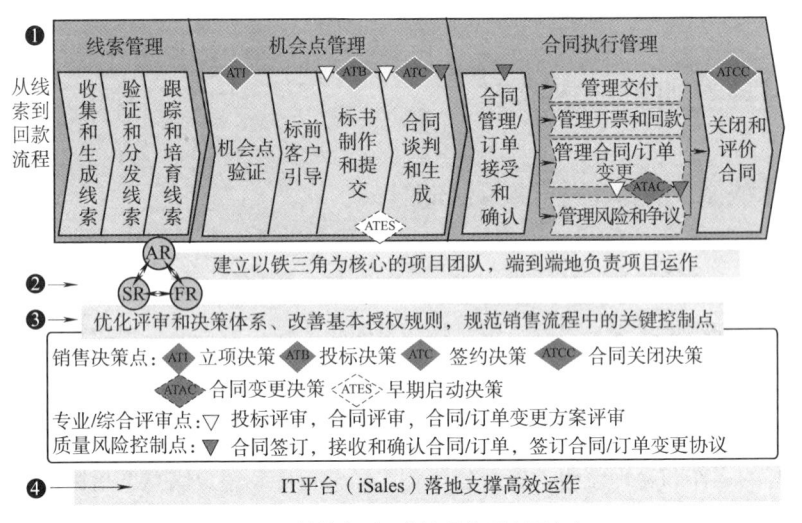

图 3-2　从线索到回款流程体系主要内容

线索管理

从线索到回款流程把客户线索管理纳入销售流程，是希望可以更早地把更多的客户采购线索纳入可视化管理范围内，以便及时和客户沟通。线索管理主要分为收集和生成线索、验证和分发线索、跟踪和培育线索三个方面。通常，收集来的线索会分类管理，其中有针对业务需求的投资计划，确认将在近期发放的，称为 Hot 类信息，有清晰的业务需求和要求的，称为 Warm 类信息，无清晰的业务需求，但有倾向的，称为 Cold 类信息。销售人员在收集初始线索信息后，对信息进行分析，识别客户痛点，生产初始线索。对于 Hot 类线索和 Warm 类线索，需要在对线索进行进一步验证后分发；对于 Cold 类线索，需要进一步跟踪和培育，待转为 Warm 或 Hot 类线索后，及时分发给相应的销售人员进行跟踪落实。

机会点管理

在线索管理之后，需要进行机会点管理。这一阶段的主要目的，是在前期客户工作的基础上，提升项目的成功率。同时管好合同的可交付性和合同质量，以确保最后的高质量交付和及时回款。

华为的订单项目管理采用铁三角团队（CC3）模式，即由客户经理（AR）、解决方案经理（SR）和交付经理（FR）组成铁三角，作为直接面向客户的一线经营作战单元。

"铁三角"中的三个角色既是合作关系，又有明确的分工，他们共同贴近客户，感知并满足客户需求。其中客户经理主要负责客户关系的规划和拓展、客户关系平台的建设和维护；解决方案经理作为项目解决方案的第一责任人，主要从技术和产品角度来帮助客户实现商业成功，对客户解决方案的业务目标负责；交付经理主要负责合同交付，从售前就参与项目方案的制订，以便更好地理解客户需求和合同方案，确保在售后能及时、准确、高质量、低成本地完成项目交付。

华为的机会点管理通常由客户经理牵头，解决方案经理和交付经理协同。这部分工作的内容通常包括机会点验证、标前客户引导、标书制作和提交以及合同谈判和生成。项目小组在验证线索、确认项目的意义、预算、决策链、采购时间、竞争对手、市场空间等信息后，即进入机会点管理阶段，此时需要完成项目立项和开工会，确定项目组成员和分工。之后需要通过与客户的主动沟通进行客户引导，使公司的价值主张与客户的需求和期望更为匹配。接下来，关键的任务是制订并提交解决方案，并在此基础上，精心准备谈判策略和实施谈判，希望能得到客户的认可，获得合同机会。

合同执行管理

按照从线索到回款流程，合同签订后，即进入合同执行管理阶段。这个阶段的牵头工作主要由交付经理负责，客户经理和解决方案经理配合，直至合同关闭。这个阶段的工作包括合同管理/订单接受和确认、管理交付、管理开票和回款、管理合同/订单变更、管理风险和争议、关闭和评价合同。合同执行管理阶段的目的，就是通过及时、准确、低成本的交付，在满足客户质量需求的同时，确保客户按约定付款。在合同关闭环节，需要检查和确认运营结果，评价合同是否达成对客户的承诺，确保客户的持续满意。

从线索到回款流程中的质量策划与控制

质量管理作为预防体系，必须嵌入订单合同中。客户的需求是多样的，任何产品都无法满足客户的所有需求。坚持有限质量原则，把客户质量需求标准化，将客户需求转化为符合某种标准的要求，并将其嵌入合同中，是质量管理工作的核心。电信业务技术复杂，客户需求千变万化，客户线、产品线、交付线等各个部门，只有正确理解客户需求和质量要求，并将质量要求明确到订单合同细节中，才能保证产品与服务的高质量交付。

从顶层设计来看，从线索到回款流程主要由集成销售和集成交付两大模块组成，包含了项目从线索到回款的所有关键控制点和关键任务。从横向来看，从线索到回款流程把交付项目的生命周期分为6个阶段：分析项目、规划项目、建立项目、实施项目、移交项目和关闭项目，并在项目的整个生命周期里设置了若干个横向控制点，确保项目经理和项目组能够管控好项目的每个关键阶段，使项目能够朝预期的方向发展。售前、售后的联系纽带就是贯穿项目始终的、统一的财务四算。共同的利益和目标避免了扯皮和摩擦，分工协作促进了项目的高质量、高效交付。纵向集成，就是通过流程和规则赋予项目经理权限，在项目的整个生命周期中，由铁三角团队作为对外和对内的统一接口集成管理。铁三角团队售前由客户经理负责，售后由交付经理负责。虽然项目的不同阶段工作侧重点会有所不同，但是统一的利益和目标，确保项目团队力出一孔、利出一孔，也确保项目能及时、准确、优质、低成本交付。

集成财经服务变革

结果导向的集成财经服务变革

集成财经服务流程是业务流程、资源、组织高效协同的有力支撑。虽然集成产品开发、从线索到回款、集成供应链等流程体系已基本实现端到端打通，但如果缺乏有效的财务流程支撑，仍然会存在很多问题。

随着国际市场的推进，华为海外业绩突飞猛进。但是，利润率却在持续下滑，华为面临着巨大的现金流压力。在一次内部会议上，任正非很忧虑地说："我们的确在海外拿了不少大单，但我都不清楚这些单子是否赚钱。"

> "我们现在的情况是，前方的作战部队，只有不到三分之一的时间是用在找目标、找机会以及将机会转化为结果上，而大量的时间是用在频繁地与后方平台往返沟通协调上。而且后方应解决的问题让前方来协调，拖了作战部队的后腿……"
> ——《让一线直接呼唤炮火》（任正非，2009年）

任正非希望"让听得到炮声的人来呼唤炮火",从屯兵模式到精兵模式,从"铁三角"到"班长的战争",把指挥权和决策权交给区域,企业职能部门特别是财务部门作为资源中心协助作战。

2007年,任正非亲自给IBM首席执行官彭明盛写信,邀请IBM帮助华为进行财经管理流程变革。一方面是为了应对财务上的现金流风险,另一方面希望通过流程变革和组织调整,让财务能够走进业务的大门,成为业务的伙伴,让企业的外部扩张与内部控制能够和谐统一。

集成财经服务变革贯通公司的财务流程和业务流程

在2007年之前,华为曾经实施过一次大规模的财经管理流程变革,目的是实现四个统一:统一会计政策、统一会计流程、统一会计科目和统一监控。而2007年启动的集成财经服务变革,主要目的是贯通公司的财务流程和业务流程。这次变革被华为高管团队视为提升公司财务管理能力的重要路径,着眼于公司内部运营风险和管理效率低下的问题,试图缓解公司面临的外部竞争压力。

集成财经服务变革项目分为IDS Ⅰ和IDS Ⅱ两个方案包。其中IDS Ⅰ指回款、收入、项目预算集成方案包,其目的是加强财务部门和业务部门之间的沟通,联通财务流程与业务流程,从而使财务数据更加准确。IDS Ⅱ是指项目经营管理方案包,其目的在于明确、建立责任中心,同时提升公司项目财务管理的能力。

集成财经服务变革之后,项目成了华为公司管理的基本单元,通过项目财务管理,华为很容易知道每个项目的盈利情况,这大大降低了公司的运营风险,提升了管理效率。任正非也不用再忧虑"我们的确在海外拿了不少大单,但我都不清楚这些单子是否赚钱"这样的问题了。

集成财经服务变革与采购订单打通

采购订单打通的基础是从线索到回款流程变革整合端到端流程。通过从线索到回款项目，打通从线索、机会点到回款、合同关闭的端到端业务运作流程，确保每一个线索都能被全程管理，最大限度地发现机会，直到项目顺利完成。在从线索到回款流程与集成财经服务流程打通之前，采购订单生成过程还存在着许多问题："回款、收入、项目预核算业务流"没有打通，合同数据源不统一，无责任主体；交付履行环节，未按客户采购订单维度管理；项目损益预测、预算、核算结果差异大；交付条款与付款条款未关联，采购订单打包导致客户采购订单信息缺失；交付计划与开盘计划未匹配，不能按照开票要求及时主动提供交付验收文档。

如图3-3所示，集成财经服务变革项目通过"机会点—回款"流程中三个界面的顺畅运作，解决了采购订单打通问题。

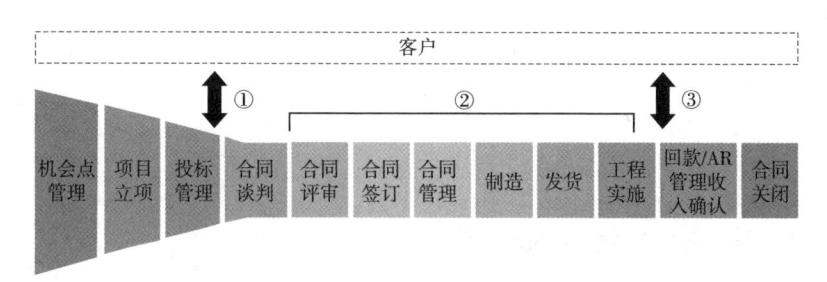

	界面	业务环节	工作思路
①	客户与华为的合同界面	机会点—合同签订	提升合同付款条款质量，使开票、回款的管理要求在投标、谈判、合同签订中得以体现
②	华为售前—交付界面	合同签订—开票/收入触发	全流程打通"采购订单"，实现支撑开票/回款的客户界面信息在前后端贯通
③	华为与客户的开票、付款界面	开票—回款	实现"采购订单"维度的及时主动开票与回款管理

图3-3 "机会点—回款"流程中三个界面的运作

集成财经服务变革中的质量控制

华为最大的战略就是"活下去"战略。如果项目本身没有利润，那么，华为就没有收入来源，也就没法活下去，没法持续为客户服务。可见，保证一定的项目利润是及时、准确、优质、低成本交付的前提，是持续为客户提供高质量产品和服务的保障。

集成财经服务变革项目帮助华为构建了以利润为导向的项目预核算管理体系，该体系要求项目报价时要有基本的成本基线作为支撑，项目报价结果作为项目交付的预算，并贯穿整个项目管理过程。项目经理不仅要对交付负责，还要对项目的财务指标负责。华为提倡"让听得到炮声的人来呼唤炮火"，但是，炮火是有成本的，谁呼唤炮火，谁就要对成本负责。

根据集成财经服务变革要求，华为在各个地区部和各大代表处建立了"合同管理及履行支持组织"，对外提供面向客户的一站式服务，对内作为综合性的支撑平台，是合同基本信息管理责任主体。该组织还对端到端的合同履行进行监控，保持与客户的沟通，支持销售、交付、财务三个人手拉手完成项目开票与回款工作。

睿华视角：从追赶到超越追赶

企业进入特定行业后，通过包括技术引进、消化吸收以及自主创新等在内的方式，努力缩小与行业内企业尤其是国际领先企业的技术差距的过程称为技术追赶。C 理论认为，一般意义上的追赶往往囿于领先者的技术轨迹，后发者或追赶者若要实现追赶目标，需要有比领先者更快的技术发展速度。然而由于领先者在现有技术轨迹上凭借已有领先优势采取保护措施，后发者往往无法实现这个目标。随着技术不断发展，后发者技术水平和创新能力跟不上技术发展步伐，就会落入"引进－落后－再引进－再落后"的"追赶陷阱"。

从成立到2000年，是华为的追赶阶段。在此阶段，华为抓住通信设备从模拟信号向数字信号转变的技术机会窗口和国家大力投资通信基础设施建设的制度机会窗口，结合农村包围城市的市场探索性创新战略，在国内市场上站稳脚跟，逐步成长为国内通信行业的领导者。怀揣"未来世界通信行业三分天下，华为将占其一"的远大梦想，华为在缩小与领先者的技术差距并成为国内行业领导者之后，并没有停滞不前，而是继续寻求机会向国际市场迈进。

C理论提出后发企业发展的新的创新路径——"超越追赶"路径，强调跳出既定技术轨迹与既定技术范式，构建穿越技术周期的竞争优势。与原有的"追赶"囿于既定的技术轨迹不同，超越追赶指的是在产业组织演化的成熟阶段和流动阶段发起对领先者的挑战。后发企业不仅要紧盯领先者进行追赶，还要提升组织的技术视野，在进行现有范式的渐进式创新时，超越现有的追赶轨迹，用更高、更宽、更前瞻的技术视野和布局开展技术创新，抓住新的技术轨迹带来的范式转变的机会窗口，实现对领先者的超越，如图3-4所示。超越追赶将不确定性和随之而来的变革视为常态，鼓励后发企业主动打破现有平衡，进入超越追赶阶段。

比较追赶和超越追赶可以发现，"追赶"一词隐含的一个重要假设是后发者前面有一个领跑者，后发者通过能力积累缩小差距，达到甚至超越其一定的指标，可被认为实现了"赶超"。追赶是大量后发企业遵循追赶规律，在原有技术范式体系内的追赶。从技术体系演化的动态视角看，受限于领先者的成熟技术范式，容易陷入追赶陷阱。而超越追赶是指后发企业主动去创造新的范式，并能让不同行业、地区或其他企业认同这个范式，在这个新造就的范式下前行，即实现从后发者向领先者的转变。显然，华为通过自主创新实现了从追赶阶段迈向超越追赶阶段。

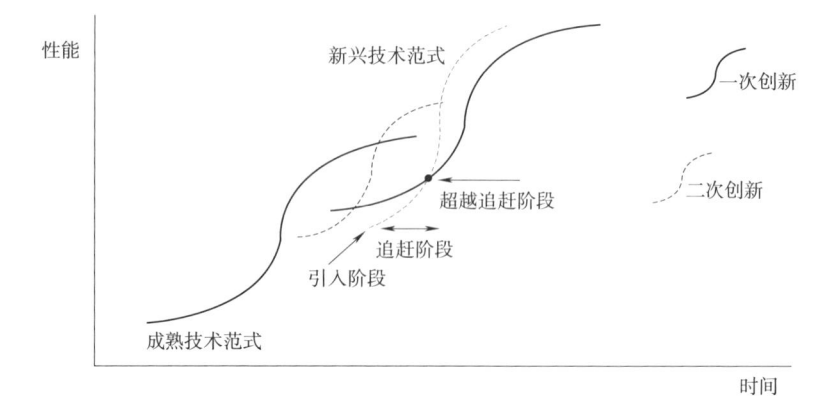

图 3-4　从追赶到超越追赶

技术探索性创新战略与市场探索性创新战略相结合

C 理论的研究发现，机会窗口与创新战略的良好匹配，能促进后发企业追赶绩效的提升。面对欧洲市场的机会窗口，华为需要更好的技术创新战略和市场创新战略来满足全球差异化客户需求，提升追赶绩效。在国际化的推进过程中，华为通过技术探索性创新战略与市场探索性创新战略的有机结合，大大提升了追赶的绩效，缩短了国际化的进程。

华为公司有着开放、包容的创新文化，强调要不断吸纳世界上优良的技术、文化和管理方式。在国际化的进程中，华为采用了引进来与走出去相结合的开放式创新战略和国际化策略。引进来，即引进国际先进经验、国际一流人才、世界先进技术。走出去，即参加各种大型会展，在海外设立研发基地、技术中心、办事处，开拓海外市场等。

在技术开发上，华为选择了典型的技术探索性创新战略，坚持开放式创新，建立全球协同的研发中心，持续提升技术开发能力和产品开发能力。截至 2005 年，华为已经拥有 10 个海外联合研发实验室，全面学习和整合全球的先进技术和理念，形成了有国际竞争力的全球创新链，支撑华为的国际化业务。

在市场开发上，华为选择了典型的市场探索性创新战略，通过参加国际化展会，在海外设立办事处、营销中心等形式，积极开拓海外业务。在英国电信之后，华为又相继和荷兰运营商 Telfort、泰国运营商 CAT、澳大利亚运营商 Optus 建立业务合作关系，海外营业收入也逐渐超过国内营业收入。

C 理论认为，在企业穿越周期的发展进程中，技术创新与商业模式创新总是在不断演进，并相互适应、相互促进。可以说，在华为国际化的进程中，正是商业模式创新与技术创新的相互促进和共同作用，使华为的国际化进程大大缩短，从而快速实现从追赶到超越追赶的转变。

第 4 章　卓越期：客户导向的大质量体系

长寿企业与一般企业在平衡长期与短期利益的时候有不同的原则，而不同的原则来源于对企业目的的认识。企业的目的是为客户创造价值。

——《在 2015 年市场工作会议上的讲话》（任正非，2015 年）

事件二：马电事件

2010 年 8 月 5 日，一封来自马来西亚电信 CEO 的电子邮件发到了华为公司董事长孙亚芳女士的邮箱。这封电子邮件并不是合作圆满完成的感谢信或庆祝信，而是一封积蓄已久的投诉信。

主题：马来西亚电信公司（TM）对华为在马电国家宽带项目中一些问题的关注

尊敬的孙亚芳女士、主席：

今天距我们上次会面已经 6 个月了，在上次的会谈中，我们针对国家宽带项目，特别是交互式网络电视（IPTV）部署向华为请求做特殊保障。

非常感激您的亲力赞助与大力支持，有了这些我们才得以成功在 3 月 29 日正式启动我们的新品牌（Unify）并商用新业务（Triple-Play）。这次商用仪式由马来西亚首相亲自启动与见证，非常成功！

然而，我们业务的商用并不能代表网络的成功转型，同时也并不说明我们拥有了一个充分测试、安全稳定的网络平台。从 4 月份开始，我们与华为再度努力，力争开创国家高速宽带（HSBB）的未来。但非常遗憾，在过去几个月中，华为的表现并没有达到我对于一个国际大公司的专业标准的期望。……过去几个月里，多个问题引起我们管理团队的高度关注和忧虑：

（1）合同履约符合度（产品规格匹配）和交付问题：在一些合同发货中，设备与合同定义、测试过程中所用设备不一致……

（2）缺乏专业的项目管理动作：在反复申诉中，我们刚刚看到华为在跨项目协同方面的一些努力与起色，但是在网络中，仍然存在大量缺乏风险评估的孤立变更……

（3）缺乏合同中要求的优秀的专家资源……

我个人非常希望能与您探讨这些紧急关键的问题；如果您能在随后的两周内到吉隆坡和我及管理团队见面，将不胜感激……

这封看似言辞委婉的信，实则一针见血地指出了华为在与马来西亚电信合作过程中的问题，也透露出马来西亚电信对这次合作的失望与愤怒。当初为了拿下合同，华为调动一切资源与炮火，集中优势兵力，团结一致。虽然大家嘴上都喊着"交付很重要"，但是因为"重合同，轻交付"的思想，在刚收到马电客户投诉时，华为内部各级主管都没有给予足够重视。直到客户直接发邮件给董事长孙亚芳后，孙亚芳亲自出面拜访马电 CEO，这件事情才算结束。事后，孙亚芳很失望地对各级主管说："我感觉特别不舒服的是，很多东西我要从客户的嘴里才能知道。我们自己的人在拼命捂盖子。"

马电事件之后，华为高层主管人员发起了一场反思运动——我们还是"以客户为中心"吗？在前几年的英国电信项目中，华为都能交出一份令双方都满意的方案，为何相对简单的马来西亚电信项目却遭遇"翻车"？这里有一个细节。英国电信拥有比华为更为成熟的运营体系，英国电信除了是客户，还扮演着引领华为的角色。相比之下，马来西亚电信则缺乏成熟的运营体系。也正因如此，当初在项目合同中，客户有 EOT 条款，即要求华为不仅需要负责网络建设（E），还要负责运行维护（O）和技能传递（T）。项目团队当初为了拿下合同，没有充分考虑 EOT 条款的严格性，没有充分评估自己的交付能力，加上拿下合同后对交付没有足够重视，最终导致实际交付质量与客户需求相去甚远。

客户导向的卓越绩效体系建设

质量体系 3.0

质量体系 3.0 阶段，华为开始构建以客户为中心的大质量体系。这个阶段是基于用户导向的闭环管理。2010 年至 2016 年，作为世界通信行业的引领者，华为面临的环境越来越复杂。为了更好地服务客户，华为开始基于客户体验与期望抓质量，着重构建无生命的质量管理体系，希望以规则、制度的确定性来应对环境的不确定性。这个阶段的质量战略创新——KANO 模型的引入与全球流程管理体系（GPMS）的构建，以质量管理体系的优化为中心，以基业长青与追求卓越为目标。随着业务战略的调整，华为公司的质量战略也在持续优化，围绕"使客户变得更优质、找到服务的最优方法、将专才放于最优位置、为客户提供最优价值"，确保任何时候都能做到以质量为中心，以客户为中心。

2010年后，随着国际业务的迅速增长，华为亟须构建面向客户的大质量体系。在这个关键时刻，"马电事件"给了华为当头一棒。"以客户为中心在我们的脑子里是否真的扎下了根？我们能做到真诚地倾听客户的需求、认真地体会客户的感知吗？我们曾经引以为豪的方法、流程、工具、组织架构，在市场的新需求下变得如此苍白无力。未来的竞争中，我们还能帮助客户实现其价值吗？能真正成就客户吗？"针对这些问题，华为展开了全面深刻的讨论和反思。

传统时代质量追求零缺陷，数字时代质量追求零距离。进入云管端一体化业务战略阶段的华为，更为关注客户的满意度。华为引入KANO模型，从KANO模型的魅力质量视角，重新思考和认识以客户为中心的质量观，并构建新的大质量体系。KANO模型借鉴双因素理论中的保健与激励因素，从魅力质量的客户主观满意度与产品客观满足顾客需求程度等多个维度来重新看待产品与服务质量。

在质量体系建设方面，华为开始推行全球流程OWNER变革，构建全球流程管理体系：从原来的推式流程体系，到推拉结合的流程体系。通过持续管理变革，实现高效的流程化运作，确保端到端的优质交付。华为深刻认识到，原来的流程是一个"推"过去的组织设计和流程运作机制，现在华为要将其逐步转换到"拉"的机制，或者说现在的流程应该是"推""拉"结合、以"拉"为主的运作机制。为了更好地提升客户竞争力和盈利能力，华为在集成产品开发、集成供应链和从线索到回款流程的基础上，进一步推行了从问题到解决的服务流程变革，从而提高客户满意度。从问题到解决服务流程变革更为关注客户价值，给华为带来了四大变化：客户满意度提高、服务创造利润提升、服务品牌提升、服务黏性增强，进而促进了产品销售。在质量组织方面，华为借用人力资源三支柱模型，推行质量三支柱，见本章第三节。

质量闭环：客户导向的 KANO 质量模型

一流质量需要一流理论指导。2010 年以后，随着华为公司的发展，零缺陷理论的不足逐渐体现出来。零缺陷本质上是以生产者为中心的，是产品零缺陷、工作零缺陷的一种自我要求。在生产过剩的条件下，产品零缺陷却卖不出去的比比皆是。克劳士比强调零缺陷是第一次就把事情做对，但这更多的是一种质量供给的视角。质量其实是供需平衡条件下的一种用户最优选择。产品性能和用户满意之间不是简单的线性关系，市场需要的往往不是各项性能指标都最高的产品，而是最能提高用户满意度的产品。很多时候，用户其实是质量的产消者：既是质量消费者，也是质量生产者。质量闭环的本质是从客户需求到客户满意。其背后隐含的真正意义是：客户定义质量，企业只提供选择。

华为"以客户为中心"的企业文化贯穿于企业所有活动中，包括质量管理体系。当任正非在不断思考如何才能更快更好地建立"以顾客为中心的质量管理体系"时，狩野纪昭教授的 KANO 质量模型出现在他的视野中。狩野纪昭教授是日本著名的质量管理专家。在 KANO 质量模型中，他创造性地引入了二维坐标系，将产品客观满足顾客需求的程度作为横坐标，客户主观的满意程度作为纵坐标。通过这两个维度来评估产品质量与客户满意度之间的关系。KANO 模型以分析客户需求对客户满意的影响为基础，体现了产品性能和客户满意之间的非线性关系，可以作为客户需求分类和优先性排序的有用工具。

如图 4-1 所示，在 KANO 质量模型中，狩野教授根据不同类型的质量特性与顾客满意度之间的关系，把产品服务的质量特性分为五类。

无差异质量：无差异质量的曲线是贴近于横坐标的，它意味着无论产品在这一方面的质量性能是好是坏，都与客户对产品的满意度无关。

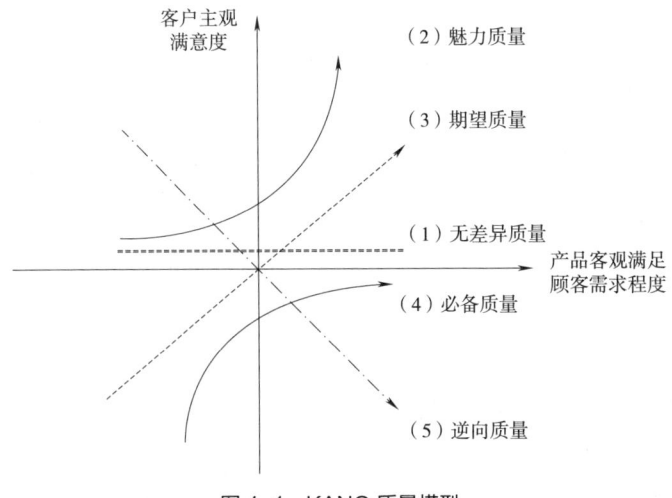

图 4-1 KANO 质量模型

魅力质量：指当产品不具备这一质量性能时，客户并不会感到不满意。但是当产品具备这一特性时，客户会觉得惊喜从而感到非常满意。

期望质量：又称一元质量，是指当产品的某些属性做得不好时，顾客就会感到不满意，而做得越好时，顾客就会越满意。即客户主观上的满意度和这一质量属性是一元线性关系。

必备质量：顾名思义就是产品所必须具备的质量特性，当你的产品不具备这一质量特性时，客户将会对产品非常不满意，但是不管这一特性做得多好，客户也不会变得更满意。因为在客户心中，这一特性是你的产品本来就应该具有的。这种特性是顾客购买该产品的前提。

逆向质量：指与顾客满意度负相关的质量特性，即这类特性越多，顾客越不满意。

随着科技的不断发展，产品竞争越来越激烈。想要在同类产品中脱颖而出，致力于打造魅力质量特性才是根本。KANO 模型的魅力质量，弥补了华为质量闭环的最后一环。质量闭环的本质是从客户需求到客户满意，闭环的核心在于客户。质量闭环的关键是站在客户视角来看质量。通过引入 KANO 模型，华为构建了端到端全流程打通的质量体系，又构建了以客户满意为导向的客户委员会，主动邀请重要客户、关键客户、领先客户交流反馈，获得市场第一手的真实质量评价。新的质量体系主要面向 4 个维度：使客户变得更优质、找到服务的最优方法、将专才放于最优位置、为客户提供最优价值。

以客户为中心的质量战略

华为从 B2B（企业对企业）业务转向 B2C（企业对个人）业务，其质量战略也伴随着企业战略而调整。当电信业务做到全球第一遇到天花板以后，华为从以电信运营商业务为主转型为运营商业务、消费者业务、企业业务三大事业群，华为质量战略也随之调整。2011 年，华为宣布："为了适应信息行业正在发生的革命性变化，华为做出面向客户的战略调整，华为的创新将从电信运营商网络向企业业务、消费者业务领域延伸，协调发展'云管端'业务，积极提供大容量和智能化的信息管道、丰富多彩的智能终端以及新一代业务平台和应用，给世界带来高效、绿色、创新的信息化应用和体验。"

电影《2012》播出之后，任正非认为，未来信息爆炸会像数字洪水，华为要想在未来生存发展，就得建造自己的"挪亚方舟"。于是，华为成立了 2012 实验室，主要负责前沿科技的研究，同时对质量提出了新的要求。从客户的全信息流视角来看，华为质量重心从"产品硬件决定质量竞争力"逐渐转向"云管端一体化共同决定质量竞争力"。华为一直号称自己是做管道的，同时也意识到，在万物互联的未来，在大数据洪水来临之时，终端和云也会成为管道的一部分，三者将会融为一体，共同决定大数据洪水来临时期的质量水平。就像苹果智能手机最终取代传统手机，大数据时代，智能化是赢得消费者质量选择的核心和关键。大数据时代洪水来临时，别的企业崩溃了华为不崩溃就是好质量。

华为"云管端"业务主要包括三个方面，即运营商网络、企业业务和消费者业务。运营商网络主要客户是电信运营商，以华为最具优势的硬件和良好的数字中心解决方案，支撑电信网络无障碍地传递和交换数据信息流。企业业务则是聚焦ICT基础设施领域，为政府、企事业单位客户提供集成ICT产品和解决方案，帮助客户提高通信、办公和生产系统的效率，降低企业经营成本。消费者业务是指以手机为代表的消费电子业务。

自2010年华为正式进军云计算领域以来，华为云计算业务在IT市场实现了质的飞跃。截至2013年8月，华为已在全球成功部署330多个数据中心，其中包括70多个微云数据中心，与全球260多个云计算客户发掘云的商业价值，并成功交付全球规模最大、应用场景最复杂的华为10万并发桌面云项目。从华为的数据中心布局来看，显然公有云将在企业IT服务中占据重要角色，在此基础上，混合云服务也逐步延伸至云生态产业链中。华为的云战略分为三大部分：一是针对行业部署云数据中心，扩展云服务业务；二是坚持被集成战略的同时，加大与业内合作伙伴在云平台建设中的合作；三是强调融合（Fusion）战略，精简用户在云应用中的IT部署。在产品层面，华为通过了解客户需求，以云操作系统Fusion Sphere、数据中心管理系统Manage One、SDN（软件定义网络）技术Cloud Fabric为核心，为客户提供了分布式云数据中心解决方案，让用户与SI集成方案的IT部署更灵活、更可靠，并能够极大地提升数据中心集群的IT资源利用率和管理效率。随着软件定义数据中心、虚拟化、云化等技术的成熟，过去几十年构建起来的企业数据中心，将逐步打破内部私有云与外部公有云之间的边界，共建开放互联、合作共赢的云生态链。可以看出，当华为要从单一的电信运营商、设备提供商（B2B），转型为面向消费者的消费电子产品终端提供商时,华为质量理念更加强调用户思维。

客户导向的全球流程变革

全球流程 OWNER 变革

> 变革的目的就是要多产粮食,以及增加土地肥力,不能对这两个目的直接和间接做出贡献的流程制度都要逐步简化。这样才可能在以客户为中心的奋斗目标下,保持竞争的优势。
>
> ——《变革的目的就是要多产粮食和增加土地肥力》
>
> (任正非,2015年)

构建全球流程管理体系

随着国际业务的深化,为了更好地服务全球客户,华为开始构建全球流程管理体系,如图4-2所示。2009年,华为建立了全球流程框架,并任命了全球流程责任人(GPO);2010年签发了《全球流程责任人任命书》和《全球流程责任人运作管理规定 V2.0》。全球流程责任人有5项核心职责:流程规划与战略、流程运作管理、风险与控制、流程绩效管理、流程变革与流程优化。全球流程责任人主要负责公司一级流程的生命周期管理,承接公司流程及变革管理要求,在企业架构及变革管理体系指导下,负责流程运作的监控和执行,并组织流程的建设和优化,确保流程高效、安全和低成本运作,负责流程管理要素的落地。全球流程责任人还有两项重要的权力:一是建议或者否决权,即有权对干部任用,职级评议,工资、奖金、股票、期权评定/调整等事项提出建议或否决;二是弹劾权,即有权对严重违规影响流程运作的重大负向关键事件进行弹劾。

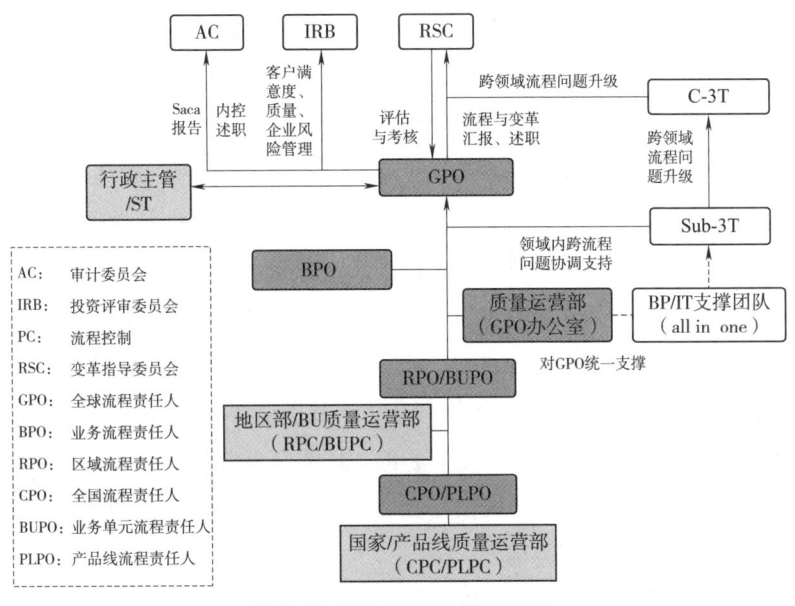

图 4-2 华为全球流程管理体系

任正非在一次大会上说道:"坚定不移地推行流程化建设,同时加强流程责任制,要从流程遵从走向流程责任,业务主管和流程责任人要真正承担起监管的责任。"2013 年,华为开始从原来的流程遵从走向流程责任、加强流程责任制:所有的业务负责人都需要和流程责任人一起真正承担起监管的义务,将绝大部分的风险在流程化作业中予以解决。

流程也有周期,也需要进行流程生命周期管理。流程的生命周期管理包括需求管理、流程规划、流程建设/优化与推行、流程执行与监控、流程评估与度量、流程终止等几个阶段。华为让流程设计、评审和发布、运作的各个组织发挥最大作用,做好流程的生命周期管理,确保用流程的质量保证业务运作的质量。

让听得见炮声的人来做决策

业务的快速发展使华为深刻认识到,原来的流程是一个"推"过去的组织设计和流程运作机制，现在华为要将其逐步转换到"拉"的机制，或者说现在的流程应该是"推""拉"结合、以"拉"为主的运作机制。推的时候，是核心岗位的强大发动机在推，一些无用的流程、不出功的岗位，是看不清的。拉的时候，看到哪一根绳子不受力，就将它剪去，连在这根绳子上的部门及人员一并减去，组织效率就会有较大的提高。流程变革从推到拉，就是让听得见炮声的人来指挥。明确变革要以作战需求为中心，后方平台要及时、准确满足前线的需求。华为机构设置的目的，就是作战；作战的目的，就是取得利润。平台的客户就是前方作战部队，作战部队不需要的，就是多余的。后方平台是以支持前方为中心的，按需要多少支持来设立相应的组织，而且要提高后方业务的综合度，减少平台部门设置，减少内部协调，及时准确地服务前方。

"让听得见炮声的人来指挥战斗"，实质是组织决策权的下沉问题。任正非在EMT会上提出，要缩短流程，提高效率，减少协调，使公司实现有效增长，以及现金流的自我循环。任正非认为："组织流程变革要倒着来，从一线往回梳理，平台（支撑部门和管理部门，包括片区、地区部及代表处的支撑和管理部门）只是为了满足前线作战部队的需要而设置的，并不是越多越好、越大越好、越全越好。减少平台部门，减少协调量，精减平台人员，效率自然就会提高。"

"铁三角"作为华为从线索到回款订单交付团队的基本组织形式，是华为贴近客户的作战单元，这些以项目为中心的作战单元时时刻刻与客户在一起，可以及时发掘和了解客户需求。一旦发现机会，即客户需要的服务，他们就会第一时间向后方呼唤炮火，并通过华为面向用户的全球流程体系获得后方大平台快速的响应和支援。

让听得见炮声的人来决策

以美军在阿富汗的特种部队来举例。以前前线的连长指挥不了炮兵，要报告师部请求支援，师部下命令炮兵才开战。现在系统的支持力量超强，前端功能全面，授权明确，特种战士发出一个通信呼叫，飞机就开炸，炮兵就开打。前线3人一组，包括一名信息情报专家、一名火力炸弹专家、一名战斗专家。他们互相了解一点对方的领域，紧急救援、包扎等都经过训练。发现目标后，信息情报专家利用先进的卫星工具等确定敌人的集群、目标、方向、装备……，火力炸弹专家配置炸弹、火力，计算出必要的作战方式，其按授权许可度，用通信呼唤炮火，击退敌人。美军作战小组的授权是以作战规模来定位的，例如，如果作战规模是5000万美元，在授权范围内，后方根据前方命令就能及时提供炮火支援。我们公司将以毛利、现金流，对基层作战单元授权，在授权范围内，甚至不需要代表处批准就可以执行。军队的目标是消灭敌人，我们的目标就是获取利润。铁三角对准的是客户，目的是利润。铁三角的目的是获取利润，否则这些管理活动是没有主心骨、没有灵魂的。当然，在不同的地方、不同的时间，授权是需要定期维护的，但授权管理的程序与规则，是不轻易变化的。

——《在销服体系奋斗颁奖大会上的讲话》

（任正非，2009年）

服务流程变革

创业初期，华为就是凭借出色的服务在激烈的竞争中获得客户信任从而获取订单的。在早年与爱立信、诺基亚、摩托罗拉等西方巨头激烈交锋时，华为的"一站式保姆式服务"，是其赢得客户的关键要素。

从问题到解决服务流程是华为公司三大关键业务流程之一，如图4-3所示。其核心是更好地服务客户，并推动服务从成本中心转变为利润中心。

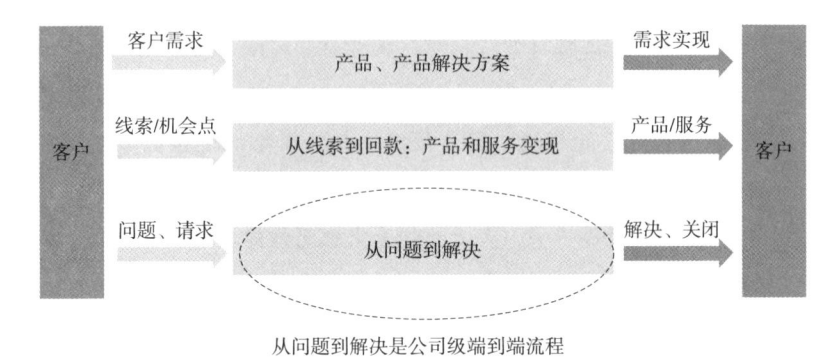

图 4-3　从问题到解决服务流程在三大业务流中的位置

　　集成产品开发、从线索到回款流程变革后，华为的产品开发、订单交付效率和质量都得到了很大的提升。没有不存在问题的产品，再好的产品也离不开售后服务。华为当初是以服务好取胜的，因此，服务体系也需要持续进行变革，以确保服务仍然是核心竞争力之一。于是，华为启动从问题到解决服务流程变革项目，主要目的是把服务业务梳理清晰，使服务规范化、标准化、可衡量，并衔接好集成产品开发、从线索到回款等核心流程。集成产品开发、从线索到回款与从问题到解决分别对应公司研发、销售与服务三大关键业务流程，也对应公司的三件大事：一是把产品高效保质开发出来；二是把产品卖出去且能收完回款；三是做好售后服务，快速解决问题，让客户满意。

　　华为通过从问题到解决服务流程变革项目，推进服务战略转型，使服务从传统的"成本中心"，转型升级为公司的"利润中心"，并对服务体系重新定位：服务是端到端的流程，从问题到解决本身不是部门，它是流程的概念，贯穿了研发、交付和售后服务等所有环节；服务是客户中心而不是投诉中心，服务通过快速响应客户，解决问题，提升客户满意度；服务管理需要精细化，不能粗放，不能使服务成为销售的附属品，仅仅停留在单点解决问题的层面，从问题到解决流程和集成产品开发、从线索到回款流程之间都有接口，在客户问题处理的过程中，能够将从问题到解决流程中发现的线索或者机会点传递到从线索到回款流程，将产品问题技术问题传递到集成产品开发的领域，进行归类提炼，成为产品性能提高的重要来源；服务管理需要 IT 系统支撑，没有 IT 系统的支撑，会导致问题流失，没有办法转成机会点的回溯，没有知识管理会导致问题重复出现，解决问题的方法得不到积累，组织就会重复犯错且效率低下。

如图 4-4 所示，从问题到解决服务流程变革，使服务业务流程更为清晰，使服务标准化、规范化、可衡量。同时，通过衔接好集成产品开发、从线索到回款等核心流程，可以实现快速响应客户、解决问题、提升客户满意度。从问题到解决流程面向客户，以不同服务形式满足不同客户需求。在日常维护上，强调问题处理闭环、客户满意度管理、流程运行质量管理；在专项服务上，连接线索、机会点与合同，加强客户满意度管理。从问题到解决流程重视服务质量保证，使

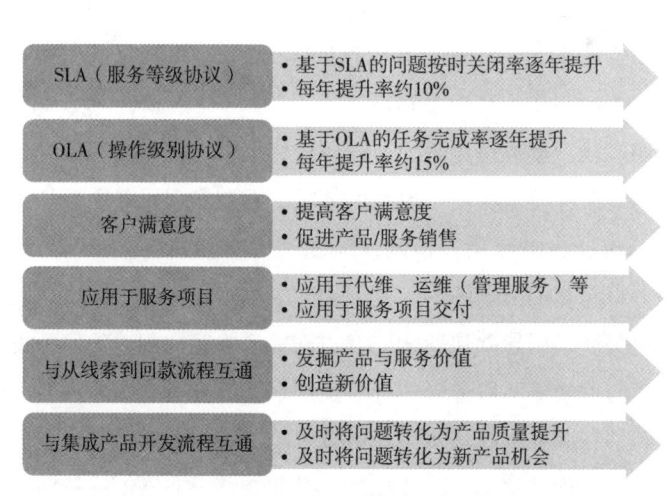

SLA（服务等级协议）	• 基于SLA的问题按时关闭率逐年提升 • 每年提升率约10%
OLA（操作级别协议）	• 基于OLA的任务完成率逐年提升 • 每年提升率约15%
客户满意度	• 提高客户满意度 • 促进产品/服务销售
应用于服务项目	• 应用于代维、运维（管理服务）等 • 应用于服务项目交付
与从线索到回款流程互通	• 发掘产品与服务价值 • 创造新价值
与集成产品开发流程互通	• 及时将问题转化为产品质量提升 • 及时将问题转化为新产品机会

图 4-4 从问题到解决流程为企业带来巨大收益

客户购买的产品能够有效运行，保证有合适的渠道处理客户的不满，听取客户的声音，提高服务质量。

华为服务发展历程

服务战略作为企业战略的一部分，需要根据战略对服务行为、服务流程、服务管理、服务组织进行调整。华为从创业起，就非常重视服务管理。华为的服务发展历程可以分为 4 个阶段。

第一阶段，服务是任务。在华为早期电信业务起步阶段，服务主要是针对已销售的产品，被动地响应和满足客户对产品的服务请求。

第二阶段，服务是成本。在华为业务从农村走向城市后，随着业务的发展，竞争的加剧，企业通过服务提升客户满意度，在性能、价格相近的情况下，服务成了一个关键的竞争因素。虽然在服务过程中，已经开始收取少量劳务费，但还不足以覆盖服务部门的运营成本。服务是成本中心。

第三阶段，服务是利润。随着华为进入国际市场，客观上需要调整和完善企业的服务体系，使服务成为企业竞争力提升的依据。于是，华为通过服务产品化，来满足客户高端的需求或者一些更深层次的需求，在帮助客户实现更高价值的同时，给公司创造更多的收入。服务从成本中心转为利润中心。

第四阶段，服务是竞争力。随着成为世界上最大的通信设备制造商，华为对服务质量提出了更高的要求，需要实现服务质量从优秀到卓越的跨越。2010 年后，借助从问题到解决服务流程变革，华为开启了服务卓越化的战略转型，逐渐构建了以客户为中心的卓越服务体系，通过关注、引导并快速响应客户需求，为客户创造价值，提升客户忠诚度与愉悦感。服务形式逐步实现从技术支援向服务创新、服务增值的转移；服务组织逐步实现由技术功能型组织向产品化服务型组织转变；服务项目逐步向专业化和产品化转移，非增值服务向外部转移。此时，服务成为华为的核心竞争力之一。

从问题到解决流程运作管理体系

当客户发现了一些问题时，可以及时反馈。将客户投诉和客户需求、请求区别开来，就能够关注问题处理之后价值的提炼。如图4-5所示，华为通过IT系统建立从问题到解决流程与集成产品开发、从线索到回款流程的接口，把三大业务流程打通。从问题到解决流程体系包含四大模块：管理客户提出的技术服务请求，如设备故障请求；管理非技术服务请求，如培训服务请求；管理备件服务交付；管理客户投诉。这个系统要解决的不是客户投诉的问题，而是客户需求或者服务请求。这样，通过从问题到解决流程服务的过程，可以从客户反馈的问题中发现客户的购买点和需求，从而将问题转化为新产品功能或新业务线索，为产品开发和销售提供有效的输入。

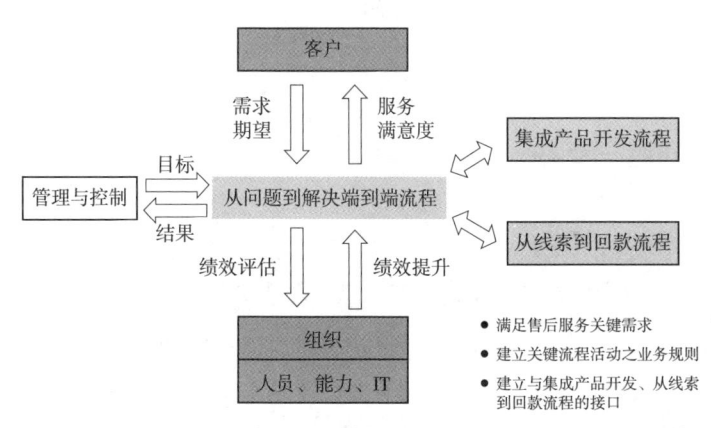

图4-5 从问题到解决流程设计总体理念

华为从问题到解决流程组织体系通常分为三层：一线、二线、三线，每个层级对员工的要求不同，三个层级分别隶属于不同的部门。一线靠近客户，一般是区域的维护团队，要求是有一定技术能力和一定经验的工程师，能够解决常见的问题和在技术专家指导下解决一些疑难问题，执行一些技术专家的技术方案。二线主要在总部，一般是领域专家或技术支撑部门，要求技术比较全面，能够打通相关专业领域、经验非常丰富，能够提供技术指导并且协助工程师解决疑难问题。三线隶属于研发体系，专注于产品的维护。当二线专家无法通过常规方法解决问题时，三线团队必须给出解决方案。华为通过流程和绩效的管理，将这三个团队连接起来并提供高效服务。

在从问题到解决服务流程变革中，服务产品化的三个关键要素包括：服务专业化、服务标准化和服务个性化。三者都与质量密切相关。服务标准化，代表规范，通过对服务内容的细化与服务质量标准的明确，使用户与企业都可以清楚地界定该项服务是否达到要求。服务专业化，代表质量，通过规范的流程、规范的行为标准、专业的服务人员来保证优质服务。服务个性化，代表服务内容的多样化与个性化定制，可以满足不同客户的服务需求。

华为质量三支柱

质量三支柱模型

华为人力资源的职责定位是：从简单服务于业务部门到深入服务于公司业务，从公司职能部门到公司业务战略伙伴。华为质量流程IT部门在全球流程OWNER变革中发挥了重要的业务战略伙伴作用和使能作用，从质量辅助作用转变为关键支撑作用。质量三支柱类似于人力资源三支柱，它将质量业务伙伴（BP）、质量领域专家（COE）和质量流程IT共享中心（SSC）联通起来，让最懂质量的人来做质量管理。

质量三支柱，需要遵循华为质量组织定位的三个原则。原则一：质量组织必须从公司的战略高度来定位。原则二：质量组织的"助攻"与"参谋"职能要分开，"助攻"指质量部与业务部门的伙伴关系，

"参谋"指质量领域专家职能，提供先进质量管理方法与工具，例如六西格玛、卓越绩效、新老质量工具等。原则三：质量是持续流程变革的推动者，是流程权力的保卫者。三支柱的分工与协作关系见图4–6。

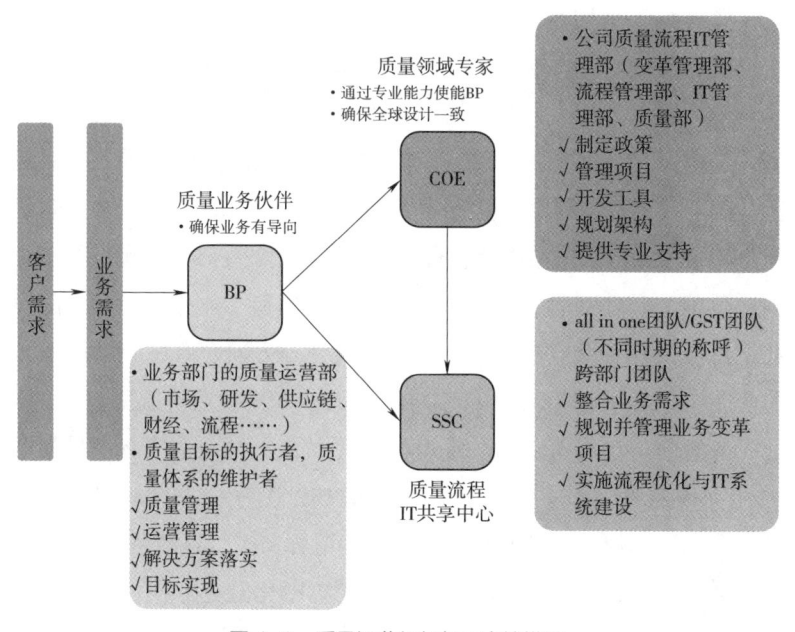

图 4-6 质量运营组织与三支柱模型

BP：业务部门的质量运营部（市场、研发、供应链、财经、流程……），质量目标的执行者，质量体系的维护者。具体职能包括质量管理、运营管理、解决方案落实和目标实现。

COE：公司质量流程IT管理部（变革管理部、流程管理部、IT管理部、质量部），具体职能包括制定政策、管理项目、开发工具、规划架构和提供专业支持。

SSC：又称 all in one 或 GST 团队，具体职能包括整合业务需求、规划并管理业务变革项目，实施流程优化与IT系统建设。

质量IT使能作用

截至2019年，华为员工总人数约为19.4万人，研发人员约为9.6万人，约占总人数的49%。华为在海外聘用的员工总数超过3.7万人，海外员工平均本地化率约为67%。组织规模快速扩张，海外员工规模庞大，产品线与业务链条高度复杂，客户遍布全球140多个国家，华为质量为什么没有失控？有效发挥质量流程IT部门的使能作用，是华为在快速扩张中保持高质量的关键。质量使能，是在质量赋能基础上，更好地利用数据的潜在价值，将数据分析能力与质量运营能力相结合，将数据洞察转化为商业流程与企业生产力，最终为客户创造价值。具体而言，在需求预测、需求创造、业务设计、产品设计、价值共创、供应链重构、生态圈构建等方面，通过质量流程IT的使能作用更好地服务于用户需求，创造更高的商业价值。

华为公司自成立以来，持续对IT系统进行建设和完善。最初的10年，华为IT系统主要以电子邮件和MRP II为主。1998—2003年，华为引进了集成产品开发和集成供应链流程。围绕这两条业务主线，华为IT逐渐从分散走向集中，通过IT集中化对业务提供更好的支撑。随着华为业务的国际化发展，华为IT也逐渐从国内IT体系走向全球IT体系。如图4-7所示，经过十多年的建设，华为在全球100多个国家建立起了一张IT大网。华为IT持续发展的目标，一是要建立面向全球的联合作战系统，二是要构建数字化作战平台，提升运营效率。希望当一线机会来临的时候，IT系统能够迅速适应全球市场快速变化的作战场景。

更好的流程产生更高质量的数据，高质量数据需要好的流程。数据质量管理的核心在于数据源头的质量控制。公司的战略与业务发展离不开IT系统的有效支持。质量管理体系作为华为管理体系的一部

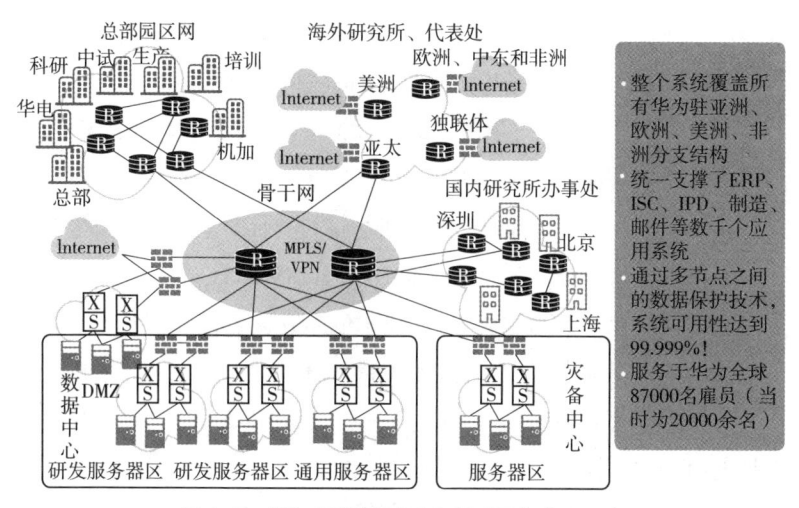

图4-7 华为全球数据中心与基础网络（2011）

分，与业务管理体系深度融合。华为IT系统不追求自身的卓越，而是追求公司业务的卓越运营。伴随着华为业务的高速发展，华为的IT体系一直在应对诸多的战略性挑战。借助质量IT系统的支撑，华为业务竞争力不断提升。

睿华视角：从超越追赶到全球引领

21世纪的第二个十年，是ICT领域高速发展的又一个十年，也是华为从超越追赶走向创新引领的十年。进入5G时代，华为从产品到技术，尤其是在5G技术专利方面，逐渐走向全球引领地位。

2010年，华为未经审计的全年销售收入达1850亿元人民币，折合280亿美元，超越了诺基亚、西门子、阿尔卡特-朗讯，成为仅次于爱立信的全球第二大通信设备制造商。同时，在通信技术领域，以GSM系统和CDMA系统为代表的第二代移动通信系统经过十多年的发展，用户数量急剧增加，对频率资源和系统容量提出新的挑战，加上信息技术如图像、话音与数据业务相结合的多媒体和高速数据业务的飞速发展，给移动通信提出了更多的新业务需求和更高的技术要求，新一代移动通信系统的技术研究和发展成为移动通信领域的热点，出现了新的技术范式窗口和市场需求机会窗口。面对新的技术发展趋势和国际市场竞争形势，已经走在世界通信设备领域前沿的华为，为了更好地坚持"以客户为中心"，在技术创新和商业模式创新方面做出了新的调整，提前布局 5G 的技术窗口和移动通信的市场需求机会窗口，并持续坚持高强度投入。随着 5G 技术的突破，华为逐渐从超越追赶走向全球引领。

构建 2012 实验室，投入前沿科技研究：从超越追赶到全球引领

华为自成立以来，一直非常注重技术研发和创新。为了实现全球通信设备领域的技术引领，更是每年投入营业收入的 10% 以上用于技术开发。2008 年，华为大力投入 TD-LTE（新一代移动通信技术）的研究与开发。2009 年，华为启动 5G 技术研究。2010 年，华为正式进军云计算领域。基于对未来信息爆炸的高度认识，华为成立了 2012 实验室，主要负责前沿科技的研究。在 5G 技术方面，华为在云管端和芯片侧持续加大对 5G 相关技术的研发投入。

根据中国信息通信研究院发布的《全球 5G 标准必要专利及标准提案研究报告（2023 年）》，华为在全球 5G 专利族的占比为 14.59%，排在第一位。报告还指出，华为的 5G 标准必要专利数量已经接近 9000 项。可以说华为经过多年的持续高强度投入和不懈努力，才换来了今天在 5G 技术领域的绝对领先地位。

从 C 理论的角度来看，2009 年，在全球互联网的移动化转型刚刚开始、未来还充满着不确定因素之时，华为即敏锐地捕捉到了移动互联网和 5G 发展的信号，启动了 5G 领域的研究。在 3G-4G-5G 技术范式交替的窗口期，华为快速的战略决策和持续、高额、高强度的战略性技术创新投资，反映了任正非的企业家战略眼光和商业魄力。以 5G 技术突破和 5G 专利数量的绝对领先为标志，华为从二次创新走向原始创新，从超越追赶走向全球引领。

从运营商业务到云管端一体化战略：商业模式的全面升级

根据 C 理论的研究，随着技术的进步和不断创新，企业在发展过程中需要持续调整创新战略和升级商业模式，以适应新的技术范式，从而提高追赶和超越追赶的绩效。刚刚过去的十年，华为公司所在的通信领域，技术快速进步，持续出现新的技术范式迭代。华为因而需要持续调整战略和商业模式，以确保能够紧跟行业发展的步伐。

2010 年以后，随着全球 IT 产业迎来从 CT（通信技术）向 ICT 转型的时代浪潮，华为以敏锐的目光锁定云计算。以"云帆计划 2012"的发布为标志，华为开始大力推行"大平台""促进业务和应用的云化""开放共赢"三大战略。而云管端一体化战略的提出，是华为在 ICT 转型中的重要推手。2010 年以前，华为公司的无线产品方案、网络解决方案等都是基于公司内部提出的，华为的业务重心主要还是放在运营商业务上。随着云计算战略和云管端战略的推进，华为开始加大对平台的投入，提供超大容量、超高速度、多维复杂的交换、传输产品方案。"云帆计划 2012"的发布，标志着华为的战略重心真正转向云计算。

手机业务是华为云管端战略的核心之一。2010—2014 年，华为手机业务不断更新、升级。从荣耀品牌的诞生，到海思芯片的成功，华为手机从运营商贴牌到自主品牌，逐渐从幕后走向台前。2017 年，荣耀手机以 5450 万台的出货量荣登全国手机销量第一名的宝座。2018 年，华为智能手机发货量超 2 亿台，首次成为全球第二大智能手机厂商。2019 年，在美国的持续打压和制裁下，华为鸿蒙系统正式发布。

随着战略的调整，华为的商业模式也随之调整。在手机的销售渠道上，华为采取线上线下结合的策略积极拓展销售渠道。线上，华为除了建立自己的官方在线商城，还与苏宁易购、国美在线等电商平台合作。线下，华为进行渠道下沉，积极开拓线下渠道。包括与苏宁达成战略合作伙伴关系，进驻苏宁的1000家线下门店。此外，华为对渠道的支持也是全方位的，一方面从技术、市场、产品质量方面提供全方位的支持体系，另一方面，华为持续加大对合作伙伴的让利，建立了差异化、精准化、多样化的积极政策。

从C理论的视角来看，在卓越运营期，华为紧紧抓住了3G-4G-5G的技术范式转变窗口期和移动互联网爆发的市场机会窗口期，通过技术创新战略和商业模式创新战略的有机结合，加上内部管理变革和组织能力的有效支撑，成功实现了从超越追赶到创新引领的全面转型升级，并逐步从二次创新迈入一次创新发展阶段。近年来，华为高薪吸引和大力招聘数学、物理、化学等理科专业人才的举措，是其进入基础研究领域的有力佐证。

第 5 章　数智期：质量数字生态体系

今天我们已积累到一定程度了，也想要学习在"无人区"点亮5G的灯塔，做出我们应有的贡献，回报世界给我们的引导，让我们的光辉也照亮大家共同前行。当我们尝试迈出第一步，刚刚擦亮一根火柴，企图点亮一座灯塔时，就受到美国的不理解，不理智的一棒打下来，一开始我们还真以为是我们在合规方面犯了什么错误，在自查自纠，接着第二棒、第三棒又打下来，一棒比一棒狠，我们才知道是要打死我们，并不是小羊在上游喝了什么水。求生的欲望，使我们振奋起来了。全体员工表明了，"宁可向前一步死，绝不后退半步生"。我们并不因此而灰心，我们也不会怨恨，美国仍然是世界的科技灯塔，我们仍然要一切向先进的人学习。

——《星光不问赶路人》（任正非，2020年）

事件四：美国封杀凸显华为质量生态短板

美国市场很早就以所谓国家安全为由，禁止华为产品进入美国运营商业务领域。2018年以来，美国对华为的封锁更是层层加码：第一轮是封锁芯片成品供应链；第二轮是封锁芯片代工供应链；第三轮是彻底堵死华为的芯片来源；第四轮是禁止使用涉及美国技术的操作系统、芯片设计软件等；第五轮是美国联邦通信委员会（FCC）提出一项提案：禁止在美国移动网络中，使用华为和中兴的设备，即使这些设备是用私有资金购买的。

2020年5月，美国更改出口规则。根据这个新的规则，只要外国的公司使用了美国的芯片制造设备等来自美国的技术，即使某个芯片不是美国本土的公司生产或者设计的，该公司也必须在获得美国政府的许可后才可以向华为或者华为的附属公司提供芯片。同时，华为也必须先获得美国政府的许可才可以继续使用某些芯片、美国软件或技术相关的半导体设计。根据这一规定，不管是联发科、台积电、三星，还是中芯国际、紫光，甚至是华为自己的海思，在获得美国政府的许可之前，都不能再向华为提供芯片。全球所有的半导体芯片公司，都或多或少使用了美国的生产设备或者技术。所以，美国这次无疑是要彻底阻断华为的芯片供应，置华为于死地！

随着台积电等芯片加工企业停止对华为供货，以及谷歌的"落井下石"（禁止华为手机搭载谷歌GMS服务，并且最新版本的安卓系统不再授权给华为），华为手机海外市场遭遇滑铁卢，市场份额锐减。面对这些严厉的封杀手段，华为连购买元器件都困难重重，只能"一边飞，一边修补漏洞，一边调整航线"。为了手机业务的正常发展，2019年8月，华为发布了鸿蒙操作系统，并致力于打造鸿蒙生态系统。在经过一年多的测试和试用后，2021年6月，鸿蒙系统正式进入商用阶段。

虽然华为对于美国的封杀早有准备，多年来持续高额投入研发，做了很多技术储备，如海思芯片、鸿蒙系统、欧拉系统。但是，华为的质量生态短板仍然很明显。用任正非的话说：华为研发一个操作系统很容易，难就难在生态的建设，仅凭华为一家的力量很难完成。

面对美国的封锁和连番打压，华为并未让我们失望，表现足够强硬，不愧是国产科技的骄傲。同时，华为事件也给我国科技企业上了生动的一课，只有抛弃"造不如买，买不如租"的思想，坚持独立自主的研发道路，我们在今后的发展中才不会受制于人，才能强势崛起！

2020年5月16日，华为在心声社区发文回应美国的进一步封杀：回头看，崎岖坎坷；向前看，永不言弃。同时配了一个二战时被打得弹孔累累的飞机图（如图5-1），图上配有醒目的红色文字：没有伤痕累累，哪来皮糙肉厚，英雄自古多磨难。

图 5-1 伤痕累累的飞机

构建基于核心技术的开放式创新生态体系

核心技术开放式创新

质量4.0是指华为闯入"无人区"后，逐渐形成的基于数字核心技术的质量生态体系发展阶段。华为质量生态体系，进入万物互联与数字孪生的智能世界。中美贸易战让华为深刻认识到，一流企业竞争的关键是产业链的竞争，质量竞争的重心从产品、服务、过程、制度、体系的竞争上升到质量生态的竞争。因此，基于云管端一体化战略，通过产业链重构、战略备份、芯片设计等战略，华为开始面向企业数字化转型构建新的质量生态体系。希望通过新的质量生态体系，通过质量多路径、多梯次、多场景建设，让华为融入数字世界的每一个人、每一个企业中。美国的全面封杀使华为的出口业务、运营商业务受阻，华为开始把战略重点向国内市场转移，构建华为云应用平台 ROMA（Relationship Open Multi-ecosystem Any-connect）与行业军团，面向新业务进行技术创新与市场创新探索。

已经成为行业世界领导者，华为还要坚持以客户为中心吗？华为的回答是肯定的。万山磅礴看主峰，大海航行看灯塔，客户就是华为大海航行的灯塔。华为对外依靠客户与合作伙伴，坚持以客户为中心，通过创新的产品为客户创造价值；对内依靠努力奋斗的员工，以奋斗者为本，让有贡献者得到合理回报；并与供应商、合作伙伴、产业组织、开源社区、标准组织、大学、研究机构等构建共赢的生态圈，推动技术进步和产业发展。（改编自华为2020年年度报告）华为追求的是在数字化背景下的合作共赢，而不是一家独大；是以"客户为中心"，而不是趋利避害。

爪哇岛72小时停电通信保障

2019年8月4日中午，爪哇岛突然遭遇了一场20年未遇的大停电，高速电车突然停止，商场突然变黑，雅加达及周边3000多万人受到影响。如果通信设备的电池电量耗尽，运营商通信网络将面临大规模断站风险，事态严峻。

事故发生15分钟内，运营商运维总监与华为保障团队讨论后决定，启动停电保障预案。印度尼西亚华为业务连续性团队和网络保障队第一时间抵达网络监控中心，制订抢修方案，主要包括调度柴油发电机保障中心机房和骨干站点运作，增加分包队伍及时补充发电机油料和维修发电机，组织专家联合评审并激活大话务场景的防冲击预案，尽一切努力降低大规模停电导致的通信中断。

华为保障团队与客户一起全力抢修站点，保障通信服务，累计组织了141支现场抢险恢复队伍，调用了899台发电机，经过三天三夜的连续奋战，终于在8月6日将通信网络服务全部恢复正常。华为与客户相互支持，竭尽全力保障了在印度尼西亚20年来最大规模停电的情况下，客户网络的快速恢复以及当地3000多万居民的通信畅通，做到停电不停网。

数字化时代，华为质量致力于客户体验提升。华为2019年年度报告中提到："保障网络稳定运行是华为的重要社会责任。我们从组织、人员、流程及IT等（方面）全方位构建客户网络保障体系，保障人们随时随地获取、分享信息的权利。华为在全球设立了两个全球技术支持中心和9个区域技术支持中心，4500多名专业的客户支持服务工程师，700多名服务项目经理和技术总监，为客户提供7×24小时技术支持服务。华为网络保障团队时刻坚守岗位，帮助客户快速恢复和保障网络稳定运行，确保通信畅通。2019年，华为保障了全球三分之一以上人口的通信畅通，支持170多个国家和地区1500多张网络的稳定运行；对印度尼西亚大停电、菲律宾地震、日本'海贝思''博罗依'台风等全球200多起自然灾害及重大事件进行网络保障。"

万物智联与数字孪生

华为公司业务广泛，涵盖2B（面向商家）和2C（面向消费者）业务领域，拥有遍及全球的华为业务系统和合作伙伴业务系统，也面临大量跨区域、跨国家应用集成诉求。面对上述丰富复杂的业务场景，为了实现企业"内部互通、内外互通、多云互通"，华为从点对点的业务集成到 EAI（企业应用集成）、ESB（企业服务总线）、SOA（面向服务的架构）、BPM（业务流程管理）、iPaaS（集成平台即服务）等集成技术的运用和内部实践，形成了具有华为特色的企业集成平台 ROMA。该系统能够通过多云协同服务，汇聚微软 Office 365、Zoom、SAP、Oracle 等软件和系统。可以说，华为做了一个连接，即通过服务器和网络的部署，把华为开展业务的 170 多个国家和地区通过 IT 连接起来。通过 ROMA 多云管理，华为能够实现快速的网络部署，一方面可以集成业务应用，连接应用之间的信息孤岛，另一方面能够实现 IT/OT（运营技术）融合，实现仓库、工厂、园区、门店全面连接，消除数字断层。这样，华为的终端用户可以在全球任何一个城市开店，而无须担心华为 IT 如何提供服务的问题。

华为中台以 ROMA 多云管理为基底，可提供的服务包括应用服务、平台服务、基础服务、安全服务四大类，将买卖机制、服务承诺完全云化，并支持业务的在线评价，使得华为用户能够不断优化自身业务。ROMA 多云公共管理能够有效地拉近华为与客户之间的信息距离，使客户实时了解产品信息。华为也能够有效追踪每一个被生产发送到销售端的产品，并对其产生的问题做出及时的回应。

另外，为了更快更好地响应客户需求，提升客户体验满意度，华为还以业务和用户 ROADS（Real-time，实时；On-demand，按需；All-online，全在线；DIY，服务自助；Social，社交化）体验为中心，在公司的全球网络架构以及数据中心，成功部署了多个 100 毫秒业务圈，目标就是在 100 毫秒内能响应所有国家的业务需求。

高层质量认知：生态转型

伴随着中美贸易竞争升级，美国技术清单封杀导致华为逐渐在终端业务上进行战略收缩，从原来的业务云管端一体化战略，调整为以云管为核心的质量生态体系再造。

美国目前对华为的全面封杀，主要体现了美国科技的两种霸权：一是掌控了芯片半导体制造命脉，二是掌控了数字化生态的底层系统软件。美国一方面通过半导体设备霸权，要求台积电、三星等芯片制造巨头禁止为华为代工，另一方面全面封杀华为所有设备的操作系统使用权限。除了禁止电信运营商和企业购买华为设备，美国还禁止私人购买华为设备，这无疑进一步打击了华为的海外业务。缺乏芯片导致华为终端业务量断崖式下滑，这倒逼华为改变直接售卖硬件的商业模式，摆脱芯片封锁带来的业务风险。不参与5G手机等终端硬件产品生产的华为，只能通过操作系统（鸿蒙OS、欧拉OS）来实现华为的生态体系构建和战略转型。

华为从应用场景到底层芯片设计完成了"应用–生态–芯片–操作系统"的产业布局。在构建人工智能的生态圈的过程中，华为云管端协同的全栈式技术能力是关键。华为云管端一体化的构建，从云管端三个维度深刻诠释了人工智能在华为布局中的竞争力和战略决策。在人工智能生态体系构建中，华为确定了把新一代业务平台和应用、大容量智能化信息管道、丰富多彩的智能终端三者一体化发展的战略方针。

云：华为发布了云解决方案，旨在为企业和个人提供一站式的人工智能平台型服务。近年来，华为云迅速成长为全国最大云服务商之一。其云EI包含了基础平台服务、通用服务、场景解决方案三类企业智能云服务以及异构计算平台。

管：5G技术支撑人工智能技术的广泛应用。5G具有低时延、高带宽、广覆盖等特点，可以实现1GB每秒的速度，每平方千米达到100万个终端的连接数，网络时延可以做到毫秒量级，这些技术特点对自动驾驶、工业互联网等智能经济将非常有帮助。

端：在终端及应用上，华为发布了智能手机芯片麒麟、5G芯片巴龙等。华为在过去30年飞速发展的过程中，业务扩张路径符合飞轮模型的底层逻辑，通过终端及应用业务的成长不断夯实基础设施。

云管端战略是一个适用于全球化自由贸易环境的战略，并不适合美国封杀条件下的业务发展新形势。逆全球化贸易阶段的华为质量战略，要以操作系统的"云"为核心，以"5G+行业"的"管道技术"为支点，构建华为质量生态圈。以芯片等为代表的核心技术的缺失，导致手机终端业务整体萎缩。华为逐渐从"端"上全面收缩，提出了Huawei Inside战略，把大量不得不放弃的端业务转型成华为产业生态体系的一部分，同时聚焦操作系统、软件等华为具有自主核心技术、不受美国卡脖子技术限制的高端业务。

操作系统是华为跻身世界科技巨头的入场券，是华为构建世界质量生态的基石，鸿蒙OS、欧拉OS等操作系统承载着华为质量生态转型的希望。数字商业的终极竞争，归根到底就是操作系统的竞争。数字商业模式分为三个层次：提供操作系统，提供中间平台，提供应用创新。操作系统是最高层次的质量生态竞争。美国科技巨头基本都掌握了操作系统，如苹果的IOS操作系统、微软的Windows操作系统和谷歌的安卓操作系统。其中微软Windows几乎占据了所有的PC终端系统。谷歌虽然并不是一家硬件提供商，但这并不妨碍安卓操作系统给谷歌带来巨大的商业收益。苹果生态系统没有安卓生态系统开放，但其通过相对安全与高效的特点，吸引了大量中高端消费群体，苹果手机一家的利润最高占据了全球手机利润的90%。未来，鸿蒙系统将会是华为跨越硬件终端集成的传统商业模式、跻身生态巨头的入场券，是华为成为数字经济大厦的地基，是华为数字商业模式转型的关键。

质量战略创新：万物互联

2021年6月2日晚间，鸿蒙系统迎来历史性时刻——Harmony OS2

正式亮相，这一国产操作系统迈出了市场化和商业化的重要一步。

鸿蒙系统是华为公司为万物互联时代开发的下一代操作系统，华为对它的定义是：一款基于微内核的全场景分布式 OS，通过分布式技术，将物理上相互分离的多个设备，融合成一个"超级终端"，实现真正的万物互联。鸿蒙系统最显著的特点是可以将硬件类的各个模块进行封装调用，从而实现手机之外，电视、汽车、手表设备的无缝连接与调用。

鸿蒙生态的背后是华为的"1+8+N"智慧生活战略，其中 1 代表智能手机入口，8 代表平板电脑、PC、VR 设备、可穿戴设备、智慧屏、智慧音频、智能音箱、车机，N 则代表其他硬件厂商参与的泛 IoT（物联网）硬件生态，围绕智慧出行、智能家居、运动健康、智慧办公、影音娱乐五大场景，为用户打造智能生活体验。鸿蒙系统在分布式部署、时延和流畅性等方面具有明显优势。根据华为 2021 年开发者大会发布的信息，截至 2021 年 10 月，搭载鸿蒙操作系统的设备数量已超过 1.5 亿台。

鸿蒙系统是华为智能汽车的战略支点。华为的自动驾驶有三大计算平台和三大操作系统：HOS（智能座舱操作系统）、AOS（智能驾驶操作系统）、VOS（智能车控操作系统）。无人驾驶电车是一个软硬件异构系统，所以未来的电车 tier 1 一定会由智能座舱、无人驾驶、智能控制三大系统组成。鸿蒙是三屏合一（手机、车载、TV）内容的人机交互枢纽，是连接车、手机、物联网、家电等多种跨平台硬件的互联核心。从生态角度来看，华为基于鲲鹏处理器打造了服务器"泰山"，以服务器作为连接云端和硬件的枢纽，还扩展到虚拟化、大数据平台、存储、数据库、中间件、云服务、管理服务等软件生态体系。华为联结众多硬件节点，以操作系统为窗口，塑造了面向 B 端的"鲲鹏生态"以及面向 C 端的"鸿蒙生态"。

芯片业务

市场研究机构 Strategy Analytics 的最新报告显示，2021 年一季度，全球智能手机处理器市场规模同比增长 21%，达到 68 亿美元。但海思销售额仅有 3.85 亿美元，同比下降超 80%。2020 年美国启动对华为芯片的第三轮制裁，使麒麟高端芯片成为绝唱。麒麟芯片没有了，海思还有存在的必要吗？彼时，海思人员离职的消息此起彼伏，似乎预示着麒麟不再，海思也将被解散。面对大家的疑问，华为明确表示：将保留海思，不会进行任何重组或裁员。

华为高管明确表示，海思 2020 年员工数超过 7000 人，虽然维持这部分业务对华为来说是一个严重的财务负担，但华为给出的解释是：华为是私人控股公司，不受外部势力影响，其管理层已明确将保留海思。"海思是华为的一个助战队伍，跟着华为主战队伍前进，就如坦克队伍中的加油车、架桥机、担架队一样，是这样的定位。"不难看出，未来海思所肩负的使命更为艰巨。尽管受到制裁，哪怕台积电无法生产，华为海思半导体还是要继续开发半导体，并花大量人力物力进行流片，就是为了验证芯片技术。海思在华为是芯片设计部门，不是盈利部门，公司对它没有盈利的要求。现在是养着这支队伍，继续向前，为未来做准备。在这个涅槃的过程中，海思要尽可能保留核心团队，时刻紧跟先进工艺。

Huawei Inside

"Huawei Inside"是华为"被集成"战略的升级，在坚持"被集成"战略，发挥渠道和伙伴在交易界面和服务界面作用的同时，深入理解聚焦行业客户的业务场景，通过主动拓展，实现华为产品与各环节伙伴密切协作，最终面向客户创造价值。

未来已来。HUAWEI HiCar 是华为提供的人–车–家全场景智慧互联解决方案，HiCar 将移动设备和汽车连接起来，建立端到端的多设备互联能力，实现以手机为核心的全场景体验，给消费者创造智慧出行体验。经过两年探索，华为从手机业务战略收缩后，终于找到了一个有万亿元空间的消费市场领域，并且明确了基于 Huawei Inside 的质量生态竞争战略。华为轮值董事长徐直军提到华为自动驾驶"能够做到在市区 1000 千米无干预，超过特斯拉"。从实现的场景体验来看，华为高阶自动驾驶全栈解决方案（Autonomous Driving Solution，ADS），是华为为中国道路和交通环境设计的全栈自动驾驶系统，基本可达到 L4 级（法律 L2 级）高度自动驾驶水平。

Huawei Inside 模式的重要意义是，让华为定位更加清晰。有了 Huawei Inside 模式，传统车企也能推出性能优越的电动汽车。本来传统汽车企业，去搞智能驾驶、动力电池系统、汽车操作系统，就是"不创新等死，创新基本找死"，存在很大困难。华为模式让传统车企看到了转型成功的可能性，而且是看得见摸得着的新赛道。

5G 技术引领

攻上"上甘岭"

> 大家一定要明白，领导和领先是不同的。领导的含义是要建立规则，建立共同胜利的标准。领先，就是在技术、商业模式、质量及服务成本、财经等方面领先。如果我们的产品做得好，就能服务世界上绝大多数运营商，这样就能掌握主动权。所以在 5G 的问题上，我们就是要下定决心做到战略领先。
>
> ——《在上研所 5G 业务汇报会上的讲话》
> （任正非，2018 年）

任正非指出，华为要攻上"上甘岭"，实现 5G 战略领先。5G 这一战关系着公司的生死存亡，所以华为一定要在这场"战争"中不惜代价赢得胜利。

首先，要从5G组网做起，要做到网络架构极简、交易架构极简、网络极安全、隐私保护极可靠、能耗极低，全面实现领先。5G组网要从现行机制中脱离出来，单独组建。5G通过站点极简、运维极简、交易极简等，把复杂留给自己，把简单留给客户，这是非常正确的。其次，对未来的研究，要多路径、多梯次、多场景。研发要从科学实验与验证，到科学样机、多场景化样机、全简化样机，周而复始地优化。最后，在5G市场选择上要有集中度，战略预备队要一体化打通，"四组一队"攻上"上甘岭"。5G已经率先突破了大带宽、多天线关键技术，取得了先发优势，华为要利用这个优势及制式换代的关键时间窗口，优化全球格局。在面对客户交付时，华为强调销售、服务、市场和研发要一体化打通，要不断吸收一些优秀员工加入战略预备队进行轮训，大浪淘沙，谁知道将来谁是"将军"。

聚焦5G标准，抢占国际标准先机

> 我们坚持压强原则，在成功的关键因素和选定的战略点上，以超过主要竞争对手的强度配置资源，要么不做，要做就极大地集中人力、物力和财力，实现重点突破。
>
> ——《华为基本法》

2020年2月，国际知名专利数据公司IPLytics发布了5G专利和标准研究报告。报告中显示前十大申报公司合计占提交的所有5G申报专利的82%，其中华为已宣布5G专利族为3147个，位列第一，三星以2795个排第二，中兴以2561个位列第三，接下来是LG、诺基亚、爱立信和高通等，可以说华为在5G专利方面遥遥领先于其他企业。

通过 4G 与 5G 专利百分比比较可以看出，华为 5G 专利族的申报率为 14.61%，比 4G（9.99%）高 4.62%，几乎是除中兴以外增长速度最快的。这也能看出华为对于 5G 建设的高度重视，以及强大的研发投资力度。据可靠数据，2019 年，华为投入的研发费用高达 1317 亿元，占到全年销售额的 15% 以上。

华为的聚焦战略，也叫针尖战略，核心是压强原则。就是把公司所有的力量凝聚到一个点上，全力、持续攻击，直到成功。华为在 5G 业务上取得成功，也是因为华为在该业务上坚持了聚焦战略和压强原则，最终厚积薄发。巨额、持续、对准 5G 主城墙、饱和攻击、孤注一掷的投入，是华为 5G 取得成功的关键。未来，华为在 5G 的投入还将继续，只是投入的重点会从 5G 业务布局转向 5G 应用场景的发展。华为轮值董事长郭平在"2020 共赢未来全球线上峰会"上做开幕致辞时指出："全球 5G 部署已告一段落，下一阶段的重点是：发展行业应用，释放 5G 网络红利。"

三流的企业做产品，二流的企业做技术，一流的企业做标准。2018 年 2 月 23 日，在世界移动通信大会召开前夕，沃达丰和华为宣布，两公司在西班牙合作采用非独立的 3GPP 5G 新无线标准和 Sub6 GHz 频段完成了全球首个 5G 通话测试。华为 5G 产品线总裁杨超斌在发布会上说："本次测试结果显示了基于 3GPP 标准的 5G 技术已经成熟。我们准备继续与沃达丰合作，进入 5G 商业测试阶段。"

在 2016 年 11 月 14 日至 18 日期间，由 3GPP 组织的一场 5G 标准研讨会议在美国召开，在本次会议上 Polar 码被正式确定为 5G 在 eMBB（增强移动宽带）场景应用方面的控制信道编码方案。Polar 码又被称作极化码，由土耳其的埃尔达尔·阿里坎（Erdal Arikan）教授于 2007 年首次提出。Polar 码的出现开拓了信道编码的新方向，是世界上第一类在理论上能够达到香农极限的信道编码方法。这种编码方法能够大大提升 5G 编码的性能，同时减小通信设计的复杂度，确保业务质量，对通信行业有着极为深远的意义。5G 标准选择了 Polar 码，对华为来说也有着非凡的意义，其长期以来的投入终于有望结出丰硕果实。埃尔达尔·阿里坎教授直言，是华为的努力加速了 Polar 码成为一项业界标准的进程。

2016 年 10 月，华为对外公布了在 Polar 码方面取得的技术突破。在静止和移动场景、短包和长包场景的外场测试增益稳定、性能优异。在与高频毫米波频段上的组合测试实现了高达 27Gbps 的业务速率。测试结果表明，使用 Polar 码编码技术可以同时满足国际电信联盟定义的高速率、低时延和多连接的 5G 三大类应用需求。

2018 年 7 月 26 日，华为在深圳总部为埃尔达尔·阿里坎教授举行颁奖仪式，致敬其为人类通信事业发展所做的贡献。

2018 年 2 月 27 日，华为在 MWC（世界移动通信大会）2018 大展上发布了首款 3GPP 标准 5G 商用芯片巴龙 5G01 和 5G 商用终端，支持全球主流 5G 频段，包括 Sub6GHz（低频）、mmWave（高频）。2019 年 9 月，华为正式推出麒麟 990 系列芯片，该芯片是华为研发的新款高端芯片，突破了高通也无法解决的行业技术难题，首次实现了内置 5G 基带的移动级芯片。

多路径、多梯次、多场景构筑产品架构

2018 年 10 月 17 日，任正非在上研所 5G 业务汇报会上的讲话中指出："对未来的研究，我们要多路径、多梯次、多场景，构筑我们胜利的基础。"华为的目标，是在科学研究的基础上，用容差设计和普通的零部件，做出最好的产品来。最终目的是为客户提供最优质量，最易使用、安装和维护，最低成本架构的产品。

多路径，就是在技术上探讨多种可实现形式，不轻言否决。既可以研究全球化的路径，也可以研究区域性的路径。华为坚持全球标准，原因是华为本来就是全球化公司，但也要随时准备应对各国的不

同要求。世界在变化，华为要适应这样的变化。同时，华为必须要有实力、有能力解决替代问题。任正非10年前就提出，要按照极端情况进行备战，建立备胎。华为要坚持用双版本，80%左右的情况用主流版本，但替代版本也有20%左右的适用空间，保持这种动态备胎状态。

多梯次，就是在华为猛攻一个"城墙口"的作战梯队。华为产品研发，从科学实验与验证，到科学样机、商业样机、多场景化样机、全简化样机，周而复始地循环优化。提倡对科学实验，要大胆地失败，成功太快是保守。而4种样机分别由ABCD 4个研究梯队来完成。其中A梯队只搞科学样机，不管样机赚不赚钱，无论是用"钻石"还是"黄金"做支架都可以，它论证理论的可行性，不可行也是成功的，不以成败论英雄，要大胆探索；B梯队负责在科学样机的基础上发展商业样机，要研究它的适用性，要高质量、易生产、易交付、好维护；C梯队要面向多场景，按客户需求多场景化的产品是合理适用节约的产品，有利于用户建造成本、运维成本的降低；D梯队研究用容差设计和普通的零部件，做出最好的产品来。比如，日本电视机的设计就是容差设计，这些电视机并不是每个元器件都是最优的，但整体却是最优的。华为5G基站要想达到电视机的水平，容差设计就是合理成本架构。

多场景，主要是指解决网络问题，降低建造成本和运维成本。考虑到未来5G大流量在全球铺开，网络一定会拥塞，华为提前进行布局，在国内的几个研究所成立理论部，研究网络流量的疏导问题。

基于数字化转型的质量生态体系4.0建设

华为数字化转型的整体目标

2016年，华为开始推进数字化转型战略，明确要面向用户（企业用户、消费者、员工、合作伙伴、供应商）实现ROADS体验，持续提升效率、效益和客户满意度。

2017年华为提出数字化转型的新愿景:"把数字世界带入每个人、每个家庭、每个组织,构建万物互联的智能世界"。同时,华为公司董事、首席信息官陶景文提出了"实现全连接的智能华为,成为行业标杆"的数字化转型目标,如图5-2所示。

图 5-2 华为数字化转型目标

2018年,华为重新定义了数字化转型的愿景:2021年前,全面推进数字化战略,实现全连接的智能华为,成为行业标杆,逐步构建以"面向客户做生意"与"基于市场的创新"两个业务流为核心的端到端的数字化管理体系,实现数据驱动的高效运作。通过数字化转型,华为希望,对外对准5类用户的ROADS体验,实现与客户做生意更简单、更高效、更安全,提升客户满意度,对内打通各领域业务之间的信息断点,达到领先于行业的运营效率,支持公司的创新与业务增长。华为数字化转型的最终质量目标,是以更低的成本、更高的效率为客户提供更简单、更安全、更高效的产品,为客户创造价值,提升客户满意度。

华为数字化转型的设计蓝图

华为基于数字化转型的愿景和目标,确定了数字化转型的蓝图和框架,如图5-3所示,围绕客户、业务模式、平台能力、运营、IT

平台等5个方面进行统一规划、分层次开展，最终实现客户交互方式的转变，实现内部运营效率和效益的提升。

华为强调客户体验优先。华为的数字化转型蓝图，致力于打造面向用户的一站式交互平台，把用户放在最前面。通过"客户交互方式"的转变，用数字化手段做厚、做深客户界面。

在业务模式方面，华为围绕"面向市场创新"和"面向客户"两大主业务流，以项目为中心，提供场景化的解决方案，对准业务，对准一线精兵团队作战，率先实现基于ROADS的体验，达到领先于行业的运营效率。

在平台能力建设方面，华为致力于构建企业服务化的中台，通过数字化转型，实现关键业务对象的数字化。通过不断汇聚数据，实现流程数字化和能力服务化，支撑一线作战人员和客户的全连接，支持面向客户的快速响应。

在运营方面，华为通过数字化转型，重新优化业务运营模式，实现实时业务感知和运营指挥。基于统一数据底座，实现数字化运营与决策，简化管理，加大对一线人员的授权和支持。

在IT平台建设方面，华为致力于提供云化、服务化的IT基础设施和IT应用，构建面向业务数字化转型的业务使能、平台服务提供、实时运营指挥的"IT铁三角"。另外，通过构建"多云管理"平台，协同多云服务，快速引入外部先进能力，消除信息孤岛，消除数字断层，实现企业"内部互通、内外互通、多云互通"，从而全面提升客户的体验和满意度。

基于数字化转型的质量生态体系4.0建设

对于华为，数字化转型不是简单地使用数字技术，而是一种全新的商业逻辑设计、一次企业的战略转变。华为希望通过数字化转型对外提升客户满意度，对内提升效率和效益。中美贸易战让华为深刻认

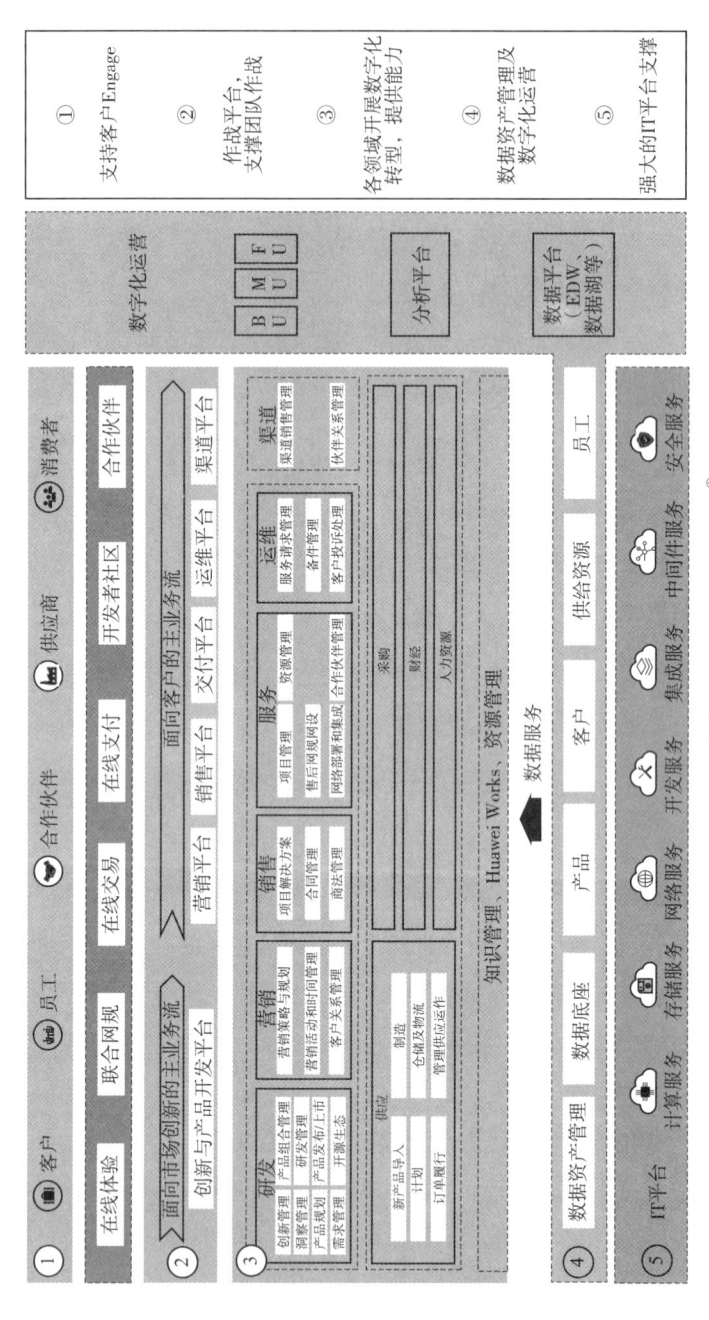

图 5-3 华为数字化转型蓝图和框架①

① 支持客户 Engage
② 作战平台，支撑团队作战
③ 各领域开展数字化转型，提供能力
④ 数据资产管理及数字化运营
⑤ 强大的IT平台支撑

① BU——业务单元组织，MU——市场单元组织，FU——支付支撑平台及支撑性功能组织，EDW——企业数据仓库。——编者注

124　不确定时代的质量管理

识到，一流企业竞争的核心是产业链的竞争，质量竞争的核心是质量生态体系的竞争。在数字化转型中，华为积极构建了基于数字化的质量生态体系，希望通过新的质量生态体系，让华为融入数字世界的每一个人、每一个企业中。为了更好地为客户创造价值，提升客户满意度，华为建立并持续优化以客户为中心的质量管理体系，通过面向客户的组织、流程和 IT 系统，保证产品质量零缺陷和服务质量零距离。

持续优化以客户为中心的质量管理体系

为了更好地服务客户，华为建立了面向客户、持续优化的质量管理体系，如图 5-4 所示。质量管理体系可以让组织从碎片化的运作转变为流程型的运作，通过流程型的组织运作满足客户需求，为客户创造价值。质量管理体系让整个组织聚焦客户需求，致力于为客户提供及时、准确、优质、低成本的产品和服务。同时，华为高层需要站在

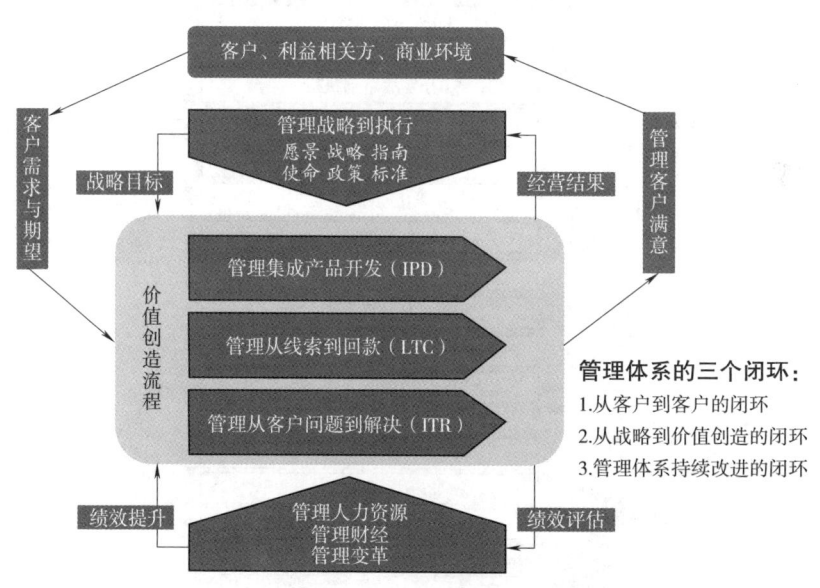

图 5-4 华为面向客户、持续优化的质量管理体系

公司治理的视角，时刻关注质量管理体系随业务模式的变化而持续改进，以适应新的业务模式。

公司运营有三件事：第一：把产品开发出来，即产品开发；第二：把产品卖出去并收到回款，即订单交付；第三：出了问题，就要解决，即售后服务。这三件事对应公司三个主要业务流程：集成产品开发、从线索到回款、从问题到解决。华为共有 17 个一级业务流程（参见图 5-5），从图中可以看出，这些流程分为执行类、使能类、支撑类三大类。这些业务流程共同定义了端到端的客户价值创造活动，形成了从客户需求到客户满意的端到端闭环。任正非说："端到端流程是指从客户需求端出发，到满足客户需求端去，提供端到端服务，端

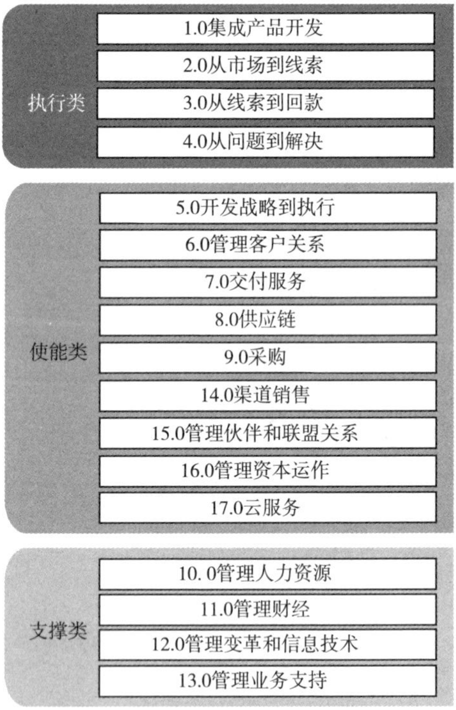

执行类	1.0 集成产品开发
	2.0 从市场到线索
	3.0 从线索到回款
	4.0 从问题到解决

使能类	5.0 开发战略到执行
	6.0 管理客户关系
	7.0 交付服务
	8.0 供应链
	9.0 采购
	14.0 渠道销售
	15.0 管理伙伴和联盟关系
	16.0 管理资本运作
	17.0 云服务

支撑类	10.0 管理人力资源
	11.0 管理财经
	12.0 管理变革和信息技术
	13.0 管理业务支持

图 5-5　华为 17 个一级业务流程

到端的输入端是市场，输出端也是市场。所有组织及工作的方向都是朝向客户需求的，它就永远不会迷航。"

持续优化面向全球的联合作战 IT 系统

IT 系统就是承载业务作业流程并实现业务数据自动传递和集成的使能器。流程的运转离不开 IT 系统的支持。华为的全球数据中心和 IT 基础设施如图 5-6 所示。建设这样一个全球网络的过程中，使用了大量的公有云服务，例如 office365、视频会议、微信以及其他第三方提供的公有云服务。即便华为本身提供 IaaS（基础设施即服务）和 PaaS（平台即服务），在一些力所不及的市场上，也同样会采用其他厂商提供的同类服务，以实现快速服务的目标。

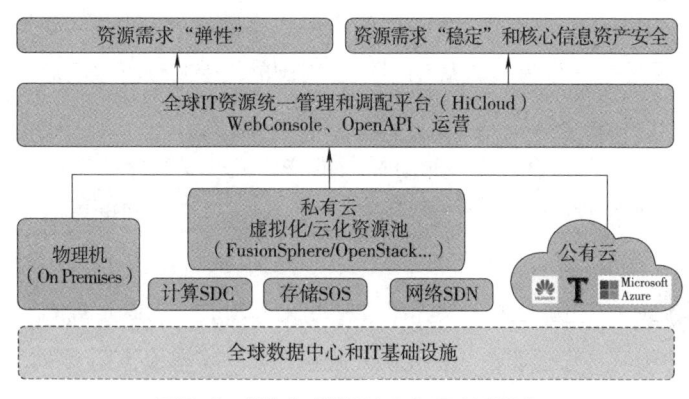

图 5-6　华为全球数据中心和 IT 基础设施

值得一提的是，企业要构建一个多云环境，有三件事是绕不开的。

第一，全球统一的 IT 资源管理。简单而言就是对资源要有跨云、多云的调动能力。例如对于企业研发来说，全球多个研究所可实现共同开发一个产品，而不用担心所需要的虚拟机或服务由哪里提供。目前，华为的 IT 部门已经初步具备了包括物理机和各种云在内的 IT 资源调度能力。

第二，打造统一跨云的集成平台。在应用和数据层面打通与多个公有云服务的对接，这样可以使业务在使用云服务时只需要与IT对接一次即可。

第三，在多云环境下保障企业核心信息资产的安全。企业用户信息资产的安全尤为重要，因此在使用公有云时需要构建一个跨云的安全体系。一个多云的安全管理环境对企业来说非常必要，宁可降低一点响应速度，也要保证企业核心资产的安全。

睿华视角：不同机会窗口下的战略协同

传统时代质量追求零缺陷，数字时代质量追求零距离。华为质量4.0主要是指华为闯入"无人区"、在美国的层层封锁下逐渐形成的基于数字核心技术的质量生态体系发展阶段。

2016年后，进入超越追赶阶段的华为迎来了数字生态时代的到来，也迎来了5G的全面领先阶段：5G标准必要专利世界第一、华为Polar码成为5G国际标准、全球率先发布5G高端芯片……对华为来说，5G的"无人区"，是指5G领域无人领航、无既定规则、无人跟随的困境。任正非在《星光不问赶路人》一文中说：今天我们已积累到一定程度了，也想要学习在"无人区"点亮5G的灯塔，做出我们应有的贡献，回报世界给我们的引导，让我们的光辉也照亮大家共同前行。

在华为雄心勃勃想要作为5G的灯塔来回报世界的时候，美国却在层层加码想要彻底封杀华为。早期以国家安全为由禁止华为产品进入美国运营商业务领域，2018年以后则进行层层加码的封锁：封锁华为的芯片成品供应链，封锁华为的芯片代工供应链，彻底堵死华为的芯片来源，禁止华为使用操作系统和芯片设计软件，全面禁止在美国移动网络中使用华为和中兴的设备。整体来看，美国对华为的全面封杀，主要体现了美国科技的两种霸权：一是掌控了芯片半导体制造命脉，二是掌控了数字化生态的底层系统软件。这是美国作为发达国家，为防止被后发的发展中国家和企业全面超越，而对发展中国家和企业发起的全面打压。

美国的封杀没有让华为灰心，反而让华为对质量安全有了新的理解：数字化时代，生态体系建设是质量安全的根本保证，保障网络稳定运行是华为的重要社会责任。于是，华为开始构建质量生态体系，以生态体系来保障数字化时代的质量生态安全。一方面通过持续优化以客户为中心的质量管理体系，打造从客户到客户的闭环，从战略到价值创造的闭环，以及管理体系持续改进的闭环；另一方面通过持续优化面向全球的联合作战 IT 系统，基于全球统一的 IT 管理资源打造统一跨云的集成平台，在多云环境下保障企业核心信息资产的安全。华为在质量生态体系构建方面的措施，给国内企业提供了很好的借鉴和启发。

美国的全面封杀使华为的出口业务、运营商业务受阻，华为一方面通过基于数字化转型的质量生态体系，全面提升体系安全，一方面进行战略转移，寻找新的突破口。与此同时，在数字化技术和国家相关产业政策的双轮驱动下，国内企业数字化转型业务迎来高峰期。即国内出现了企业数字化转型的市场机会窗口和制度机会窗口。面对快速增长的企业数字化转型业务，华为早就准备好的 ROMA Connect 应用与数据集成平台，正好可以发挥作用。

"ROMA Connect"应用与数据集成平台，是华为 IT 部门为了更好地支持华为的国际化战略、实现企业"内部互通、内外互通、多云互通"而构建的。该平台在服务器和网络部署的基础上，通过多云协同服务，把 170 多个国家和地区的 IT 连接起来，实现了微软 Office365、Zoom、SAP、Oracle 等软件和系统互联互通。ROMA Connect 已经与业内主流的 IT 系统、工业协议等进行预对接适配，支持 50 多种异构数据源及 modbus、OPC-UA 等常用工业协议。另外，华为还通过 IT/OT 融合，在仓库、工厂、园区、门店之间建立全方位连接，消除数字断层。

对于华为，数字化转型不是简单地使用数字技术，而是一种全新的商业逻辑设计、一次企业的战略转变。企业数字化转型的核心要务就是消除信息孤岛，企业数字化转型会面临诸多难题：缺少统一的设备信息集成途径；数据格式多样化，难以传输和集成；缺少与合作伙伴分享数据和后端服务的便捷途径；缺少云上云下跨网络的安全信息通道。而 ROMA Connect 作为全栈式的应用与数据集成平台，集成了华为多年数字化转型的实践经验，正好可以很好地解决以上问题。

ROMA Connect 的核心优势是聚焦应用和数据连接，适配多种企业常见的使用场景，可以为企业提供轻量化消息、数据、API、设备等集成能力，简化企业上云流程，支持云上云下、跨区域集成，帮助企业实现数字化转型。

有了 ROMA Connect 技术平台的支撑，华为开始在市场上进行布局。2021 年 10 月 29 日，华为在松山湖园区举行"军团"组建成立大会，任正非和公司领导为来自煤矿"军团"、智慧公路"军团"、海关和港口"军团"、智能光伏"军团"和数据中心能源"军团"的 300 余名"将士"壮行。各"军团"集结完毕后接受公司领导的授旗、整装待发。以"军团"成立仪式为标志，华为大举挺进企业网业务。

华为在 5G 业务受到美国封锁的同时，正好迎来国内市场上企业数字化转型的市场机会窗口和国家鼓励企业数字化转型的制度机会窗口。华为在敏锐的市场洞察后快速做出战略调整。技术上，华为基于过去十多年的实践经验所构建的 ROMA Connect 应用与数字集成平台，正好可以为企业数字化转型业务提供技术平台支持，这是典型的技术利用性创新战略。市场上，为了更好地拓展企业业务，华为创造性地成立了多个行业"军团",大力推进企业网业务。这不仅是典型的市场探索性创新战略,更是华为在商业模式上的一次大胆创新。

另外,在内部运营管理方面,为了更好地支持企业网业务,华为对从线索到回款订单交付流程做了进一步优化和升级,在原来铁三角交付团队的基础上增加了第四个角色——"生态经理",即把原来的铁三角团队变成了铁四角团队。生态经理的主要职责是加强开放式创新平台建设和生态链资源整合,以更好地满足企业网客户订单需求。

经过一年多的努力,华为目前已经正式成立了二十大行业"军团",还有一些行业"军团"也已经在孵化中。为什么每次面对危机,华为总能快速做出战略调整,并抓住新的机会窗口?在笔者看来,正是华为长期以来持续打造的质量生态体系和充满活力的组织队伍,为华为的战略转型提供了全面的支撑。希望华为的做法能给国内企业带来启发和借鉴。

第二篇
华为质量文化

资源是会枯竭的,唯有文化才能生生不息。一切工业品都是人类智慧创造的。华为没有可以依赖的自然资源,唯有在人的头脑中挖掘出大油田、大森林、大煤矿……

——《华为基本法》

第 6 章　华为质量的灰度哲学

> 黑与白永远都是固定标准，什么时候深灰一点，什么时候浅灰一点？领袖就是要掌握灰度。
>
> ——《最好的防御就是进攻》（任正非，2013 年）

灰度哲学

灰度文化是在不确定时代把质量搞确定的华为文化密码。任正非每次谈到华为质量，除了以客户为中心，讲得最多的就是"质量文化"。质量文化是"道"，质量技术、流程、方法、工具、能力都是"术"。一个企业成为高质量发展的企业，根本原因是企业文化。质量文化才是大质量体系的内在灵魂。

华为公司也要加强质量文化的建设。目前公司在质量问题上的认识，仍然聚焦在产品、技术、工程质量等领域，而我认为质量应该是一个更广泛的概念。我们沿着现在的这条路，要走向新领域的研究，建立起大质量管理体系。

第一，大质量管理体系需要介入公司的思想建设、哲学建设、管理理论建设等方面，形成华为的质量文化。你们讲了很多"术"，我想讲讲"道"。你们看，法国波尔多产区只有名质红酒，从种子、土壤到种植……形成了一整套完整的文化，这就是产品文化，没有这种文化就不可能有好产品。瑞士的钟表为什么能做到世界第一？法国大革命时要杀掉那些有钱人和能干的人，这些人都跑去了瑞士，所以瑞士的钟表主要是在法语区，其中很多精密机件是（在）德语区的。我再讲一个例子。德国斯图加特工程院院长带我去参观一个德国工学院，大学一年级的学生，他们都在车间里面对着图纸做零件，把这些零件装到汽车上去跑，跑完回来再评价多少分。经过这一轮，再开始学习几何、理论力学、结构力学等学科，所以德国制造的汽车永远是无敌天下。每个人都愿意兢兢业业地做一些小事，这就是德国、日本的质量科学，没有这种文化就不可能有德国、日本这样的精密制造。我们要借鉴日本和德国的先进文化，最终形成华为的质量文化。

第二，我们要建立起大质量体系架构，在中国、德国、日本建立大质量体系的能力中心。日本的材料科学非常发达，你们不要轻视京瓷，氮化镓就是陶瓷，那是无线电最主要的材料。我们要用日本的材料做全世界最好的产品；德国人很严谨，工艺、管理非常优秀；中国人善于胡思乱想，构架思维问题。我们把三者结合起来，就能支持华为全局性的质量。而且我们用工具、手段来代替人，购买世界上最好的工具，做出别人不可替代的产品，做到无敌，最后就能世界领先。

关于质量文化、质量哲学问题，其实德国、日本都是开放的，我们什么都能看到，为什么还是生产不出德国、日本那么好的产品呢？我们要敢于在这方面加快发展。即使我们的表格被别人拿去了，他们也不一定能读得懂，不要在非战略方面浪费力量。

我在达沃斯讲话，说我自己"不懂技术，也不懂管理，也不懂财务"，有人就说我装萌。但是后面我说"提了桶糨糊，把15万人粘在一起，力出一孔、利出一孔，才有今天华为这么强大"，他不看后面这句话，看不懂，因为他不懂儒家哲学，也不懂妥协、灰度这种文化。我不像西方公司CEO什么都要懂，因为任务就简单明了的那么几句话，然后就是目标，具体做事是业务部门的事情。其实我们的目的很简单，形成一种文化，共同奋斗构建公司，再加上质量管理。

——《在公司质量工作汇报会上的讲话》（任正非，2015年）

灰度文化是华为大质量的灵魂

灰度质量，意味着质量管理从小质量转向大质量。华为质量管理有一个奇怪的现象，就是华为没有独立的质量管理部门，只有一个虚的质量委员会，但是质量水平却不断提高，华为大质量体系在其中厥功至伟。只有从大质量视角才能更好地理解华为质量灰度文化，华为是通过质量文化渗透到企业质量管理的全员、全过程和全面控制的。美国质量专家约瑟夫·朱兰最早提出了"大质量"概念，不是从产品实物质量和服务质量本身，而是从更广视角、更大范围、更新角度去研究广义的质量问题。朱兰将"质量"从狭义的产品质量，扩展到包括设计质量、符合性质量、适用性质量、有效性和服务等方面的广义质量，其质量螺旋曲线包含了质量全生命周期，把质量贯穿于需求分析、市场策划、产品设计、工艺改进、采购库存、生产制造、检验测试、售后服务等全过程，丰富了全面质量管理的内涵。

灰度质量文化，是华为大质量体系的灵魂，充分体现了任正非对未来质量的思考。华为大质量体系强调"大质量管理体系，需要从产品、技术、工程质量等逐步介入思想建设、哲学建设、管理理论建设等方面，形成质量文化"，强调"华为最宝贵的是无生命的管理体系，以规则、制度的确定性来应对不确定性。只要公司不垮，就能无敌天下"。质量文化是一个组织的质量系统在精神、制度、行为、器物等方面的映射，思考的是人在质量技术环境中更有尊严和人性的和谐发展问题。质量和数量相比，存在很多难以量化的信息，表现出一种灰度。用灰度哲学来思考质量文化，是任正非管理智慧的体现。

灰度文化是一种中国智慧。经济学家张五常直言："任正非是个天才，华为公司的制度就是美国会计师行、律师行的合伙人制度。一个研发制造商采用会计行、律师行的合伙制，华为可能是天下独有。"从创立那天起，华为就把自身定位为一个"开放型企业"。任正非深感不能把华为变成一个封闭的"土围子"，他说："开放是公司生存下去的基础。如果我们公司不开放，最终就要走向死亡。开放要以自己的核心成长为基础，加强对外开放合作。华为坚持开放的道路不能动摇。开放是我们的唯一出路。"在论及跨文化管理时，华为高层的观点很鲜明："对本地员工的培养不要强制他们中国化。华为文化是什么？华为文化就像是洋葱头，都是外来文化，这层是英国文化，那层是美国文化，中国文化渗透其中。华为文化就是一种开放的、兼容并蓄的文化。因此对待本地员工，不要用中国的思维去要求他们，要以开放的心态去吸取他们的精华，充实我们的文化。"在质量实践上，华为常常会把美国卓越绩效、欧洲ISO质量标准体系、日本全面质量控制等最佳实践与灰度质量文化互相融合。

华为灰度文化，体现了中外质量思想的融合。华为是把国际先进管理理论与中国企业实践相结合最为成功的企业之一，基于《华为基本法》和员工虚拟持股制度，华为构建了全球独一无二的具有中国特色和国际理念的现代企业管理制度，坚持质量长期投入。任正非认为："坚定不移的正确方向来自灰度、妥协与宽容。一个清晰的方向，是在混沌中产生的，是从灰度中脱颖而出的。方向是随时间与空间而变的，它常常又会变得不清晰，并不是非白即黑、非此即彼。合理地掌握合适的灰度，是使各种影响发展的要素，在一段时间和谐，这种和谐的过程叫妥协，这种和谐的结果叫灰度"。"黑与白永远都是固定标准，什么时候深灰一点，什么时候浅灰一点？领袖就是要掌握灰度。"

华为质量文化是以中美质量文化结合为基础，吸收诸多国际质量思想而融合的产物。从 1998 年开始，华为先后引进 IBM 等企业的管理体系，包括集成产品开发管理、集成供应链管理、集成财经系统、职业生涯规划与薪酬体系等，系统解决了企业规模化后的规范管理问题，为华为成为世界 500 强与行业世界第一打下了坚实基础。后来，华为又相继引进了埃森哲的客户关系管理、丰田的精益制造方法等，还在全球各地建设了质量能力中心，逐渐构建了华为的大质量体系。任正非曾经说过："如果我们不向美国人民学习他们的伟大，就永远战胜不了美国。"华为质量在文化上强调灰度思维，在流程管理与研发创新方面学美国，在质量生产运营管理实践方面学德国、日本，并逐渐构建了自己的大质量管理体系。

质量是灰色的吗

质量世界不是非黑即白的，质量认知也不是非黑即白的。从确定性角度，可以把质量系统分为白、黑和灰。白代表已知的、确定的；黑代表未知的、不确定的；灰，不是一分为二，而是非黑非白，即黑即白，是一种黑白融合的、信息已知与未知并存的状态。质量是资源与成本约束条件下满足客户需求与期望的一种程度或一种状态，如果不计成本质量当然高，但不符合市场竞争的自然法则。

质量灰度，意味着从不确定质量到确定质量的变化。"零缺陷之父"克劳士比按照质量成熟度将质量发展分为质量不确定期、觉醒期、启蒙期、智慧期和确定期。从产品生命周期来说，成熟的产品是明确的、有标准的、已知的，因而是确定的，可以说是白色的。不成熟的产品，特别是含有新技术、新材料、新模式的产品，有大量未知因素和不确定性，可以说是黑色的。即使已经上市的成熟产品，在技术快速迭代和环境颠覆式变革的条件下，其质量也是动态变化的，只有时代的质量，没有永恒的质量。任正非希望华为构建的大质量体系，是能够以规则、制度的确定性来应对环境不确定性的质量体系。因此，在华为构建大质量管理体系的过程中，灰度哲学就是其文化灵魂。

灰度理论反映了任正非对人性的深刻洞察，对质量与人的关系的洞察。人品决定产品，产品即是人品。质量背后是人性，而人性是复杂的、混沌的，绝不是简单的黑与白。任正非说："以客户为中心，以奋斗者为本是两个矛盾的对立体，它们构成了企业的平衡。难以掌握的灰度、妥协，考验所有的管理者。""企业的核心竞争力不是人才，而是对人才的管理。""我们的干部政策是灰色一点，桥归桥，路归路，不要把功过搅在一起。不要疾恶如仇，黑白分明……干部有些想法或存在一些问题很正常，没有人没有问题……如果戴着有色眼镜看人，世界就没有好人。你们要反复学习开放、妥协、灰度。"

华为崇尚英雄主义，正因为有这样的英雄主义的精神基因，华为才能够以一场又一场的胜仗，书写着自己的历史，更创造着自己的未来。同时，华为也不回避人性的贪婪、恐惧，用制度的法则管住了人性的恶。良好的制度法则会把一个个人变成善的人、好的人、伟大的人。喜欢钱，公司提供机会，让员工通过奋斗和贡献挣大钱；喜欢名，公司非常鼓励员工成长。不与员工争利，不与员工争名，华为需要的是通信行业世界第一。华为员工眼前永远有两个东西，一个是挑战性目标，一个是巨大的回报。华为文化简单来讲，可以总结为 4 句话："以客户为中心，以奋斗者为本，长期艰苦奋斗，坚持自我批判。"其中，以客户为中心是质量追求的方向，也是华为奋斗精神的初心，长期艰苦奋斗是实现以客户为中心的方法和路径，以奋斗者为本是驱动长期坚持艰苦奋斗的活力源泉,坚持自我批判是保持组织活力的方法。

灰度理论与系统科学也有一定的关联。德国前总理默克尔2019年在华中科技大学演讲时,提到了邓聚龙、刘思峰的灰色系统理论对国际系统科学的贡献。模糊数学、灰色系统理论和粗糙集理论是系统科学领域国际公认的3种不确定性系统理论。在系统科学的控制论中,用黑色、白色和灰色3种颜色分别表示信息未知、信息已知和部分信息已知。一般来说,灰色系统就是部分信息已知、部分信息未知的系统。质量系统的核心就是质量信息不对称,质量系统就是一个"部分质量信息已知,部分质量信息未知"的不确定系统。

以确定性应对不确定性

确定质量的概念

克劳士比在《质量免费》中提出"确定质量"的概念,并将其定义为"使人们把他们必须要做的、值得去做的事情做得更好"。进入质量确定期,就意味着质量虽有环节,但都是确定的,管理层CTR(工作业务完美度)常数等于1.0。质量比预防重要、方向比系统重要,质量就是符合要求,工作标准就是零缺陷,质量成本就是不符合要求的代价。确定质量,是指实体以确定性满足不确定性的能力。克劳士比认为确定质量包括预防、认知、原创、规则、制度等质量理念。低质量就是不确定的,高质量就是确定的。

2007年华为公司组织学习和研讨克劳士比的质量管理理念,统一了公司内部对质量的认识——质量就是满足客户需求,这是公司对于质量认识的重要里程碑。2015年更是把华为大质量体系上升为追求质量规则与制度的确定性。任正非在公司质量大会上提出"华为最宝贵的是无生命的管理体系，以规则、制度的确定性来应对不确定性"的质量理念。结合华为二三十年的质量实践理解，本书将"确定质量"理解为以质量规则与制度的确定性应对环境不确定性。

> 我们公司一部分以规则、制度的确定性来应对任何不确定性，逐渐走上正路。其实我们现在已经走在正路上了，只是还需要走得更好一些。
> ——《在公司质量工作汇报会上的讲话》（任正非，2015年）

华为追求确定质量，是从学习零缺陷理论开始的。克劳士比的零缺陷理论，做全员质量管理，构建质量文化，要求每一个人在工作的时候，都要做到没有瑕疵。华为的质量文化，就是将"一次把事情做对"与"持续改进"有机结合起来，在"一次把事情做对"的基础上"持续改进"。华为不断反思，坚持构建大质量体系，坚持树立不放过问题的质量意识。克劳士比的"质量管理四项基本原则"，就是强调符合要求、预防、零缺陷和不符合要求的代价。其中质量定义是符合用户利益与要求，质量系统核心是缺陷的事前预防与控制，质量工作的标准是各项工作力求零缺陷，质量成本是不符合用户要求的总代价。

2016年华为获得中国质量奖后，华为消费者业务总裁余承东在接受媒体采访时表示："华为一直视质量为企业的自尊和生命。同时，华为自成立以来就以'工匠精神'来打造产品，追求真正的'零缺陷'。"手机早已成为人们日常工作生活中不可或缺的一部分，手机超强的拍照功能更是改变了人们对于摄影的诉求。华为在研究测试时发现，摄像头有1/3000的概率会在跌落时损坏，意思就是每3000个手机就有一个会出现损坏问题。为了解决此问题，华为调集了30多名行业专家，采用了20多种方案，耗资200多万元，做了长达一个月的试验，才找到问题的原因，并解决了这个问题。为了给消费者提供质量更高的手机产品，华为不仅对自身产品质量进行严格把控，同时对整个产业链中合作的供应商也有极为严苛的品质要求。这种严苛的品质要求甚至渗透到了手机摄像头对焦马达中用到的胶水，这种其他厂商可能并不在意的极小的环节中。也正是这种对产品品质追求完美的严苛态度，使得华为能够被170多个国家和地区的用户所接受和认可。

数字经济时代，华为追求确定质量逐渐开始向零距离转变。数字时代质量不确定性的一个主要原因就是，数字资源成为质量核心要素。这种不确定性，来源于信息供给的无限性与信息需求的有限性之间的矛盾，来源于质量数字要素的零边际成本特点。我们处在一个伟大的时代，一个不断变化的时代，谁也无法看清楚10年以后的行业和机会。但这又意味着巨大的机会和潜力，这一切的不确定性，都需要构建无生命的质量管理体系进行处理和应对，用优秀的体系来管理不确定性。任正非说："高科技企业以往的成功，往往是失败之母，在这瞬息万变的信息社会，唯有惶者方能生存。"

确定质量的艺术

确定质量，需要加强对不确定性的管理。"黑天鹅""灰犀牛"都是不确定性事件。重大颠覆性技术也是不确定性事件。华为加强质量不确定性管理的主要经验，是坚持质量零距离与零缺陷相结合的管理灰度。

2016年9月，三星电池门爆发时，由于对中国市场的质量危机事件处理失当，售后服务遭到中国消费者集体厌恶，三星手机业务在中国跌至谷底，其中国市场占有率一度下降至不足1%。很多人都以为曾经全球销量第一的三星手机业务完了。但是，虽然失去中国市场，三星依然连续多年保持全球手机销量第一。三星的核心竞争力在于世界顶级的完整产业链。在电子产品领域想要取得成功，强大的产业链整合能力是必备条件。

竞争对手的经验对华为有重大启示。管理者最重要的能力是管理不确定性。拉姆·查兰在《求胜于未知》一书中，将不确定性归结为经营性不确定性和结构性不确定性两种。经营性不确定性通常是在预知范围之内，而且并不对原本的格局产生根本性影响；结构性不确定性则会改变产业格局，带来根本性影响。在质量领域，不确定性被称为变异或者波动。根据休哈特和戴明的观点，质量控制的核心就是控制生产过程中的变异。戴明将质量变异产生的原因归结为特殊原因和一般原因。特殊原因易于识别和纠正，而一般原因是质量设计、过程或系统固有的，只有通过系统优化或者顶层设计才能消除。华为闯入"无人区"，意味着未来业务的不确定性，华为质量管理面临新的挑战。

零缺陷与零距离的灰度

从质量零缺陷到质量零距离

华为质量闯入"无人区"，面对数字时代的质量问题，需要新的质量思维与方法，华为大质量体系随之调整。"无人区"的质量问题是灰度的、不确定的，华为遇到的质量机遇与挑战，用传统工业时代的质量管理思维、制度、方法、工具不能有效解决，可以用质量零距离的新思维、新方法来解决。

灰度文化是提出质量零距离的逻辑前提，是实现质量零距离与质量零缺陷耦合、协同与变革的纽带。华为大质量体系，可以看作质量零缺陷与质量零距离的灰度。华为大质量体系，在物质空间追求质量零缺陷，在信息空间追求质量零距离，在社会空间建立质量声誉，真正实现为客户创造价值，以客户为中心的高质量发展。

从 1G 到 5G，华为成为通信领域的行业标杆与创新引领者，华为质量现象吸引了中外质量专家的极大关注，然而华为质量发展之路很难被中外企业复制，也没有一个现有质量理论能完整、全面地解释华为质量成功的原因。1G、2G 时代，全球通信领域是欧美争霸的时代，华为尚处于落后地位。3G 时代是一个转折点，华为开始强势崛起，而高通、朗讯被收购，北电破产，美国通信制造企业基本被一网打尽，形成了中国和欧洲互相竞争的局面。4G 时代华为进一步崛起，可以说势不可当。5G 时代华为在国际标准、技术专利上成为全球领先企业，引领发展潮流。华为质量超越之路是曲折的、不确定的，很难简单地用传统质量管理理论来解释，质量零距离是解释华为质量发展成功的一个有效尝试。

质量零距离不是对质量零缺陷的否定，而是建立在零缺陷基础上的更高质量追求，是对传统工业时代质量思维与数字时代质量思维的整合。传统工业时代，质量以产品为中心；数字经济时代，质量以数字服务为中心；质量零缺陷与质量零距离都是以客户为中心。质量零缺陷是从产品生命周期的视角来思考质量，质量零距离是从数字服务生命周期的视角来思考质量。数字经济时代，数字资源成为重要资源，数字要素相对于传统质量要素而言，能够创新融合各种传统要素资源，重构质量管理的格局。华为 2007 年全面引入克劳士比质量零缺陷理论，基于"质量管理四项基本原则"构建了华为的质量原则。然而质量零缺陷不能解决华为质量问题，后来华为又引入 KANO 模型与魅力质量理论来提升华为大质量体系，华为是世界 500 强中少有的同时涉及硬件制造、软件开发与通信服务集成的企业巨头。苹果公司成功是"硬件 + 软件 + 服务"三位一体战略的成功，但苹果在硬件制造上主要以外包为主。华为除了云管端一体化战略，其硬件制造，特别是以 5G 技术为核心的通信产业硬件制造能力也有优势。华为质量成败在于文化。从流程管理、标准量化、质量文化到大质量体系零缺陷管理，再到后来的以客户体验为导向的质量闭环，华为质量管理体系是跟随客户的发展而逐渐完善的。其中借鉴了日本、德国的质量文化，与华为的实际相结合，建设了华为尊重规则流程、一次把事情做对、持续改进的质量文化。

克劳士比的"零缺陷"质量文化在华为实践的成效有目共睹。华为长期追求产品零缺陷，明确了产品 2000 天无故障的质量要求。华为质量管理者对"质量"的理解不再是速度快、待机长、更耐用这样的产品客观指标，而是上升到"用户满意"这样的用户主观感受，这是对落脚点在产品本身的质量管理理论的新超越。华为质量工作的核心思想是：质量就是以客户满意为中心，以持续改进为根本。

质量零距离符合信息与通信技术产业的内在规律。数字化源自计算机和互联网技术的普及，特别是物联网技术、空间信息技术、人工智能和移动互联网等新一代信息技术的快速发展，加速了数字化质量从后台走向前台，在产品和服务中的质量比重越来越大。数字经济条件下，企业进行质量改进和升级，深入挖掘质量数据资源的价值，构建数字化条件下的质量管理模式，质量信息也已经成为质量重要构成要素，质量数字化和质量固有特性一样重要。数字化降低质量信息不对称的程度。光电速度达 30 万千米/秒，意味着数字时代客户感知的质量体验与质量问题都是实时的、零距离的。数字化带来信息空间和质量思维的转变。质量数字化，意味着可以利用信息网络技术将分散在世界各地的研发设计、生产制造、销售服务等质量要素都连接起来，质量管理可以跨越企业和国家，成为全球协同的质量复杂系统。质量零距离，意味着客户可以用更少的时间、更少的能量来处理更多的信息，能够降低更多的不确定性，从而实现华为的愿景，即"丰富人们的沟通与生活"。

灰度文化与质量七个反对

华为灰度理论，充分体现了任正非在华为大质量体系的思考与构建上，强调质量零缺陷的同时强调七个反对。2015年任正非在公司质量工作汇报会上的讲话中又进一步强调："在质量问题上，要永远记得七个反对，而且要坚决反对。"质量七个反对是基于华为30年信息通信质量管理的实践经验提出来的，是华为从灰度文化出发，在引入质量零缺陷理论的具体质量实践中，发现了许多问题与不足，通过系统思考慎重提出来的。有了质量灰度文化，才有质量七个反对；有了质量七个反对，才有质量零距离的提出。

任正非的质量七个反对，与克劳士比的"质量非你所思"有异曲同工之妙。"质量非你所思"是克劳士比的《质量免费》一书第二章的章名。克劳士比认为，质量可能不是人们所想象的东西。质量管理的问题不在于人们不了解，而在于人们自认为了解了。质量管理之所以困难，是由于质量管理者多年成功地从事非质量工作所形成的传统看法与惯性思维。质量管理工作并不是那么简单，质量系统是一个复杂系统。克劳士比在"质量非你所思"中，详细阐述了5个错误观念：第一，认为质量意味着好、奢侈、光亮或者分量；第二，认为质量是无形的，因此也是无法衡量的；第三，认为有一种质量经济学的存在；第四，认为质量的一切问题都是由工人，特别是那些制造工厂的工人引起的；第五，认为质量问题的根源在于质量部门。

华为质量七个反对具体如下：反对完美主义，反对烦琐哲学，反对盲目创新，反对没有全局效益提升的局部优化，反对没有全局观的干部主导变革，反对没有业务实践经验的员工参加变革，反对没有充分论证的流程进入实用。

1. 反对完美主义

任正非认为完美的人是无用的人："我们搞流程的人不存在完美，流程哪来的完美？流程是发展的、（不断）改变的，外部世界都在变，你搞完美主义我等不起，你可能要搞一年，但是我希望你半年搞出成果！"所以他反对完美主义。

2. 反对烦琐哲学

华为在内部做流程变革的时候，如果一个流程出现了第五个控制点，那么首先会问为什么会出现第五个控制点，然后就是为什么不能干掉一个控制点。华为内部把这种做法叫作"日落法"，就是要简化流程，反对烦琐。使用"日落法"，每增加一个流程节点，就要关闭两个流程节点；减少变革项目数量，要聚焦做好跨功能、跨部门的流程集成和IT集成。

3. 反对盲目创新

反对盲目创新，就是要反对员工自以为是的那套东西。华为要求员工保持空杯心态，开放地去学习美国先进的企业管理理念。当年华为讨论过一个问题：华为是不是一个创新公司？华为人回答"是"，因为1998年华为就创新过产品。但是反过来一问，哪项技术是你原创的？没有！一项都没有！统统都是别人的！这件事当时就让研发人员哑口无言。所以，我们在管理上不要盲目创新。

4. 反对没有全局效益提升的局部优化

搞变革是可以的，但是不能以部门和个人局部利益为出发点，要通过提升全局利益来提升局部利益。如果这项变革只能给一个部门带来利益，对华为公司整体却毫无益处，那就不要搞！

5. 反对没有全局观的干部主导变革

主导变革的干部一定要有全局观，变革一定要以一线干部为主。如果老板说我要搞业务变革，但是主导变革的干部都不理解变革的目的，那这个干部还适合站在这个位置上吗？不适合！不适合就要让路。流程变革的目的就是要动人，如果人都动不了，老板怎么管理这个企业？所谓成功的变革，就是当变革完成以后，老板想动谁就动谁。因为动了谁，业务都不会受影响，这就是业务变革真正的目的。

6. 反对没有业务实践经验的员工参加变革

参加变革的人一定要有丰富的经验，没有经验，别人说什么是什么，那肯定不行。所以华为在变革的过程中，会邀请很多资深的顾问，比如有一个60多岁的老人，以前在IBM做数据管理，退休后又去给美国政府做数据变革，华为请他来做顾问，这样的顾问才是真正经验丰富的变革高手，他还敢跟变革主导者进行业务比拼，提出自己的意见，这就是经验的重要性。

7. 反对没有充分论证的流程进入实用

这句话就是说，变革的流程需要论证，流程设计出来之后需要干跑（DRY RUN）。干跑的环节，是指流程的试运行、演习、排练，即在所有的流程及模板设计完成之后，先进行一次沙盘演练、模拟演习，发现实际运行过程中可能出现的问题并解决，最大可能地保证实际运行时一次成功。假如流程设计完之后有5个节点，涉及5个部门的5个岗位，我们会把这5个岗位的人都拉到一个会议室里，针对一项业务进行探讨，看能不能跑起来，跑起来效果怎么样，大家配合得好不好，如果不顺怎么改，大家提出修改意见，探讨完了以后再到我们的代表处去试运行，之后再做适当的推广，直到最后的全球推广。

灰度与精确的辩证关系

国际标准化组织对质量的定义是：质量是客体的一组固有特性满足要求的程度。固有特性需要精准，需要质量零缺陷，满足要求可能还需要质量零距离。精确是传统质量管理的基础，从休哈特三西格玛到摩托罗拉的六西格玛，质量精度不断提高，质量管理水平也不断提高，克劳士比更是提出了质量零缺陷理论，《质量免费》风靡全球。狩野纪昭提出的KANO质量模型一方面为六西格玛的改进提供了方向，另一方面也指出，过度追求质量上的精确会产生负面效应，容易进入死胡同，导致开拓创新不足。为了质量而追求质量，以质量名义过度追求质量控制，就会抑制企业创新能力与组织活力。例如，日本的全面质量控制曾领先世界，但日本错过了很多新兴产业崛起的机会窗口，日本新能源汽车今日的窘境就是一个例证。质量从零缺陷到零距离，强调的是质量范式的转换，要把更多的质量注意力集中到满足客户需求上来，追求精确的目的最终必须是满足客户需求。因此，必须准确把握质量管理体系中灰度与精确的辩证关系。

> 一个公司取得成功有两个关键：方向要大致正确，组织要充满活力。这里的大致正确的方向是指满足客户长远需求的产业和技术。其实方向包含的内容非常广泛，以客户为中心、以奋斗者为本、艰苦奋斗、利益分享制……都是我们前进的方向，这是广泛来说的。今天讲的是技术、产业。作为商业组织，如果不能聚焦客户需求，把握商业趋势，就不可能做到方向大致正确。
> ——《方向要大致正确，组织要充满活力》（任正非，2017 年）

首先，质量战略讲灰度，质量执行则必须精确。华为强调方向要大致正确，组织要充满活力，技术要追求精确。所有质量战略的导向都是面向未来的。然而未来并不可知，只能做出模糊的判断。在全球竞争格局巨变，产业发展越发呈现非线性特征，外部环境更加不确定的未来面前，一个公司到底应该如何看待和推动质量战略，这需要灰度思维。同时，质量灰度和精确的把握还要看企业的质量生命周期，在探索期和穿越产业发展周期的过程中，灰度的价值进一步凸显出来了，而在成熟期，质量需要追求精确。质量管理同样需要"顶天立地"，"顶天"意味着目光远大、方向正确、建立质量自信，"立地"需要脚踏实地、求真务实、追求精确标准。

其次，质量灰度的内涵更广，模糊与精确是一体两面的，都包含在灰度中。灰度的理念并不排斥精确，但不能过度追求精确。质量是一种复杂系统，系统中信息已知称为"白"，未知称为"黑"，复杂系统非黑非白可以称为"灰"。质量灰度理念更适用于"大质量"而不是"小质量"。"大质量"体系包括质量系统与管理体系，而"小质量"体系强调质量标准与质量控制的精准。

最后，智能时代需要灰度，灰度产生创造。工业时代质量追求控制，智能时代质量追求创造。唯有面向客户个性化需求的持续创新，才能不断提高质量、满足需求。芯片追求精确，源于对控制的需要；ChatGPT（生成型预训练变换模型）追求生成与创造，源于用户个性化的、模糊的需求。《降临》一书的作者特德·姜认为："ChatGPT相当于互联网的一种'模糊的有损压缩'。"ChatGPT的价值在于，它通过神经网络算法和海量数据训练，解决了信息太多和注意力太少之间的矛盾，让更多人把注意力放在创造上，从而提高了每个人的生产力。因此，在人工智能时代，模糊与精确两者缺一不可。

质量成本一体化管理

质量与成本是企业生存及持续发展的基础和命脉。在大多数人认为高质量与低成本相矛盾的情况下，华为却把质量与成本作为一个整体进行管理，在追求性价比的同时，实现了高质量与低成本两个目标的平衡与统一。

质量与成本的灰度

质量与成本都是客户的核心需求，是产品的核心竞争力，"高质量、低成本"是任何商业组织的不懈追求。但传统观点认为质量与成本是矛盾对立的，需要选择一个最佳平衡点。很多企业既重视质量又担心提高成本，往往陷入一种两难的困境。于是有些企业选择在低价低质的恶性循环中竞争。

2006年，曾任华为运营商BG总裁的丁耘在研发质量大会上说："过去大家谈成本就是成本，谈质量就是质量，往往看成是矛盾的。但是在十多年前，任总创造性地把质量与成本两个部门合在一起，使得质量与成本的工作协同开展。公司过去这些年，年年降成本，同时我们的质量在稳步提升。"质量与成本由同一个团队管理，反映了任正非在质量与成本平衡中的灰度哲学。

任正非认为，质量与成本都是客户的核心需求，两者密不可分，需要放在一起统筹考虑。在华为的理念中，质量与成本是统一的，质量与成本需要统筹协调，企业要同时具备质量与成本意识，一个团队同时负责质量与成本有利于统一认识。质量与成本协同管理，才能做到提高质量和降低成本同步进行。

> 第四梯队，从网络极简、产品架构极简、网络安全、隐私保护入手，进一步优化产品，研究前面进攻的武器如何简化，用最便宜的零部件造最好的设备。第四梯队根据第一、二、三梯队的作战特点，简化结构，大幅度提高质量与降低成本，加强网络安全与隐私保护。在表彰的时候，我们往往重视第一梯队，攻下"山头"光荣，马上给他戴一朵大红花。其实第四梯队是最不容易做出成绩的，他们要用最差的零部件做最好的产品，还面临着零部件的研发等一系列问题。如果第四梯队一时做不出成绩我们就不给予肯定，就没有人愿意去做这个事情。总结起来，我们研发就是几句话：多路径、作战队列多梯次、根据不同客户需求多场景化。
>
> ——《任正非与索尼CEO的会谈纪要》（任正非，2019年）

质量就是一次把事情做正确

克劳士比在《质量免费》一书中明确提出，质量是免费的，质量提高不等于成本上升。质量就是第一次就把事情做正确，将总成本降至最低。质量管理做好了，综合成本最优。质量管理做得越好，成本越低。徐直军在 2006 年优秀 PDT/TDT（产品开发团队/技术开发团队）经理高级研讨会上说："提高投资决策的质量才是最早、最大的降成本。IPMT（集成组合管理团队）没有有效运作起来，集成产品开发流程没有发挥作用，常常是弄一个没有基本竞争力的产品就向前走，而且没有及时做出调整。最关键的问题是，在一开始立项的时候就没想清楚。那种情况下，自然而然就是高成本，不可能是低成本。决策不严谨，就造成我们现在 30% 以上的产品版本根本没有上市，30% 以上的单板开发出来没有投产。这 30% 的产品本身的开发成本，再加上开发这些产品、版本、单板的机会成本，这个成本有多大？你们做 BOM 降成本，一年能降多少？和这个比，肯定是小巫见大巫。所以说，提高投资决策的质量，才是真正的降成本，真正的构筑最佳成本。"

抓质量就是降成本

> 打造精品，反对低质低价。以最终用户体验为中心，从系统、产品、部件、过程 4 个维度构建结果质量、过程质量和商业环境口碑质量。
>
> ——《华为公司质量目标、质量方针、质量战略》

成本管理和质量管理需要高效协同。费敏在华为大学高级管理研讨班点评总结时说："沿着流程把质量搞好了，海量简单重复的事日常都按要求一次性做好过掉，不良品率降低，不返工不窝工，效率是最高的，成本是最低的。"高质量对许多人就是意味着要多花钱。对许多人来说，高质量意味着使用更贵的材料，使用更大的保险系数。

为了获得安全保险，就会采用一套备用系统，随时准备代替出现故障的主设备。自然而然地，质量对这些人来讲是昂贵的。在他们看来，想要更高质量的产品和服务，就要花更多的钱。这种质量观念将会阻碍人们不断改进质量的努力。在这些人看来，除非多花钱，否则就不可能提高质量。华为在实践中认识到，抓质量就是节约成本。质量就是满足客户需求。在满足客户需求的情况下，一次性把事情做对，绝对是低成本。从市场规划、产品设计等前端抓好质量，海量简单重复的事按照要求一次性做好，沿着流程把质量工作抓好，问题早发现早规避，能够降低不良品率，不返工、不窝工、免维护，效率最高，成本最低。华为追求质量、服务、成本、需求4个方面的平衡。当实施成本优化方案时，很容易带来质量变异的风险，导致质量问题丛生。当成本和质量产生冲突时，优先考虑的一定是质量，即"质量第一"，这也是华为的法宝。

成本是质量核心竞争力

> 第八十二条 成本是市场竞争的关键制胜因素。成本控制应当从产品价值链的角度，权衡投入产出的综合效益，合理地确定控制策略。应重点控制的主要成本驱动因素包括：设计成本、采购成本和外协成本、质量成本（特别是因产品质量和工作质量问题引起的维护成本）、库存成本（特别是由于版本升级而造成的呆料和死料）及期间费用中的浪费。
>
> ——《华为基本法》

华为产品发展历程中，成本和质量一样，一直是作为核心竞争力来构建的。费敏曾经在《华为自始至终的战略就是"执行力取胜战略"》这篇文章中说：除了像Windows这样的产品和业态，竞争中最大的优势本质上都是成本优势。成本分为两大块：研发以内，研发以外。决定产品成本 DNA 的研发，都属于研发可控制的部分，产品的毛利空间是在设计中构建出来的。其他包括制造、交易、运营、供应物流、安装、运维、服务等的运营成本，要靠运营中的"深淘滩，低作堰"，通过管理提高效率，不断降低运营成本，打造产业链生态，让利给客户。

徐文伟在 2009 年 TCO（总拥有成本）内部规划汇报会上指出："产品价格不是我们决定的，而是由客户和竞争决定的。我们怎么生存下去呢？唯一的一条路就是我们内部 TCO，包括从研发投入到 BOM 物流成本，再到生产、运输、安装的所有内部综合成本有竞争优势，只有在行业里有竞争优势，我们才能活下去。我们不能仅考虑 BOM 物料成本，而是要考虑客户使用我们产品的生命周期成本，包括维护成本、耗电、占地面积、防潮等。在一个周期内客户花的钱最少，才最有竞争力。"

质量成本包括质量损失成本、质量管理控制成本，也包括质量竞争力不足导致的机会成本。早期质量管理以减少错误为主要导向，主要是通过检验控制、过程控制来减少生产制造过程中人为失误和系统错误导致的质量损失，具体而言包括不良品率过高、产品功能不稳定、错误设计、不易维修等，这种内部质量损失一般被称作生产制造的质量成本。质量成本还包括产品上市以后给社会造成的损失，以及经济学意义上质量不足导致销售减少的机会成本。质量成本包括预防成本、鉴定成本、内部损失成本和外部损失成本，总体质量成本最小就是 4 种质量成本的最佳平衡。质量成本是产品功能波动或者弊害项目造成的，内外部损失成本可以通过质量改进降低，预防成本和鉴定成本随着合格率提高而提高。任何一个企业总能找到最佳的合格率使得总质量成本最低，这个最低点处于质量控制合理区间中，否则就要进行质量改进或者降低鉴定与预防成本。

华为成本管理职能设置在质量组织中，公司成本管理组织分三层：第一层是公司管理团队，确定整个公司的成本战略和方向；第二层是成本委员会，BG、BU 层面设置成本委员会，在所属范围内，成本委员会是成本管理的最高决策和管理组织；第三层是各业务部门，负责具体的措施落地和成本持续改进。

除了各级成本管理组织，华为还在 BG、BU 等组织的质量运营部下面设置了成本部，持续积累成本管理、成本方法和成本技术等能力。成本部的具体责任包括：（1）支撑各级成本管理委员会和成本管理组织运作，负责跨部门成本管理工作，负责成本管理协调、协同和共享工作，确保成本竞争力战略落地；（2）分析和探索成本优化方法，把业界最佳实践和华为实践相结合，形成系统的成本管理方法和手段；（3）持续积累低成本管理方法和手段；（4）成本文化建设，通过宣传、培训、案例共享等手段，提高全员成本意识和能力。

质量享有最高优先级

华为强调质量优先，质量享有最高优先级。任正非在一次质量工作汇报会上提出，对质量、成本、进度的追求，都要以"提升竞争力"为核心，优先考虑质量，必要时可以牺牲效率和成本为高质量服务。华为的质量战略是"质量优先，以质取胜"，要在质量优先的情况下追求成本竞争力。华为消费者业务 CEO 余承东在讲话中也着重强调："一切冲突都不应以牺牲质量为代价。质量优先于我们的成本，优先于利润，优先于其他，质量享有最高的优先级。""如果质量导致口碑差，我们就死掉了，质量是我们最基础的生命线。"

管理体系与质量体系

两张皮的灰度

关于管理体系与质量体系的关系有很多论断。一种是把管理体系和质量体系看作两张皮，管理体系是主体，质量体系是支撑；一种是把管理体系和质量体系看作一回事。华为有着复杂的业务条线，质量体系也相当复杂，文化与机制两部分相辅相成并且互为支撑，很难用一张完整的架构图来说明华为的质量体系。华为质量与业务不是两张皮，而是把质量融在产品开发、生产以及销售、服务的全过程中。所以，华为的质量管理是融入各个部门的工作流程中去开展的。

简单地用两张皮的观点看质量是静态视角。从动态视角看，质量发展阶段不同，两张皮的问题就不同。从质量发展阶段来看，企业质量管理成熟度不同，管理体系与质量体系的关系也不同，质量管理成熟度越低，两张皮撕裂就越严重，质量管理成熟度越高，两张皮融合度就越高，直至成为一张皮。在质量发展的早期阶段，质量体系与管理体系是两张皮；成熟期以后，质量体系与管理体系是一回事。

正向与逆向的灰度

业务管理是正向思维，质量管理是逆向思维。业务管理体系与质量管理体系，是科学管理的一体两面。众所周知，泰勒是现代管理之父，但很少有人知道，泰勒也是现代质量管理之父。泰勒科学管理的内容可分为三个方面：作业管理、组织管理和管理哲学。作业管理，是由动作研究、时间管理、计件工资、标准化等一系列的科学方法组成。组织管理，将计划（设计）、执行（制造）与质量检验（监督）分开，确立了质量三权分立原则。管理哲学，主张科学管理是一种关于工人和工作的系统，科学管理的根本目的是谋求最高劳动生产率，达到最高工作效率的重要手段是用科学化、标准化的管理代替经验式管理。管理体系是对人员的管理，质量体系是对产品的管理，两者的交集在于客户。管理是从公司层级出发的正向体系，是对全体员工进行管理，视角由内向外。质量是一种竞争结果，是以客户为中心的逆向质量体系，视角由外向内。

华为成立了客户满意与质量管理委员会，这个组织作为一个虚拟化的组织存在于公司的各个层级中。在公司层面，由公司的轮值CEO亲任客户满意与质量管理委员会的主任，而下面各个层级也都有相应的责任人。"这样，保证我们每一层级的组织对质量都有深刻的理解，知道客户的诉求，把客户最关心的东西变成我们改进的动力。"

正向业务管理与逆向质量管理的闭环，构成了华为大质量观的灰度哲学。一个源于内部管理的正向体系，一个源于外部客户的逆向体系，通过构建"端到端"的业务流程实现闭环。就像太极图的白鱼与黑鱼，正向管理与逆向质量融合为一体。逆向管理是基于华为的"大质量观"。华为认为的质量不仅仅是大家普遍认识的耐用、不坏，更是一个大质量体系，包括基础质量和用户体验，不仅要把产品做好，还要持续不断地提升消费者的购买体验、使用体验、售后服务体验，把产品、零售、渠道、服务、端云协同等端到端流程中消费者能体验和感知的每一个要素都做好。各层级的客户满意与质量管理委员会责任人必须定期审视自己所管辖范围的客户满意度，找到客户最为关切的问题，并提出重点改进的项目，保证客户关切的问题能够快速得到解决。同时，还要针对客户回诉举一反三，不断改善质量管理体系，使得这一体系随着客户的要求不断优化。

睿华视角：灰度哲学与企业家精神

质量的本质是持续的、确定的客户满意，一个组织质量管理的本质是管理不确定性。华为公司认为：质量管理的本质是用规则、制度的确定性应对结果的不确定性。本书将"质量"定义为组织以确定性应对不确定性的能力。

笔者团队研究发现，华为公司的质量管理体系是与业务同步升级发展的。从早期基于事后检测的质量管理起步阶段，到管理逐渐规范后基于事前控制的质量管理阶段，再到业务全面进入国际市场后基于国际标准的大质量管理体系阶段，经过 30 多年的发展和沉淀，华为公司逐渐构建了基于零缺陷的大质量体系和基于灰度哲学的质量管理理念和质量文化。华为的大质量管理体系不仅仅渗透到公司的各级组织、各流程制度中，更融入了公司的思想建设、哲学建设中，形成了全员认同的质量文化和质量哲学。

C 理论研究中的灰度哲学

根据 C 理论研究的观点，企业发展的过程并不是线性和连续的，需要穿越不同技术范式的生命周期，因而呈现出非线性特征。企业发展的方向是在混沌中产生的，一开始是清晰的，然后随着时间与空间的变化变得不清晰，并不是非黑即白、非此即彼的。在企业管理中，掌握合适的灰度，可以使各种影响发展的要素在一段时间内保持和谐，从而使企业保持相对稳定的增长。这种和谐的过程叫妥协，结果叫灰度。灰度文化体现了儒家文化的中庸之道，同时又以开放、包容的精神，吸收外来文化的精华。另外，灰度文化还反映了中国企业特有的改革开放精神和敢于创新的企业家精神。灰度理论的重点不在于黑白灰的程度，而是解放思想与实事求是。

华为质量文化中的灰度哲学

华为文化是什么？任正非说：华为文化就像是洋葱头，都是外来文化，这层是英国文化，那层是美国文化，中国文化渗透其中。可以说，华为文化就是一种开放的、兼容并蓄的文化。华为是把国际先进管理理论与中国企业实践结合得最为成功的企业之一，基于《华为基本法》和员工虚拟持股制度，华为构建了全球独一无二的具有中国特色和国际理念的现代企业管理制度，长期坚持质量投入。在质量管理成熟度方格理论中，质量发展阶段分为不确定期、觉醒期、启蒙期、智慧期和确定期。低质量就是不确定的，高质量就是确定的。华为始终坚持"一次把事情做正确"与"持续改进"相结合的管理灰度，通过构建无生命的大质量体系，来应对不确定时代的质量问题。华为的质量文化，具有典型的灰度哲学的特征，体现了中外质量管理思想融合的灰度。在构建大质量管理体系的过程中，灰度哲学就是华为质量文化的灵魂。

在质量管理组织设置上，华为开创性地把成本和质量交由同一部门管理，这也是华为质量灰度哲学的体现。任正非认为，质量和成本都是客户的核心需求，两者密不可分，需要放在一起统筹考虑。

华为质量体系灰度哲学还体现在华为正向业务管理与逆向质量管理的闭环中。一个源于内部管理的正向体系，一个源于外部客户的逆向体系，通过构建"端到端"的业务流程实现闭环。业务管理是正向思维，质量管理是逆向思维。业务管理体系与质量管理体系，是科学管理的一体两面。

华为质量灰度哲学背后的企业家精神

不确定性的业务才可能有更大的利润空间。不确定性中，包含着危机和挑战，但也包含着巨大的机会。弗兰克·H.奈特在《风险、不确定性与利润》一书中，将企业家精神与风险和不确定性结合起来，将企业家精神的内涵界定为"承担不确定性的精神和决策的能力"。他启示我们，利润来自风险和不确定性，利润与不确定性密切相关。企业要想获得高额利润，就必须涉足不确定性业务。在企业管理中，企业家的作用在于面对不确定性如何进行选择。企业家是对稀缺资源进行协调并进行判断性决策的人，敢于直面风险与不确定性，是企业家精神的特质。

C理论认为，除了敢于承担不确定性的精神和决策的能力，新时代企业家精神有着更深的内涵和更宽的外延，新时代企业家精神还应该包括底线意识、竞争意识、共富意识、创新意识和使命意识。作为华为公司的创始人和掌舵者，任正非可以说是中国改革开放以来一代民营企业家的典型代表，在他身上有着清晰的中国民营企业家的特点和典型的企业家精神的烙印。华为公司在发展历程中，遇到过多次危机和挑战，正是任正非的企业家精神，让他每次在公司面对机遇与挑战的机会窗口时，都能够做出快速准确的判断和决策，坚决执行，从而化危为机，并抓住机会，实现华为的非线性增长。除了众所周知的使命意识、冒险精神、创新精神、自我批判意识和忧患意识，任正非还有着显著的底线意识、竞争意识和共富意识。

任正非的底线意识，体现在一直以来对质量的坚守。他强调华为在任何时候，都不能牺牲质量。华为以客户为中心，就是要以优异的性价比，及时、准确、优质、低成本地满足客户需求。质量是华为的底线。任正非在2015年质量工作汇报会中进一步强调：在质量问题上，要永远记得七个反对，而且要坚决反对。这是华为质量的底线思维。

在竞争意识方面，华为坚持"质量第一，以质取胜"。任正非在一次质量工作汇报会上提出，对质量、成本、进度的追求，都要以"提升竞争力"为核心，优先考虑质量，必要时可以牺牲效率和成本为高质量服务。可见，质量在华为享有最高优先级，是华为竞争力的核心要素。

在共富意识方面，任正非坚持与员工共同分享公司的利润。他一直把"财聚则人散，财散则人聚"作为经营企业的理念和准则。任正非非常懂得分享，也善于分享，他把华为公司98%以上的股份分给了员工。任正非的利润分享机制，不仅让华为吸引和聚集了一大批国内和国际顶尖的研发与管理人才，也让华为人成为最早富裕起来的一群知识分子。

优秀的公司赚取利润，伟大的公司赢得人心。华为公司经过30多年的发展，不仅赚取了利润，更赢得了客户的心、员工的心。这一切，都和任正非身上的企业家精神密不可分。可以说正是任正非的新时代企业家精神，成就了华为的企业文化，成就了华为这个伟大的公司。

第 7 章　华为质量核心价值观

> 以客户为中心，以奋斗者为本，长期艰苦奋斗，坚持自我批判。
> ——华为公司的核心价值观

任正非强调，华为未来的运作模式是在共同价值守护、共同平台支撑下的各业务各区域差异化运作，是从"一棵大树"到"一片森林"的改变，要统一思想，也要耐心改良。"一片森林"顶着公司共同的价值观；下面是共同的平台支撑，就像一片土地，种着各种庄稼；中间是差异化业务系统。共同的价值观，是共同发展的基础；共同的平台支撑，是在差异化的业务管理下，守护共同价值观的保障。

华为董事会明确提出：不以股东利益最大化为目标，也不以利益相关者利益最大化为原则，而坚持以客户利益为核心的价值观，驱动员工努力奋斗。

以客户为中心：板凳要坐十年冷

板凳要坐十年冷——提倡员工聚焦本职工作，聚焦到为客户创造价值的工作上来。1996年，华为电路板每天发货量比较大，有专门的项目组负责维护和优化工作，该项目组对某个细小方面做了优化，为每台设备减少了1分钱的成本。项目组写了一篇总结，任总看完后把标题改成"板凳要坐十年冷"，希望员工能够聚焦产品质量的本职工作。

面向客户背对领导

以质量为中心就是以客户为中心，质量的本质就是满足客户需求。华为文化，体现在客户比领导重要。任正非平时坚持和普通的员工一样在食堂排队吃饭。他担心旗下公司员工给他搞特别服务，还曾颁布过一条指令："别给我搞特殊服务，否则就地免职。"有一次，任正非到墨西哥考察，当地公司的高层管理人员过来接机。任正非非常生气，把他就地免职。因为在任正非看来，客户永远比领导重要。华为认为这一点关系到公司的胜败存亡，是大是大非的价值观问题。

任正非指出："我们上下弥漫着一种风气，崇尚领导比崇尚客户更厉害，管理团队的权力太大了，从上到下，关注领导已经超过关注客户，向上级领导汇报的胶片如此多姿多彩，领导出差，安排得如此精细、如此费心，他们还有多少心思用在客户身上？"任正非明确要求："你们要脑袋对着客户，屁股对着领导。不要为了迎接领导，像疯子一样，从上到下地忙着做胶片……不要以为领导喜欢你就升官了，这样下去我们的战斗力要削弱的。"

任正非还曾说过："在华为，坚决提拔那些眼睛盯着客户，屁股对着老板的员工；坚决淘汰那些眼睛盯着老板，屁股对着客户的干部。前者是公司价值的创造者，后者是牟取个人私利的奴才。各级干部要有境界，下属屁股对着你，自己可能不舒服，但必须善待他们。"

以客户为中心是质量第一原理

任正非认为,以客户为中心是华为质量的第一原理,华为的成功源于自觉不自觉地建立了以客户为中心的核心价值观。

> 20年来,我们由于生存压力,在工作中自觉不自觉地建立了以客户为中心的价值观。应客户的需求开发一些产品,如接入服务器、商业网、校园网……因为那时客户需要一些独特的业务来提升他们的竞争力。不以客户需求为中心,他们就不买我们小公司的货,我们就无米下锅,我们被迫接近了真理。但我们并没有真正认识它的重要性,没有认识到它是唯一的原则,因而对真理的追求是不坚定的、漂移的。在(20世纪)90年代的后期,公司摆脱困境后,自我价值开始膨胀,曾以自我为中心过。我们那时常常对客户说,他们应该做什么,不做什么……我们有什么好东西,你们应该怎么用。例如,在NGN(下一代网络)的推介过程中,我们曾以自己的技术路标,反复去说服运营商,而听不进运营商的需求,最后导致在中国电信选型中,我们被淘汰出局,连一次试验机会都不给。历经千难万苦,我们请求以坂田的基地为试验局的要求,都苦苦不得批准。我们知道我们错了,我们从自我批判中整改,大力倡导"从泥坑中爬起来的人就是圣人"的自我批判文化。我们聚集了优势资源,争分夺秒地追赶。我们赶上来了,现在软交换占世界市场40%,为世界第一。
>
> ——《在华为市场部年中大会上的讲话》(任正非,2008年)

华为在质量发展中走过弯路,曾经偏离以客户为中心的原理,在被市场惨痛教训以后,才真正明白以客户为中心是质量第一原理的真理。坚持客户导向思维,现在市面上的任何产品都可以重新再做一次，而且会比现在的更好。华为2005年确定的质量方针是："积极倾听客户需求，精心构建产品质量，真诚提供满意服务，时刻铭记为客户服务是我们存在的唯一理由。"这个质量方针华为使用了十多年。

华为按照第一原理的思维，建立了以客户为中心的质量文化体系，并在质量思想、质量意识、质量精神、质量组织、质量行为等方面依次展开，可以简单总结为质量文化的五个层次：第一层，以客户为中心；第二层，质量第一，交付第二，成本第三，服务至上，以质取胜的质量策略；第三层，系统思维、远见卓识的领导、战略执行力；第四层，聚焦客户体验，落实管理者责任，以奋斗者为本，自我批判与持续改进；第五层，尊重流程，一次做对，结果导向、全员改进、艰苦奋斗、工匠精神。

> 研发要做到最好，不是指研发心中感觉最好，而是让客户感知最好。以前大家说做到最好，其实就是搞复杂点，是研发人员的自我感觉。
> ——《第一次就把事情做对》（任正非，2014年）
> 在客户面前，我们永远要保持谦虚，洞察未来，认真倾听客户的需求，从客户视角定义解决方案的价值主张，帮助客户解决他们所关心的问题，为客户创造价值，帮助客户实现商业的成功，客户才有可能把华为当作"问计的对象"。
> ——《邮电通知〔2015〕108号》

华为认为质量应该由组织的顾客来评判。因此，华为建立了由顾客来评价组织服务质量与绩效的评价机制。华为将企业注意力和最好资源集中到为顾客创造价值的产品及服务的全过程中，不断增进已有顾客满意度和顾客忠诚度。

以奋斗者为本："蓝血十杰"精神

华为最高管理奖为"蓝血十杰"。二战时，美国战时陆军航空队"统计管制处"有十位精英，他们卓有成效的管理模式为盟军节约了数十亿美元的花费。战后，他们进入福特公司计划、财务、事业部、质量等关键业务和管理控制部门，并掀起了一场以数据分析、市场导向、强调效率和管理控制为特征的管理变革，使福特公司摆脱了老福特经验管理的禁锢，再现当年的辉煌。他们开创了全球现代企业科学管理的先河。这十位精英被人们称作"蓝血十杰"。西班牙人认为贵族身上流淌着蓝色的血液，后来西方人用"蓝血"泛指那些高贵、智慧的精英才俊。

"蓝血十杰"成功的关键因素是：以事实和数字为基础的科学管理，替代了以经验和直觉为基础的传统管理。任正非号召华为人向"蓝血十杰"学习科学管理，认为"'蓝血十杰'是一批职业经理人，是将军，我们需要一批各方面的统帅人物，需要在管理、研发等领域造就一批战略家。战略家的目标永远是以为客户服务为中心。我们也需要一批仰望星空的思想家，他们要能假设未来"。2013年11月29日，华为董事会常务委员会做出了评选管理体系中"蓝血十杰"的事宜决议，以表彰"对管理体系建设和完善做出突出贡献的、创造出重大价值的优秀管理人才"。

创造价值才是奋斗

钱分好了，管理的一大半问题就解决了。

——任正非

企业价值创造靠什么？任正非认为：坚持努力奋斗的优秀人才是

公司价值创造之源。资源是会枯竭的，唯有文化才能生生不息。华为作为一家民营企业，本身没有可以依赖的自然资源，唯有在人的头脑中挖掘出大油田、大森林、大煤矿，唯有挖掘华为潜在人力资源，华为才有未来。企业文化本质上是解决价值创造与利益分配的导向问题。

华为培养"蓝血十杰"的经验就是三分：分好钱、分好权、分好名。

> 一个企业的经营机制，说到底是一种利益驱动机制。企业的价值分配系统必须合理，价值分配系统要合理的必要条件是价值评价系统必须合理，而价值评价系统要合理，价值评价的原则以及企业的价值观系统、文化系统必须是积极的，蓬勃向上的。
>
> ——《以奋斗者为本：华为公司人力资源管理纲要》

华为成功的根本，是聚集了一批想挣大钱又没背景拼不了爹妈的孩子，而老板把华为挣到的90%的钱分给了他们。《礼记·大学》有句话讲："财聚则民散，财散则民聚。"华为把赚来的绝大部分钱都分给了员工，人心自然就凝聚了。任正非曾说过，"钱给多了，不是人才，也是人才"。钱先给够，再谈理想、谈情怀。华为必须拼命搞技术，用技术垄断来赚取高额利润。没有世界领先的技术，企业产品只能卖低价，卖低价只能给员工低工资，工资低，华为人才就都跑了。华为是没有钱的，大家不奋斗华为就垮了。企业的一切活动都应该围绕价值创造展开，人力资源管理也应该围绕价值创造展开。价值创造、价值评价和价值分配是人力资源最重要，也是最困难的工作。华为价值创造、价值评价、价值分配之间的关系如图7-1所示。

对于奋斗的含义，华为的理解简单而深刻：为企业和客户创造价值才是奋斗。华为认为奋斗者是能够为他所在的企业、所服务的客户创造实实在在价值的人，是通过自己的努力为所从事的领域、行业做出突出贡献并受到社会尊重的人。

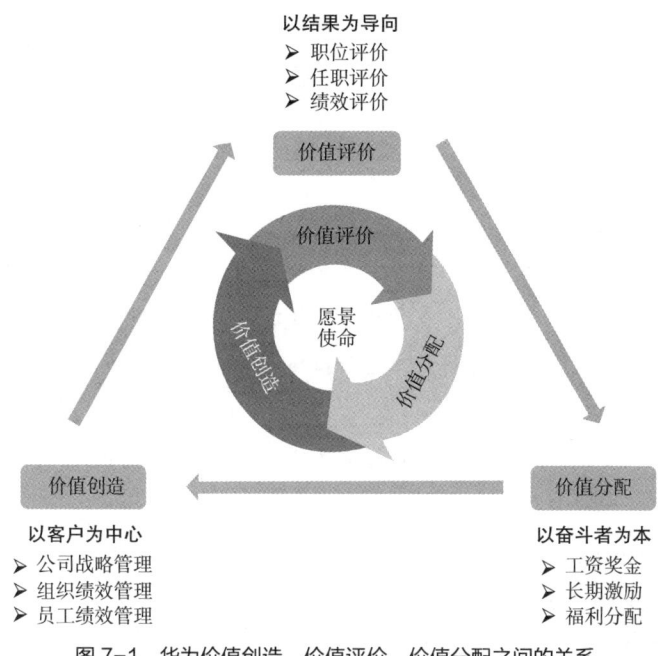

以结果为导向
- 职位评价
- 任职评价
- 绩效评价

价值评价

价值评价

愿景
使命

价值创造

价值分配

价值创造
以客户为中心
- 公司战略管理
- 组织绩效管理
- 员工绩效管理

价值分配
以奋斗者为本
- 工资奖金
- 长期激励
- 福利分配

图 7-1 华为价值创造、价值评价、价值分配之间的关系

谁是奋斗者

华为将人力资源对象分成三类：普通劳动者、一般奋斗者和有成效的奋斗者。对于普通劳动者，华为主张："按法律相关的报酬条款，保护他们的利益，并根据公司经营情况，给他们稍微好一点的报酬。"对于一般奋斗者，华为主张："允许一部分人不是积极的奋斗者，他们想小家庭多温暖啊，想每天按时回家点上蜡烛吃饭呀，对这种人可以给予理解，这也是人的正常需要。只要他们输出的贡献，大于支付给他们的成本，他们就可以在公司存在。或许他们的报酬甚至比社会上稍微高一点。"而对于有成效的奋斗者，则主张："要参与分享公司的剩余价值，因为我们需要这些人。分享剩余价值的方式，就是奖金

第 7 章 华为质量核心价值观

与股票。这些人是我们事业的中坚，我们渴望越来越多的人走进这个队伍。我们处在一个竞争很激烈的市场，又没有什么特殊的资源与权利，不奋斗就会衰落，衰落后连一般的劳动者也保护不了。我们强调要按贡献拿待遇，也是基于这种居安思危。"

华为文化的核心是什么，其实就两点：一个是以客户为中心，一个是以奋斗者为本。……以客户为中心，外籍员工为什么听不懂？以奋斗者为本，换个说法，外籍员工就听懂了。为什么他会多拿钱呢？是因为他多干活了。这就是我们的各尽所能，按劳分配，多劳多得，外籍员工也知道多劳多得，多劳多得不就是以奋斗者为本吗？

——《成功不是未来前进的可靠向导》（任正非，2011年）

奋斗成就质量

任正非认为"人才不是企业核心竞争力，对人才的管理才是"。影响质量的因素可分为两大类：技术性因素和人为因素。人为因素更为重要，人品决定产品，奋斗成就质量。华为人力资源战略在人才"选育用留"之外，坚持聚焦管道的针尖战略，驱动业务有效增长。

以奋斗者为本，而不是以人为本。华为对企业中的人性认识非常深刻：人才不一定是企业最大的财富，奋斗者才是企业最大的财富；人才不是企业的核心竞争力，对人才的管理才是企业的核心竞争力，或者说奋斗精神是华为的核心竞争力，奋斗者才是打造"百年老店"的同舟共济者。华为是一家民营高科技公司，华为的价值评价体系，坚持责任结果导向和关键行为过程导向，而不是能力导向或者素质导向。很多企业倡导以人为本的文化精神，华为倡导的是以奋斗者为本的质量文化。华为坚持按劳分配，多劳多得，风险收益共担，同时坚持商业价值导向。尽力不等于尽心，华为的奋斗者充满激情，富有责任感、使命感和事业心。人力资源政策应支撑企业战略目标的实现。要为客户做好服务，就要选拔优秀的员工，而且这些优秀员工必须奋斗。要使奋斗可以持续发展，就必须使奋斗者得到合理的回报，并保持长期的健康。华为强调狼性精神，在领导岗位推行末位淘汰。

> 企业就是要发展一批狼，狼有三大特性：一是敏锐的嗅觉，二是不屈不挠、奋不顾身的进攻精神，三是群体奋斗。企业要扩张，必须要有这三要素。所以要构筑一个宽松环境，让大家去努力奋斗，在新机会点出现时，自然会有一批领袖站出来去争夺市场先机。
> ——《华为的红旗到底能打多久》（任正非，1998年）

胜则举杯相庆，败则拼死相救

商场如战场，华为非常强调团队精神，华为文化的内核即是群体奋斗精神，在战场上同呼吸、共命运，通过群体奋斗，追求群体成功。胜则举杯相庆，是一种团队文化，它激发华为前线员工对胜利的渴望；败则拼死相救，也是一种团队文化，它鼓励员工屡败屡战，激发咬定青山不放松的不服输精神。不与上级争功、不与同级争宠、不与下级争利，先学会做人再学会做事。

> 市场部有个很著名的口号："胜则举杯相庆，败则拼死相救。"不管谁胜了，都是我们的胜利，我们大家一起庆祝；不管谁败了，都是我们的失败，我们拼死去救。企业文化就这样逐渐形成了。
> ——《持续技术领先，扩大突破口——答中央电视台记者问》
> （任正非，1996年）

下一个时代是群体奋斗、群体成功的时代，这个群体奋斗要有良好的心理素质。别人干得好，我为他高兴；他干得不好，我们帮帮他，这就是群体意识……要实现团队的奋斗，协同的奋斗。要从考核激励上将以客户为中心的"胜则举杯相庆，败则拼死相救"的光荣传统制度化地巩固下来。要从虚拟统计、虚拟考核入手，从激励机制上保证后方支持队伍与前方作战队伍、主攻队伍和协同作战的友军一起分享胜利果实。

——《EMT纪要［2008］021号》（任正非，2008年）

长期艰苦奋斗：深淘滩，低作堰

"深淘滩，低作堰"是闻名世界的都江堰水利工程的治水名言，也是华为长期坚持艰苦奋斗的核心价值观。深淘滩，就是把内部"淤泥"——腐败、低效、落后的东西挖出来，降低运作成本；低作堰，就是留存利润低一些，多让利给合作伙伴，并善待上游供应商。优秀的企业之所以优秀，不是它的内部管理没有问题，而是它具备自清机制。华为从"深淘滩，低作堰"中提炼出了企业长期可持续发展的基石。通过长期艰苦奋斗，与上下游企业形成价值共享的命运共同体，建立产业链与价值链的长期共赢机制。

华为艰苦奋斗精神的形成过程

苦难是人生的洗礼，挫折是人生的财富，宽容是人生的救赎。华为的艰苦奋斗精神不是一蹴而就的，而是经过了长时间的积累、总结、沉淀。华为艰苦奋斗精神的形成过程，就是华为核心价值观的演变过程。企业核心价值观是创始人以及创始团队对企业愿景、使命和战略的选择和提炼。华为认为，公司未来能够给人类留下的东西，不是技术或者产品，而是华为的文化价值观。华为奋斗文化的演变过程可以分为4个阶段。

第一阶段：1987—2000 年，创业阶段逐渐形成规范化管理体系

创业早期，华为充满了个人英雄主义，虽然有企业统一的使命愿景，但各个地方独立探索，各自为战，山头林立。这一阶段的奋斗精神，更多体现在市场开拓与技术攻关上，谁的贡献大谁的话语权就大。

华为 1995 年开始思考如何构建管理体系，1997 年开始构建规范化的管理体系，从"混沌状态"走向清晰化、条理化的治理架构和管理体系。1998 年完成了《华为基本法》的起草和发布。"板凳要坐十年冷""烧不死的鸟是凤凰""从泥坑中爬起来的人就是圣人""领先半步是先进，领先三步成先烈""先僵化，后优化，再固化""笑脸对着客户，屁股对着老板"等经典口号不断涌现。这些口号反映了华为创业实践中形成的质量文化思想，体现在工作质量改进、市场体系建设、研发体系建设、产品技术路线、管理流程变革等方方面面。《华为基本法》解决了奋斗者的价值观认同问题。

第二阶段：2000—2010 年，华为开始进军国际市场

华为 2005 年提出核心价值观，初步形成了公司的愿景、使命、战略并在《华为质量管理手册》中进行了明确。华为愿景：丰富人们的沟通和生活。华为使命：聚焦客户关注的挑战和压力，提供有竞争力的通信解决方案和服务，持续为客户创造最大价值。华为战略：为客户服务是华为存在的唯一理由，客户需求是华为发展的原动力；质量好、服务好、运作成本低，优先满足客户需求，提升客户竞争力和盈利能力；通过持续管理变革，实现高效的流程化运作，确保端到端的优质交付；与友商共同发展，既是竞争对手，也是合作伙伴，共同创造良好的生存空间，共享价值链的利益。

2008 年，华为面向全球员工发布了《华为核心价值观》，强调"以客户为中心，以奋斗者为本，长期艰苦奋斗"的核心价值观。当年，华为海外销售业务占比达到 75%，外派海外是一件大多数华为员工没有选择的事情。

第三阶段：2010—2018 年，华为开始总结管理体系、管理哲学

2010 年以后，随着业务的持续快速增长，华为开始总结企业管理体系和管理哲学，并针对企业员工、业务、财经管理三大企业管理体系，先后出版了《以奋斗者为本》《以客户为中心》《价值为纲》三本图书。华为还曾专门组织高层讨论激励机制，强调不让奋斗者寒心，加强自我批判，并将"坚持自我批判"加入到华为核心价值观中，形成了"以客户为中心，以奋斗者为本，长期艰苦奋斗，坚持自我批判"的核心价值观。

第四阶段：2018 年至今，美国封杀华为政策长期化，倒逼变革

2018 年以来，美国的封杀逐步升级，华为本来一片大好的未来，硬生生地被"折断了翅膀"，全球战略布局也随之发生了非常大的变化。

面对超级大国持续无底线的封杀，华为开始考虑重构全球战略布局与质量价值链，华为奋斗文化也开始向勇者文化、胜者思维转变，"除了胜利，我们无路可走""宁可向前一步死，绝不后退半步生"等激励人心的话语开始在华为内部流传。如果说原来华为奋斗者文化的内核是自我实现与成就动机，那么现在华为奋斗者文化的内核则导向英雄主义和自信乐观精神。

艰苦奋斗精神形成的核心机制
借助外脑提升内部能力

华为从 IBM 等国外企业学到了体系构建与流程变革方法，并结合自身实践不断迭代优化，通过"用外国砖砌中国墙"，"先僵化，后优化，再固化"等过程，形成了一套自己的流程体系，推动华为从偶然走向必然，再从必然王国走向自由王国。华为管理体系建设主要是请 IBM、合益、美世等国外咨询公司一起构建的。华为要做国际一流企业，必须建设一流的组织和一流的流程制度。当时，很多 500 强企

业也跟华为一样引进了IBM咨询公司的流程体系，但并未达到预期效果。华为成功的经验主要有两条：一是通过管理体系或流程变革来支撑，二是强调战略分解与执行。再好的理念，如果没有执行就是空谈，但也不能一味强调执行。组织大了，分工复杂，人员众多，没有一流管理体系保障，会打乱仗。国内一些企业学习模仿华为进行集成产品开发变革，甚至挖了华为中高层管理人员来主导流程变革，但结果并不理想，关键原因就是没有真正理解华为奋斗文化背后的动力机制。

机会和资源向奋斗者倾斜

华为高层组织经常思考和讨论"如何让激励政策真正覆盖到奋斗者身上，而不是覆盖到不愿意奋斗的人身上"的问题。华为认为，不愿意奋斗的人，你给他的激励越多，他的惰性就越强。

华为管理体系是为奋斗者设计的。人力资源管理有精神与物质两个驱动力，精神激励是导向持续奋斗的，而物质激励基于价值创造。任正非多次重申"不让'雷锋'吃亏"，称在华为必须贯彻物质激励和精神文明建设双轮驱动，用荣誉感激发责任感，将公司愿景使命与员工工作动机相结合，在规则制度的基础上信任员工，激发员工持续奋斗的内在动力。"雷锋"是精神榜样，但同时必须给"雷锋"的责任贡献结果以合理的物质回报。激励不仅仅是物质上的，员工也不只是为了钱才努力工作，要给员工荣誉感。

> 我们向成功者倾斜，向奋斗者倾斜，在待遇上怎么改革？我们要更多地反对资历，反对无所作为，反对明哲保身，也反对一劳永逸的分配制度。我们要使公司十万多优秀员工组成的队伍生机勃勃，英姿风发，你追我赶，我们要让奋斗的员工分享胜利果实，要让惰怠的干部感受到末位淘汰的压力……我有个批示给人力资源部，末位淘汰的制度是选拔领袖用的，采用挤压政策，挤

压出领袖来。

——《成功不是未来前进的可靠向导》（任正非，2011年）

在精神激励方面，强调坚持核心价值观，将公司的愿景使命与员工个人工作动机相结合，这就是集体主义下面的个人主义。品德与责任结果是干部选拔的两个基座，在此基座之上的"小树"们要比生长质量与速度。要构建信任、协作、奋斗的组织氛围，逐步实施以信任为基础的管理，持续激发组织与员工积极创造的精神动力。

在物质激励方面，我们还是强调物质回报的理念是多劳多得。在物质回报的分配上，多劳多得是理念，分享机制是手段。对内部可以有一次分配和二次分配，获取分享制要向外延伸，延伸到整个价值链里面去。这样让所有的内外部的优秀人才参与到价值创造和价值分配的过程中，从而实现价值创造的合理化。

——《关于人力资源管理纲要2.0修订与研讨的讲话纪要》

（任正非，2018年）

群体奋斗的核心机制

华为的奋斗文化是在企业的长期发展过程中形成的，华为通过"引选育用留"，打造了一支以奋斗者为本的团队。华为奋斗者团队的形成，主要包括五大核心机制。

奋斗者文化牵引机制。华为建立了非常强大的事业梦想机制，通过文化牵引来凝聚人心。华为牵引机制的关键在于向员工清晰地表达了组织的愿景、使命与战略，通过弘扬奋斗者精神，形成奋斗者文化正能量场与文化魄力。华为还通过构建奋斗者文化价值观传递系统与奋斗者文化落地系统，让员工有清晰的认知方向，让员工看到希望，看到梦想，看到未来。

奋斗者识别选拔机制。华为构建了劳动者、奋斗者、合伙人三级人才识别机制，通过竞争与选拔相结合的方式挖掘人才。建立了以奋斗者为导向的评价选拔机制，识别和区分真正的奋斗者，给奋斗者客观、公正的价值评价，促进奋斗者脱颖而出，让奋斗者不断涌现。华为还引入并创新合伙机制，与奋斗者共识、共担、共创、共享，让奋斗者真正与企业形成利益共同体与事业命运共同体，让奋斗者有归属感、幸福感、成就感。

奋斗者价值激励机制。华为坚持以奋斗者为本的价值分配导向，构建奋斗者全面回报系统，通过工资、奖金、股权、荣誉、机会、职权、晋升、成长等多元的激励要素及全面的薪酬体系激发奋斗者的潜能，驱动奋斗者不断挑战新目标，不断突破资源与能力局限，创造高绩效。华为还通过动态分配机制，让奋斗者得到更多资源与机会，以及更具量级的舞台。华为提倡让奋斗者承担更大的责任，实现更高的成就，创造更大的价值，最大限度地调动和开发了人的潜能，激发了奋斗精神。

奋斗者人才成长机制。华为通过自我批判，使奋斗者摆脱经验主义的路径依赖，走出成功陷阱，正确认识自我，不断完善自我。华为鼓励团队行动学习。通过团队学习、共同研讨、群策群力、协同合作解决工作中遇到的问题。华为将人才发展纳入组织绩效评价之中，通过OKR等考核管理办法，使自我批判成为奋斗者的习惯和组织变革管理的常态。另外，华为还为奋斗者开辟了多种职业发展通道，使各有所长的奋斗者能够极尽所能，发挥优势。

奋斗者约束退出机制。华为引入竞争和淘汰机制，用制度来保护强者，驱赶、淘汰弱者，使奋斗者脱颖而出，使懒人、庸人、占着位子不作为、不创造价值的人出局。另外，华为的奋斗者退出机制，为奋斗者提供了退出途径。

坚持自我批判

起初，华为的核心价值观只有三句话："以客户为中心，以奋斗者为本，长期艰苦奋斗。"后来，任正非力排众议，加上了第四句："坚持自我批判。"

复杂人性与逆向质量

唐太宗李世民说：以铜为镜，可以正衣冠；以古为镜，可以知兴替；以人为镜，可以明得失。李世民把魏徵比作镜子，是因为魏徵是一个诤臣，从来都是直谏无惧。有心理学家提出，真人的形象至少比镜子里的自己丑30%。大脑通常会选择认同"更好看"的自己，而不是"更真实"的自己。人很难看到自身的缺点，企业对自己的产品质量与服务质量的认知往往也是这样的。

自我批判是逆人性的过程。从人性的角度来看，自我批判有多重障碍：一是面子上的障碍，中国是面子社会，企业家、高管更好面子；二是利益上的障碍，承认错误，特别是自我找错，可能会影响到利益与权力；三是行动上的障碍，人们总是容易看到别人的毛病，而难以发现自己的不足。

质量管理是逆向思维。质量是符合人性的，但质量管理是逆人性的。质量管理就是从客户需求出发，到满足客户需求的全过程。质量管理是结果导向的，以果求因，以终为始，不忘初心。这个质量初心，就是为客户服务。质量管理以客户为中心，是客户导向的端到端的逆向管理过程。

两封万言书与质量改进

在华为内部流传着一个"两封万言书"的故事，是说两位入职华为的新员工，各自给公司写了一封万言书，其中一个被当场辞退，而另一个则连升三级。

一个新员工，刚到华为时，就针对公司的经营战略问题写了一封"万言书"给任正非。任正非批复："此人如果有精神病，建议送医院治疗；如果没病，建议辞退。"他认为员工最重要的还是要脚踏实地，做好本职工作，不要把主要精力放在构思"宏伟蓝图"、做"天下大事"上。作为一名新员工，对企业没有任何的了解，怎么可能提出合乎实际的建议。

另一个新员工，给任正非写了一封题为"千里奔华为"的信，被任正非称赞为"一个会思考并热爱华为的人"，并直接提升为部门副部长。这封万言书并不是夸夸其谈，而是结合自身工作中遇到的问题以及实际情况就事论事，很多意见都有非常大的参考价值。华为管理层对这封信非常认可，还将万言书原文和管理层的讨论内容一起发表在内部《管理优化报》上，组织各部门骨干学习和讨论。

华为提倡"小改进，大奖励；大建议，只鼓励"。两封万言书，形式相同，内容不同。任正非说："能提大建议的人已不是一般的员工了，也不用奖励。一般员工提大建议，我们不提倡，因为每个员工要做好本职工作。大的经营决策要有阶段的稳定性，不能每个阶段大家都不停地提意见。我们鼓励员工做小改进，将每个缺憾都弥补起来，公司也就有了进步。所以我们提出'小改进、大奖励'的制度，就是提倡大家做实。不断做实会不会使公司产生沉淀呢？我们有务虚和务实两套领导班子，只有少数高层才是务虚的班子，基层都是务实的，不能务虚。"

自我纠错机制

自我批判是华为文化的精髓之一，任正非把自我批判上升到公司战略高度予以重视，在文化理念、会议活动、组织建设、宣传工具等方面，构建了一套规范化、制度化的自我纠错机制，以及自我批判核心价值观的落地运行体系。逆人性的自我批判与逆向思维的质量管理，共同推动了华为质量的持续改进与商业成功的不断实现。

华为为什么要把坚持自我批判作为公司的核心价值观？2000年，任正非在华为"呆死料大会"上说过这样一段话："我们处在IT业变化极快的十倍速时代，这个世界上唯一不变的就是变化。我们稍有迟疑，就失之千里。故步自封，拒绝批评，忸忸怩怩，就不止千里了。我们是为面子而走向失败，走向死亡，还是丢掉面子，丢掉错误，迎头赶上呢？要活下去，就只有超越，要超越，首先必须超越自我；超越的必要条件，是及时去除一切错误。去除一切错误，首先就要敢于自我批判。"

在文化理念上，华为成立30多年来，自我批判是任正非讲话的高频词汇。如：《在自我批判中进步》（1998年）、《一个人要有自我批判能力》（1998年）、《自我批判和反幼稚是公司持之以恒的方针》（1999年）、《自我批判触及灵魂才能顺应潮流》（1999年）、《为什么要自我批判》（2000年）、《在自我批判指导委员会座谈会上的讲话》（2006年）、《将军如果不知道自己错在哪里，就永远不会成为将军》（2007年）、《从泥坑中爬起来的人就是圣人》（2008年）、《开放、合作、自我批判，做容千万家的天下英雄》（2010年）、《自我批判，不断超越》（2014年）、《前进的路上不会铺满了鲜花》（2016年）、《华为，可以炮轰，但勿捧杀》（2016年）……这些讲话从不同侧面反映了华为的自我批判精神，也指出了华为管理层及企业在不同阶段存在的问题。1996年"市场部集体大辞职"之后，华为还做过几次声势浩大的自我批判大会，如2000年中研部将呆死料作为奖品发给研发骨干的大会、2007年至2008年公司创立20年各体系举行的5次"奋斗表彰大会"、2017年1月的市场部自我批判大会等。

在组织建设上，华为通过构建自我批判的四驾马车，不断完善组织的自我纠错职能。这四驾马车分别是：建立自我批判组织、成立"蓝军参谋部"、出版《华为人》《管理优化报》，以及成立面向华为内部员工的线上论坛"心声社区"。华为有员工自我批判委员会和道德遵从委员会两个专门组织。员工自我批判委员会分为公司级员工自我批判委员会和各体系员工自我批判指导分委员会。道德遵从委员会2014年2月正式成立，是实体部门，各级组织都设有该委员会。《华为人》着眼于人性追求进步的一面，树立标杆弘扬正能量。《管理优化报》着眼于人性怠惰的一面，发扬自我批判精神和找问题提意见。任正非认为人性具有两面性，有天使的一面，也有魔鬼的一面，需要通过一推一拉的合力不断推进组织进步。2008年成立的内部论坛"心声社区"，是华为自我批判常态化的主要阵地，也是华为的"罗马广场"。

"红军"与"蓝军"

根据网络公开资料，华为"蓝军参谋部"隶属于中心权力组织战略与市场部，2006年由任正非提议设立。蓝军，原本是军事演习中的一个术语，主要用来模拟对抗演习，专门扮演假想敌军和红军（代表正面部队）对抗，以此帮助红军发展壮大。任正非为了规避战略决策失误带来的巨大风险，把军事上的演习对抗机制搬到公司运营管理上来，在华为的战略管理部门下设立了"蓝军部"和"红军部"。

按照任正非的解释，"蓝军"要想尽办法来否定"红军"。就像开车，"红军"负责踩油门，"蓝军"负责踩刹车。企业只有该行则行、该止则止，坚持一定的节奏，才能够跑得又快又稳。"蓝军"的职责就是对抗"红军"的执行战略和方案，考虑在内部如何"打倒"华为。"蓝军"要从不同的角度观察"红军"部门制定的战略和技术发展路线，并采取逆向思维分析"红军"的产品、战略和解决方案，从而找出漏洞，或者模拟竞争对手的策略来对抗"红军"。"蓝军"扮演假想敌部队，当战争来临时，"红军"要抵御"蓝军"的入侵。"蓝军"部队的作战方法是"出人意料"的，这就给了"红军"很大的威胁，只有经常与他们"打交道"才不会打败仗。强大的"蓝军部队"使"红军部队"在演习中不断进步。任总曾要求:"要想升官,先到'蓝军'去,不把'红军'打败就不要升'司令'。'红军司令'如果没有'蓝军'经历,也不要再提拔了。你都不知道如何打败华为,说明你已到天花板了。"

2008年,华为准备以80亿美元卖掉终端业务,征求"蓝军"意见。"蓝军"提交了《放弃终端,就是放弃华为的未来》的研究报告,指出云管端三位一体,终端决定需求,直接否定了任正非的意见,而且否定得非常彻底。任正非接受了"蓝军"意见,保留了终端业务,才有了今天华为手机的辉煌。

华为"蓝军"批任正非10宗罪

据了解,华为内部对任正非的批判和处罚不是一次两次。早些年,华为修了一个小建筑,但很快就被拆掉了。不久,华为内部发通报称:因该建筑规划失误造成公司损失,对决策人任正非罚款1000元。针对任正非的一些错误,华为还曾在内部的一次高研班上对任正非进行了批判。任正非表示,华为内部的自我批判是很厉害的,吵完以后达成共识了就回去做自己的事。

2018年3月,华为"蓝军"组织召开了一次内部批判会并列出了任正非的10宗罪,将其以电邮文件等方式发布为《华为"蓝军"批判任正非10宗罪》的公开信。"蓝军"认为:"在人力资源详细政策的履行进程中,任正非存在过于强势、辅导过深过细过急的问题。""考核也十分机械化,海思的一些科学家因为比例问题必须打C,结果这些人离开公司,就被人家抢着聘为首席技术官,而且还做得不错……""任正非一向导向做管理者,管理者做不好才去做专家。但专家哪有那么好做。华为现在不缺管理者,缺的是专家。"以下为华为"蓝军"内部批判会列出的任正非10宗罪:

1. 任正非的人力资源哲学思想是世界级创新,但有的时候指导过深过细过急，HR体系执行过于机械化、僵硬化、运动化，专业力量没有得到发挥；

2. 不要过早否定新的事物，对新事物要抱着开放的心态，让子弹先飞一会儿；

3. 工资、补贴、奖金、长期激励机制等价值分配机制需要系统梳理和思考；

4. 不能把中庸之道用到极致，灰度灰度再灰度，妥协妥协再妥协；

5. 干部管理要在风险和效率上追求平衡；

6. 要重视专家，强化专家的价值；

7. 反思海外经历适用的职务范围的问题；

8. 不能基于汇报内容、汇报好坏来肯定或否定汇报人员；

9. 任正非的很多管理思想、管理要求只适用于运营商业务，不能适用于其他业务；

10. 战略预备队本来是"中央党校"，但由于实际运作执行问题，结果变成了"五七干校"。

注：摘自华为心声社区

聪明的企业不会把命运和决策权全部放在一个人身上，这样的组织风险是很大的，这也是华为自我批判机制的价值所在。批判足够尖锐，问题才能显露得清楚，才能被解决。要知道，每个人都是有局限性的。一个领导人假如不清楚这一点，无疑是十分危险的。

"蓝军"无处不在

华为元老郑宝用、徐直军等都曾是华为"蓝军"的领导人，他们都敢跟任正非拍桌子对着干。有一次，中国证监会原主席、时任中国银行董事长肖钢到访华为，其间聊IPD，聊企业管理，坐在任正非旁边的徐直军跟肖钢说："老板懂什么管理，我们的IPD变革，他就知道那三个字母。"当时肖钢一行人都惊呆了："你们怎么这样说老板？"然而任正非不但不生气，还经常把这件事拿出来在公开场合说："本来就是这样，那也不是我做的事情嘛。"

　　还有一次，据称是在华为的董事会上，有人提议7个成员对任正非进行评价投票。第一项：任正非懂技术吗？0票赞成；第二项：任正非懂市场吗？0票赞成；第三项：任正非懂管理吗？6票赞成，1票反对！这唯一的反对票，就是徐直军投的。"别人说我很了不起，其实只有我自己知道我自己，我并不懂技术，也不懂管理及财务。"任正非多次在公开场合表示，"在时代面前，我越来越不懂技术，越来越不懂财务，半懂不懂管理。从事组织建设成了我后来的追求，如何组织起千军万马，这对我来说是天大的难题。"任正非的格局就在于"自己不行，我允许别人比我行，才有华为的今天"。

　　任正非曾在讲话中指出："华为的'蓝军'存在于方方面面，内部的任何方面都有'蓝军'，'蓝军'不是（只有）一个上层组织，下层就没有了。我认为人的一生中从来都是红蓝对决的……"余承东也曾表示："我们要加强'蓝军'建设，由内部的'蓝军'角色不断挑战我们的规划、质量、运营、销售和服务等各个方面，看是否有做得不到位的地方，以此帮助我们的团队改善整体工作质量。"

远见卓识的领导

企业家中的战略思想家

　　华为在5G时代走在了世界前列，这也是中国第一次在重大通用技术领域世界领先，这种领先的影响将是历史性的。华为是中国的品牌，更是民族的骄傲。因此，许多中外知名政治家、经济学家、企业家、科学家和媒体，都对任正非和华为给予了很高的评价，把华为比作中国企业中的珠穆朗玛峰,把任正非比作中国当代的成吉思汗。可见,任正非是今天中国商界最能立得住、值得载入史册的中国企业家之一。

俄罗斯总统普京说:"美国打压华为可称作正在到来的数字时代的首场科技战争。"

德国总理默克尔说:"华为不仅在德国,而且在欧洲其他国家都参与了第二代、第三代和第四代网络建设。德国会考虑网络安全,但不会将华为排除在外。"

美国司法部长威廉·巴尔在演讲中解释了为什么把绞杀华为上升为国策:"5G技术处于正在形成的未来技术和工业世界的中心。……19世纪以来,美国在所有的关键科技领域从来没有落后过,都是美国领导世界,可今天在影响到未来的关键技术领域内美国落后了,这是不得了的事。"

著名经济学家张五常说:"在中国的悠久历史上,算得上是科学天才的有一个杨振宁,算得上是商业天才的有一个任正非。其他的天才虽然无数,但恐怕不容易打进史书去。"

金一南教授认为:"华为可以说是中国历史上和亚洲历史上最伟大的企业。"

中化集团董事长宁高宁说:"在中国,真正用研发引领持续发展的企业家,可能就任正非一人。"

农夫山泉创始人钟睒睒说:"我钟睒睒崇拜的两个人,一个是乔布斯,一个我认为是这位先生——任正非。"

大疆科技创始人汪滔说:"在这个世界上,我只佩服一个人——任正非。"

作为全球最大的电信设备供应商,华为的成长不仅是中国高科技企业国际化的一个经典案例，更是任正非商业思想的试验场。改革开放40余年，中国从来都不缺企业家、商业富豪，但缺乏真正的商业思想家。截至目前，任正非共发表了数百篇文章和讲话，数量之庞大、题材之丰富、内容之务实、思考之深刻、影响之巨大，在中国企业家中极其罕见，值得每一位企业家、创业者借鉴和学习。30多年来，华为的灰度哲学、核心价值观、成功之道，华为人的奋斗精神，充分印证了任正非企业家精神和管理思想的正确性、系统性和开创性，也印证了任正非对市场的精准把握和对团队的卓越领导。任正非卓越的战略思想，不仅获得了众多知名企业家的由衷敬佩，还获得了许多世界知名杂志的高度评价。

《商业周刊》专题报道，题目就是：任正非是新时代的"成吉思汗"。

法国知名周刊《观点》说任正非：这个人将改变历史。

《福布斯》杂志评论：任正非是一个很少出现在公众视野中的人物，却是国际上最受人尊敬的中国企业家。

《时代》周刊评论：任正非是一个为了观念而战斗的硬汉。

《世界经理人》杂志评价：华为在国际市场上势不可当的攻击性，以及由此带来的成功，为任正非赢得了西方媒体的尊敬。事实上在此之前，为人低调、从不走向幕前的任正非，已经被视为中国通信设备制造领域的神秘"教父"。

《中国青年报》评价：作为华为的创始人，任正非理性而充满自信的言论，无疑有着稳定人心、维护企业平稳运转的积极作用。从更大的意义上讲，任正非以一位中国企业家的身份，身体力行地传播着现代企业精神，重申了一些人容易遗忘的常识，为中国企业面对外部压力如何保持定力树立了榜样。

中央人民广播电台评任正非：作为华为创始人，用实际行动重新定义了中国企业家精神。他的创业故事激励着无数企业家搏杀奋斗。他和他缔造的企业一样沉稳低调，历经沉浮坎坷，却最终披荆斩棘，登上了个人意志和时代的巅峰。

非凡领导力

华为管理层和任正非的非凡领导力，主要体现在方向选择、理念坚守、利益分享与团队领导等方面。在任正非的卓越领导下，华为从 2 万元、6 个人起家，发展到 20 万人的团队，年营收超过 8000 亿元，5G 技术世界领先。华为的管理思想、方法论、价值观非常值得每一个企业家学习。

早在 1994 年，任正非就非常大胆地提出了华为人的梦想：十年之后通信行业三分天下，华为将占其一！在企业发展初期，华为就前瞻性地提出了聚焦 ICT 领域、成为世界级领先企业的宏大发展愿景。1998 年的《华为基本法》第一条后半部分提出："为了使华为成为世界一流的设备供应商，我们将永不进入信息服务业。通过无依赖的市场压力传递，使内部机制永远处于激活状态。"

2018 年 4 月，《深圳商报》的记者问了任正非这样一个问题："华为一直强调聚焦主航道，但现在新经济这么活跃，有没有想过跨界？"任正非回答道："华为做的是管道，只管流量的流动。终端是管道，它相当于'水龙头'，企业业务也是管道。华为不会做多元化业务，会永远聚焦在主航道上，未来二三十年，可能我已不活在世界上了，但相信后来的公司领导层仍会坚持聚焦。"选择没有对错之分，只有合适不合适。华为在合适的时间选择了合适的事情，最终成就了 30 多年的快速增长与崛起。

持续聚焦，坚守理念

华为坚守主航道，通过聚焦战略和饱和攻击，对准一个"城墙口"，持续投入范弗里特弹药，把最优秀的人、资源、时间都投入其中，就是要破釜沉舟，专注主营业务，把压力和危机传递给每一个员工，倒逼华为成为世界级领先科技企业。华为在业务发展的各阶段，不断提出更具挑战性的战略目标，为全体员工传递清晰方向、指明奋斗目标、创造成长空间，极大地激发了各级组织与员工持续奋斗的动力。

华为在攀登"珠穆朗玛峰"的途中，遇到过很多财富机会和诱惑，华为坚持不上市、不赚快钱、不搞房地产、不占小便宜，30年只做一件事，对着通信"城墙口"不断冲锋，终于成为通信行业世界领导者。在此期间，任正非不断向高管团队和全体员工传递这样的信号：华为只有无比专注于一个方向，通过来自竞争的压力不断提升自己，才能最终成长为世界级的高科技企业，没有其他捷径，这是唯一的道路。

任正非曾经在一次讲话中说："华为没那么伟大，华为成功也没什么秘密！华为就是典型的阿甘，阿甘就一个字——傻，阿甘精神就是目标坚定、专注执着、默默奉献、埋头苦干！华为就是阿甘，认准方向，朝着目标，傻干、傻付出、傻投入。"

合伙制度，利益分享

华为是世界500强高新技术企业中极少数采用合伙人制度的企业之一。虽然很多企业也分一些股权给员工，但是除了会计师事务所和律师事务所，很少有企业能像华为这样，持股员工人数多、覆盖面广、持股份额分布平均。华为是中国排名第一的民营高科技企业，但任正非还没有进入中国富豪榜前列。作为华为创始人，任正非拥有的股权已经被稀释至1.04%左右。根据华为公司2019年年度报告，华为19万员工中，有10.4572万员工参与内部持股。

> 我创建公司时设计了员工持股制度，通过利益分享，团结起员工，那时我还不懂期权制度，更不知道西方在这方面很发达，有多

种形式的激励机制。仅凭自己过去的人生挫折，感悟到与员工分担责任，分享利益。创立之初我与我父亲相商过这种做法，结果得到他的大力支持，他在（20世纪）30年代学过经济学。这种无意中插的花，竟然今天开放到如此鲜艳，成就华为的大事业。

——《一江春水向东流》（任正非，2011年）

集体决策，一票否决

在华为的发展历程中，华为的领导结构也会随着环境、组织和战略的变化而不断调整。任正非曾说过："过去的传统是授权于一个人，因此公司命运就系在这一个人身上……非常多的历史证明了这是有更大风险的。"华为的领导权最初也是集中在单一总裁手中，后来随着组织的扩大和战略调整，领导权不断被下放到经营管理团队，再到由轮值CEO制度所代表的集体决策体系。任正非将领导组织形容为一种"基于人性和基于时空变化的对无序的警惕与变革"。

华为群体领导的独特性集中体现在其轮值CEO制度上。从2003年起，华为与美世咨询公司合作，重建组织结构和领导结构体系，用集体决策的经营管理团队代替了之前的单一CEO领导体系。2011年，华为建成新董事会，正式实施轮值CEO制度，由郭平、胡厚崑和徐直军轮流担任企业CEO，每人任期为6个月。集团的经营管理团队随之调整为董事会的执行机关——常务委员会。华为董事会下设4个委员会：人力资源委员会、财经委员会、战略与发展委员会以及审计委员会。

华为内部还有一票否决权，分别由华为高管小组的7位成员拥有。这一票否决权只有否决的权力，没有决策的权力。任正非表示，最初自己的想法是，等华为发展到了一定的地步就取消这个一票否决权。然而，英国脱欧的黑天鹅事件，提醒任正非群体领导有时会有非理性决策。这时候，一票否决权就显得非常重要和必要了。华为还坚持管理者当责，就是一把手和管理者要承担质量责任，落实领导作用的质量管理原则。华为通过提升意识、统一认识、规范行为和完善制度4个方面落实领导者的质量责任。

华为质量系统思维

质量系统的二八原理

戴明等人提出质量系统化的观点，并用红珠实验和漏斗实验，说明数据是系统产生的，反映了系统的运行规律。抛开系统的观点，任何对于数据的加工和利用都只是零散的和碎片化的，是无法从更高层次来看待问题和解决问题的。朱兰提出80/20的质量责任法则，20%质量问题责任在基层人员，80%的质量责任是质量系统设计或者说领导者造成的。质量系统化意味着组织整体性、一致性和协调性。

华为明确提出摆脱三个依赖，即逐步摆脱对技术、人才和资金的依赖，从必然王国走向自由王国。任正非认为，作为一家民营企业，华为没有任何可依赖的外部资源，唯有靠全体员工勤奋努力和艰苦奋斗，保持内部活力和创新机制，才能在激烈的国际化竞争中活下去。

> 我说过有三个摆脱——摆脱对技术的依赖、对人才的依赖、对资金的依赖。完成了这三个摆脱，我们就从必然王国走向了自由王国。
> ……
> 衡量管理得好不好，就是要摆脱对人的依赖。不是说你制造一个系统，使人家摆脱对人的依赖，而是你们本身就要摆脱对人的依赖……所以在管理上有许多要推进，华为公司下定决心要用

三年到五年时间实现管理上与国际接轨,任重而道远。

——《在管理工程事业部工作汇报会上的讲话》

(任正非,1997年)

一个企业如果不能持续提供高质量的产品与服务,是很容易经不起风浪而倒下的,更何况面对技术先进、资金雄厚的国际巨头的竞争。质量从产品竞争转向系统竞争,是质量发展的必然趋势。随着工业化进程的深入,质量系统化成为一个趋势,质量集成能力成为拉开质量差距的一个关键。质量系统化,意味着质量追求卓越,要摆脱对具体的人、技术、资本、供应商等的依赖。无论外部环境如何不确定,都能依赖内部质量管理成熟度的提升,持续稳定地提供高质量的产品与服务。

希望大家去铭记一点,就是质量优先于其他所有。我们在质量的各个环节都要做好。不仅产品硬件质量,软件质量也是越来越重要,其他制造质量、来料质量甚至我们招人的质量、营销的质量、隐私保护与网络安全等等,都需要重视。

——《在消费者业务质量大会上的讲话》(余承东,2017年)

任正非认为:"将来的战争越来越复杂,特别是服务,也会越来越复杂。我们通过研发提供全世界最优质的产品,通过制造生产出最高质量的产品,还必须要有优质的交付,从合同获取到交付、售后服务。我们赚了客户的钱,就要提高服务质量,如果服务做不好,最终就要被客户边缘化。"

质量系统的开放与妥协

任正非说,华为要用"一杯咖啡吸收宇宙能量"。因为咖啡是一种世界文化，特别是在西方世界，喝咖啡不仅是一种生活习惯，也是一种必要的社交手段。你总不能端着茶杯在西方世界交朋友吧？任正非曾多次在华为会议上强调，管理层要多参与西方上流社会的活动和圈子，要多看西方历史、文化和哲学书籍、影视节目，以了解对方的精神和思想脉络。了解才能有效沟通，然后再多跟他们一起喝咖啡、做水上运动、爬山、聚会等等，这样大家打成一片，华为就融入当地了。

任正非对"咖啡吸收能量"的解释是："高级干部与专家要多参加国际会议，多'喝咖啡'，与人碰撞，不知道什么时候就擦出火花，回来写个心得，你可能觉得没有什么，但也许就点燃了熊熊大火让别人成功了。只要我们这个群体里有人成功了就是你的贡献。公司有这么多务虚会就是为了找到正确的战略定位。这就叫一杯咖啡吸收宇宙能量。"所以，这其实是一种让高级干部多和外界保持交流的开放姿态和学习方法。他山之石，可以攻玉，多与外界交流是没有坏处的。

在华为，质量的概念是全流程质量的概念。"我们的质量应该是全流程质量，要在各个环节严守质量底线。从战略规划和需求挖掘开始，到产品规划、设计、供应链管控、来料质量把控、硬件研发和创新、软件开发、生产、营销、零售、售后服务等各个环节，都要严守质量底线。总之，质量不是传统意义上的产品质量，它体现在全流程的细节中，我们需要通过全流程的质量管理，给消费者带来拥有卓越品质和价值的产品。"

余承东在讲话中提出："有很多中国企业的高管在遇到质量和成本、效率以及其他方面的冲突的时候，首先考虑成本因素，但是德国、日本就不是这样。所谓'见贤思齐'，我们要学习德国、日本企业的管理理念，凡事要做到目标长远，才能打造我们的品牌。我们要不断和业界最优秀的实践对标，先要一步一步靠近它们，然后再超越它们，这样我们才会有长远的发展。希望我们团队有深刻的洞察能力，

'深谋远虑，行军用兵之道，非及向时之士也'，一定要比我们的对手更加高瞻远瞩。在全流程质量中，战略质量是源头；如果我们的战略质量不好，方向错了，全流程的下游质量就都有问题。"

妥协是华为灰度文化的行为选择。任正非表示，只要方向不变，原则不变，实现目标过程中的一切，都可以妥协。妥协虽然不是最好的办法，但适当的妥协是为了更好地前行，是为了掌握发展节奏的主动权，防止错失行业机会和未来市场。企业生存靠的是理性，而不是意气。懂得在恰当的时机接受别人的妥协，或向别人提出妥协，结果就有可能是"双赢"甚至"多赢"的局面。

睿华视角：C 理论视角下的华为质量价值观

改革开放以来，中国一大批民营企业家从小作坊开始，一步一步成长起来。作为后发企业，中国企业在创业初期有很多后发优势，比如可以借鉴国外成熟的技术和成熟的管理经验。当然，中国企业也面临很多后发劣势，如缺乏人力资源、缺乏技术积累、缺乏制度保障等。中国企业从模仿到追赶，再到超越追赶，直至赶超国际领先企业，是一个漫长而艰辛的过程，其间会经历很多次机会窗口，尤其是技术范式转变的机会窗口。然而，每一次技术范式转变，既是巨大的机会窗口，也是巨大的压力和挑战，常常伴随着行业的大洗牌。大浪淘沙，在技术范式转变的混沌期，企业如果不能很好地应对，就会被历史所淘汰。对于后发企业来说，只有通过持续不断的战略调整和管理变革，完善管理体系，增强企业韧性，才能抓住机会窗口，穿越周期，实现追赶和超越追赶。C 理论认为，真正决定企业是否能够持续成功的，是企业家引领下的企业核心价值观，是根植于每个员工思想与理念中的价值观。

华为公司在成长的过程中，通过长期实践、持续学习和变革管理，逐渐提炼出"以客户为中心，以奋斗者为本，长期艰苦奋斗，坚持自我批判"的核心质量价值观。正是这样的价值观，引领华为穿越周期，从追赶走向超越追赶和全球引领。

质量第一原理：以客户为中心

根据 C 理论研究，技术范式的演化具有非连续、非线性的特征。后发企业在穿越技术生命周期、技术范式转变的过程中，需要持续进行战略选择和战略调整，以适应新的技术范式。而企业战略选择和调整的核心，就是要始终围绕客户需求。一旦偏离了这条主线，企业就会错失机会窗口期。所以以客户为中心、始终围绕客户需求，是企业战略选择的主线。华为质量价值观的第一条，就是以客户为中心。

任正非明确提出，以客户为中心是华为质量的第一原理，华为的成功源于自觉不自觉地建立了以客户为中心的核心价值观。华为董事会也明确提出：不以股东利益最大化为目标，也不以利益相关者利益最大化为原则，而坚持以客户利益为核心的价值观，驱动员工努力奋斗。质量的本质就是满足客户需求，以质量为中心，就是以客户为中心。

华为以客户为中心的价值观，还体现在客户比领导重要。华为要求员工"脑袋对着客户，屁股对着领导"。在任正非看来，客户永远比领导重要，这一点关系到公司的胜败存亡，是大是大非的价值观问题。以客户为中心是华为质量的第一原理。这个思维直接从问题最基本的原理出发，由本质到表象，推衍问题的解决办法。只有掌握了质量的第一原理，才能真正从本质上做好质量管理。为了更好地坚持以客户为中心，华为建立了面向客户的全面质量管理体系和以顾客来评价组织服务质量与绩效的评价机制。坚持客户导向的质量思维，质量的好坏不是自己说了算，应该由客户来评判。

可以看出，华为公司成功的根本在于不仅认识到了"以客户为中心"的重要性，而且把以客户为中心作为核心价值观，根植于每个员工的思想中，并真正落实到了每个人的实际行动中。

以奋斗者为本：向奋斗者倾斜的利益分配机制

华为质量价值观的核心有两点：一个是以客户为中心，另一个是以奋斗者为本。为了更好地驱动奋斗者，华为建立了"向奋斗者倾斜"的利益分配机制。从 C 理论的视角来看，这样的利益分配机制是任正非企业家精神中共富意识的一种现实体现。

企业的一切活动都是围绕价值创造展开的，人力资源管理也应该围绕价值创造展开。任正非认为，努力奋斗的优秀人才是公司价值创造的核心资源。华为强调以奋斗者为本，而不是以人为本。为企业和客户创造价值才是奋斗，奋斗者是能够为他所在的企业、所服务的客户创造实实在在价值的人，是通过自己的努力为所从事的领域、行业做出突出贡献并受到社会尊重的人。华为坚持努力奋斗的优秀人才是公司价值创造之源。

一个企业的经营机制，说到底是一种利益驱动机制。华为公司经过多年实践，逐步构建了奋斗者全面回报系统，主张机会和资源向奋斗者倾斜，不让"雷锋"吃亏，让奋斗者参与分享公司的剩余价值，让激励政策真正覆盖到奋斗者身上，从而激发奋斗者的潜能和奋斗精神，创造更大的价值。

华为狼性文化与艰苦奋斗精神

C 理论研究发现，企业不是都能够顺利穿越周期，而是需要主动为之。企业需要主动洞察和学习技术范式转变期的情境并能动性地应对环境的变化，才能实现自身的发展。这就要求企业有敏锐的洞察力、主动进取的精神和坚决的执行力。华为公司在发展中形成的狼性文化和长期艰苦奋斗的精神，正是华为敏锐洞察力、主动进攻精神和坚决执行力的体现。

任正非认为，企业就是要发展一批狼，狼有三大特性：一是敏锐的嗅觉，二是不屈不挠、奋不顾身的进攻精神，三是群体奋斗。华为有具备良好制约机制的集体奋斗，华为的奋斗文化是在企业的长期发展过程中形成的，其核心机制包括奋斗者文化牵引机制、奋斗者识别选拔机制、奋斗者价值激励机制、奋斗者人才成长机制、奋斗者约束退出机制。通过对人才的"引选育用留"，华为打造了一支以奋斗者为本的团队。

华为奋斗者文化经过多年的演绎，内涵越来越丰富。比如"胜则举杯相庆，败则拼死相救"的团队文化，鼓励员工屡败屡战、咬定青山不放松的不服输精神。华为"深淘滩、低作堰"的商业模式，也从侧面反映了华为长期坚持艰苦奋斗的核心价值观。2018年以来，美国封杀华为政策长期化。面对超级大国持续无底线的封杀，华为开始考虑重构全球战略布局与质量价值链，华为奋斗者文化也开始向勇者文化、胜者思维转变。

妥协与灰度的价值观：坚持自我批判

根据C理论的研究，在范式转变的机会窗口期，企业的经营环境会出现复杂的混沌状态，企业需要从战略上进行妥协和灰度管理。通过创造性学习和忘却学习，主动打破原有平衡，并快速建立新的平衡。这就需要企业学会自我批判，学会否定自己。而华为价值观中的"坚持自我批判"，是妥协和灰度管理思想的另一种体现。

自我批判是反人性的，人很难看到自身的缺点，企业对自己的产品质量与服务质量的认知往往也是这样的。在快速变化的时代，企业要活下去，就只有超越；要超越，首先必须超越自我；超越的必要条件是及时去除一切错误；去除一切错误，首先就要敢于自我批判。

优秀靠朋友，卓越靠敌人。华为的"红军蓝军"模式，就是通过让"蓝军"扮演假想敌，在企业内部形成自我批判、自我否定的机制和氛围，从而最终实现自我超越。

华为的自我批判，不仅仅是对员工，任正非也不例外。针对任正非的一些错误，华为还曾在内部的一次高研班上对其进行了批判。任正非表示，华为内部的自我批判是很厉害的，吵完以后达成共识了就回去做自己的事。

逆人性的自我批判与逆向思维的质量管理，共同推动了华为质量的持续改进与商业成功的不断实现。

第 8 章　华为质量反思：熵与活力引擎

> 历史规律就是死亡，而我们的责任是要延长生命。
>
> ——《一江春水向东流》（任正非，2011 年）

熵的引入

熵（entropy）的概念自 1865 年被提出后，变得越来越热门。不仅在物理学、生物学和化学领域，各种有关信息论、政治经济和生物系统的研究也引用了熵的概念。熵的概念最早由物理学家鲁道夫·克劳修斯提出，用于热力学第二定律。随后，薛定谔提出"负熵"的概念，布里渊提出"负熵有序"说，普利高津提出"熵流"。1948 年，香农提出了"信息熵"的概念，使"熵"的发展达到了新的高峰。普利高津提出了耗散结构的概念，并因此于 1977 年获得诺贝尔奖。所谓耗散结构，就是一个远离平衡的开放系统，通过不断与外界进行物质和能量的交换，在耗散过程中产生负熵流，让系统从无序转向有序。耗散结构是在不违背热力学第二定律的条件下，描述生命系统自身进化过程的概念。普利高津认为耗散结构同样适用于各种社会组织。

任正非是较早把熵的概念引入企业管理并进行系统阐述的企业家。熵增，是世界上一切事物发展的自然倾向，指事物从有序走向混乱无序，最终灭亡的过程。任正非在考虑企业管理时，把熵增作为一个重要视角。企业发展的自然法则也是熵由低到高，逐步走向混乱并失去发展动力。因此，在没有外界干涉的情况下，企业熵增是必然趋势，企业熵增一般表现为组织懈怠、流程僵化、人才流失、创新乏力等现象。企业要生存，就要形成耗散结构，以达到熵减的目的。

企业要实现熵减，首先就要从封闭系统走向开放系统，吸收外界先进的思想、文化、管理、流程、技术、资源等。再通过一系列做功的动作，耗散掉多余的能量，这样系统才会远离平衡，维持低熵状态，持续生存下去。企业组织就像一个生命系统，需要输出生命活力，为客户创造价值，这是企业存在的唯一理由。企业要保持发展动力，就需要依靠人的生命活力，通过耗散来达到熵减的目的。

> 公司长期推行的管理结构就是一个耗散结构，我们有能量一定要把它耗散掉，通过耗散，使我们自己获得新生。什么是耗散结构？你每天去跑步锻炼身体，就是耗散结构。为什么呢？你身体的能量多了，把它耗散了，就变成肌肉，变成有力的血液循环了。能量消耗掉，不会有糖尿病，也不会肥胖，身体苗条，人变漂亮了，这就是最简单的耗散结构。那我们为什么需要耗散结构呢？大家说，我们非常忠诚于这家公司，其实就是公司付的钱太多了，不一定能持续。因此，我们把这种对企业的热爱耗散掉，用奋斗者和流程优化来巩固。奋斗者是先付出后得到，这与先得到再忠诚，有一定的区别，这样就进步了一点。我们要通过把潜在的能量耗散掉形成新的势能。
>
> ——《在公司市场大会上的讲话》（任正非，2011年）

企业熵减，主要借鉴生物演化与热力学等跨学科方法来研究组织演化现象及其背后的一般规律。企业熵减表现为产品与服务改善，人员创造力激发。企业组织更适合用非线性、非稳态、非平衡的熵理论和生物演化学来进行分析和研究。作为一个透彻理解人性的企业家，任正非用"以客户为中心、以奋斗者为本"把人性的贪婪转化为动力，让20万华为人向同一个方向努力前行。

质量的熵

组织的发展历程，并不都是线性过程，会遇到各种困难。如果企业能克服困难，就会迎来新一轮的发展。否则，就会走向衰落。根据《财富》杂志报道，从1920年到2020年，世界500强企业的平均寿命已经从67年下降到40年左右。而在华为所处的ICT领域，曾经有诸多领袖企业像大象一样轰然倒下。有些跨国巨头从千亿美元销售额到破产不过四五年。面向未来，华为能够打破企业生命周期的历史规律吗？

质量凋谢与熵增

质量凋谢是质量熵增的通俗说法。质量凋谢，指的是曾经质量口碑很好的企业，质量水平逐渐降低乃至变差的现象。中国很多企业在和国际企业合作中，往往一开始比较重视产品与服务质量。当合作关系稳定后，出于降低成本或快速扩张等原因，产品质量水平波动会越来越大。按照熵增理论，质量凋谢也是熵增现象。质量是质量供给方与质量需求方的一种动态平衡，达到或超过客户期望就是质量好，而客户期望是永远变化的，所以质量是动态平衡。就像品牌一样，质量其实不属于企业，质量属于客户，属于包括客户在内的质量利益相关者，这就是华为质量以客户为中心的真谛。从 ISO 质量定义变迁可以看出，质量不是一组固有特性或一套参数标准，质量的本质是客户需求和期望的一种组合。

从质量生命周期而言，质量也是以负熵为生。怎样防止质量凋谢？华为通过引入熵的思维，保持和提升质量水平。质量生态体系是一种动态平衡体系。质量生态体系的自我调节机制使得系统保持动态平衡状态。当质量环境变化超过一定范围，或者系统本身产生了重大变化时，质量生态系统就会失去稳定和平衡。质量生态系统的自动调节能力和代偿功能是有一定限度的，超过这个限度就会打破平衡。生态阈值，就是这种变异或者波动可以达到的临界值。质量生态阈值代表质量环境的容量，或者说质量生态系统优胜劣汰、自我修复的能力范围。质量生态阈值的大小，取决于质量系统的成熟度，系统成熟度越高，阈值就越高；反之，结构越简单、功效越低下的质量系统对外界扰动的抵抗能力就越低，越容易失去平衡，产生质量崩溃。自然条件下，质量生态系统总是向着需求个性化、质量多样化、结构复杂化和功能完善化方向发展，直至质量系统达到最稳定的成熟状态。生态环境遭到破坏时，生物链高端的生物往往更容易受到影响。同样的道理，当质量生态环境发生危机或者巨变时，规模越大的企业风险越高。经济危机是质量系统稳定性和自我调节能力的检验器，危机就是危中有机，经济危机会淘汰质量较差的企业，质量好的企业更容易生存并在经济危机过后发展壮大。

熵减思维是灰度思维的升华

2013 年华为成为全球最大的通信设备商，任正非意识到，华为迟早会面临来自美国的严峻挑战。华为从西方学习和引进的现有企业管理理论和体系难以应对美国的严峻挑战。任正非开始引入熵理论，来思考下一个 30 年的新问题、新挑战。灰度哲学虽好，一般人却难以理解和运用。为了给华为全体员工以明确的方向指引，任正非将熵减、灰度、"无人区"、混沌理论等放在一起思考。他把熵理论蕴含的物理学、生物学和哲学理念直接引入企业管理，形成了华为独特的商业思想、企业文化和组织战略。

任正非认为"华为的最高目标是活着"。企业也是一种生命体，企业的自然规律是熵由低到高，从有序到混乱，只有以负熵为食才能保持发展动力。因而，华为的活力之源就来自熵减思维，熵增问题成为华为危机意识的重要视角。人的天性喜欢休闲和舒适，"以奋斗者为本、长期艰苦奋斗"的质量理念，就是要人们通过耗散做工来释放能量，以克服熵增问题。

熵减不会自动发生，但是熵增随着时间推移一定会自动发生。华为"以客户为中心、以奋斗者为本、长期艰苦奋斗"的价值观，反映了华为的组织活力，以及华为人的生命活力和创造力。华为组织能力强，是国际先进管理经验与国内企业管理实践紧密结合的结果。华为把美军作战经验、解放军作战经验等转化为企业商业竞争智慧，并通过员工虚拟持股和利益分享机制，打造了一支充满斗志和活力的队伍。华为激活组织活力的方法，就是用价值分配撬动价值创造。在组织结构上，华为采用全球能力中心的人才布局，并通过企业干部流动和平台赋能机制，提升整个企业的人力资源活力，实现组织激活和熵减的目的。

> 我把热力学第二定律从自然科学引入到社会科学中来，就是要拉开差距，由数千中坚力量带动15万人的队伍滚滚向前。我们要不断激活我们的队伍，防止"熵死"。我们决不允许出现组织"黑洞"，这个黑洞就是惰怠，不能让它吞噬了我们的光和热，吞噬了活力。
>
> ——《用乌龟精神，追上龙飞船》（任正非，2013年）

罗伯特·鲁宾在《在不确定的世界》一书中指出："我们处在一个不确定世界里，没有任何事情是确定的，任何决定都是或然性的。"在一个复杂的灰色世界里，会出现静态和动态的混合，管理者必须采取微妙的平衡方法。一个有水平的领导人必然是高瞻远瞩的，懂得未雨绸缪。企业经营就是与风险对抗，面对挑战，战略思想家的引领起着决定性的作用。任正非认为，美国的创新精神、创新机制和创新能力是非常值得学习的。熵减思维是应对质量不确定时代的一种最优选择，熵减就是激发组织活力，方向可以大致正确，组织必须充满活力。任正非创造性地把熵减思维引入企业管理，通过熵减激发组织活力，激发华为人的生命力与创造力，带领华为从偶然走向必然，从不可能走向可能。

华为活力引擎

熵减与华为活力引擎

为了更好地激发组织活力，确保质量水平，华为创造性地把熵减理论引入质量管理，并构建了华为活力引擎。熵减与华为活力模型如图 8-1 所示。

任何组织都逃脱不了这样的公式：活力 = 资源 × （空间 / 时间）^{2}。组织活力是个体活力之和。组织中人的活力是组织的灵魂。资源包括资本资源、技术资源、人才资源、市场资源和管理资源。资源与活力通过时空不断转换是组织运行的一般规律。时间是任何完美产品与组织的杀手。因此，如果时间足够长久，那么以往的胜利就都是烟云。

华为活力引擎是建立在开放的耗散结构基础上的。普利高津认为，耗散结构都是开放的，僵死的系统都是封闭的。耗散结构都是远离

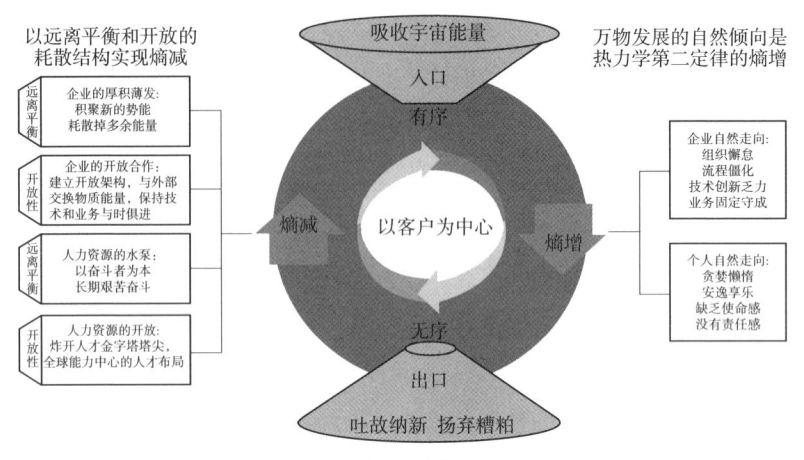

图 8-1 熵减与华为活力模型

平衡的系统。总体来说，"熵"的耗散结构有开放性、远离平衡、非线性三个基本特征。这实际上反映了熵减的两个规律：开放与非平衡。非线性从某种角度上，也可以看作是一种远离平衡的方式。企业组织既是一个远离平衡的结构，也具有开放生存与非线性发展的特征，符合耗散结构的定义。

华为作为一个生命组织，一个以客户为中心的耗散结构，长期坚持从企业整体战略高度进行熵减以激活组织活力。华为活力引擎能为客户创造价值，是判断有序无序、熵增熵减的标准和方向。一方面，华为通过开放合作、厚积薄发，倡导构建世界新秩序，形成共赢新规则。同时，持续学习西方国家工业化与流程化管理先进经验，炸开人才金字塔，形成从全球吸引优秀人才的新格局，提倡一杯咖啡吸收宇宙能量。另一方面，华为苦练内功，坚持以奋斗者为本、长期艰苦奋斗，通过聚焦主航道创新、简化流程、饱和攻击、自我批判、组建战略预备队等方式，积聚新的势能，耗散多余能量，保持组织躯体健康。

熵减与华为开放式创新系统

根据熵减理论，系统必须处于开放的环境中才能与外界进行能量交换，封闭了就带来熵增。面对百年未有之大变局，中国坚持改革开放，这符合增强经济社会活力的熵减规律。任正非一直批评华为的自主创新，因为自主创新就把华为变成了一个封闭系统，唯有开放合作才能真正促进华为发展。华为从企业文化上，就倡导开放的文化与思想，同样符合增强组织活力的熵减规律。任正非认为华为不开放就是死亡，因此强调一定要避免建立封闭系统，一定要建立一个开放的体系。如果不向美国人民学习他们的伟大，华为就永远战胜不了美国。在任正非开放文化和思想的指引下，华为构建了全面的开放式创新系统。

在技术创新上，华为坚持开放式创新并构建了全球协同的研发中心。任正非认为，只要坚持开放，就没有什么能阻挡华为前进的步伐。华为的优势不在于单项技术、单一创新能力，而在于集成整合基础上的综合创新能力。面对未来的不确定性，企业之间的竞争将会是产业链之间的竞争。只有与客户共同成长，持续为客户创造价值，形成商业生态圈，才能立于不败之地。

回到质量理念上，华为认为质量是一种生态，生命赖负熵为生，质量也赖负熵为生。质量生态体系是由不同质量主体构成的，不同主体之间的相互作用与相互影响形成了该质量生态体系的整体功能结构，质量主体之间存在竞争、控制、依附、共生和协同关系。华为通过开放合作，构建产业链、价值链、质量链的国际化生态新格局。"我们把主航道修得宽到你不可想象，主航道里面走的是各种各样的船。要开放合作，才可能实现这个目标。"

一个不开放的文化，不会努力地吸取别人的优点，逐渐就会被边缘化，是没有出路的。一个不开放的组织，迟早也会成为一潭死水。我们无论在产品开发上，还是在销售服务、供应管理、财务管理等方面都要开放地吸取别人的好东西，不要故步自封，不要过多地强调自我。创新是站在别人的肩膀上前进的，同时像海绵一样不断吸取别人的优秀成果，而并非封闭起来的"自主创新"。……华为开放就能永存，不开放就会昙花一现。

——《逐步加深理解"以客户为中心，以奋斗者为本"的企业文化》（任正非，2008年）

厚积薄发打造负熵流

自然万物都趋向从有序到无序，即熵值增加。而生命需要通过不断抵消其生活中产生的正熵，使自己维持在一个稳定而低的熵水平上。

——《生命是什么》（薛定谔，1944年）

华为通过厚积薄发打造负熵流，把企业多余的能量耗散掉，建立起新的企业发展势能，增强组织活力与创造力，为企业长远发展提供内生动力。这里的势能可以理解为技术研发、人力资源、组织变革、思想文化、战略资源、质量品牌等的积累与储备，是闯入"无人区"、构筑世界级竞争力的综合能力。科技进步是通过创新来实现的，创新的本质就是知识。厚积薄发首先表现在把物质财富持续密集地投入主航道创新领域。2022年之前的十年间华为累计投入9000多亿元进行科技研发，聚焦战略技术领域，多路径、多梯次持续密集地投入"范弗里特弹药量"。

华为厚积薄发还体现在不断引进国际管理经验，推动组织变革上。从1997年开始，华为累计花费数十亿美元咨询费，持续引进外部管理经验。IBM、埃森哲、美世、合益集团、波士顿咨询等国际咨询公司为华为提供了集成产品开发、集成财经服务、集成供应链、从线索到回款、从问题到解决等多方面流程与组织变革，使得华为的流程变革与组织创新不断进步，为华为成为世界级领先企业奠定了基础。

以奋斗者为本，而不是以人为本，是华为人的熵减视角。在任正非的视野中，政府提供公共产品，以人为本，服务全体人民；企业提供市场私有产品，以奋斗者为本，为客户创造价值。企业特别是民营高科技企业，以人为本就会失去发展动力，最终会熵死。民营企业的活力，很大程度上是受利益驱动的。企业经营机制说白了就是利益驱动机制，奋斗者得到合理回报，企业才能有持续的活力。华为激发组织与人的活力，就是用价值分配撬动价值创造。

华为100%员工虚拟持股是价值分配的制度基础。华为董事会的目标不是资本最大化，劳动所得与资本所得的比例大致保持在3∶1。华为通过让劳动者获得更多价值分配，让每个人在最佳时间，以最佳角色，做出最佳贡献，从而激发华为人的奋斗活力。华为推行的TUP（时间单位计划）制度五年期分红权，在有效激励员工的同时，保证了不养懒人。饱和配股、倾斜奋斗者、给火车头加满油等，都是熵减的做法。华为坚持不上市，避免了资本的短期利益导向干扰企业长期创新目标的实现。华为追求以客户为中心，通过"深淘滩，低作堰"，坚持组织变革与主航道创新。通过简化流程、饱和攻击、自我批判、聚焦主航道创新、炸开人才金字塔、组建战略预备队、优化人力资源、有效激活组织等手段，达到熵减的目的。

通过"日落法"简化流程。简化流程的目的就是对抗机构自我膨胀，警惕过度管理的趋势。华为"日落法"的核心内容是："每增加一个流程节点，要减少两个流程节点；每增加一个评审点，要减少两个评审点。"管理的本质是为了企业的成功，管理不能大于经营。企业经营大于管理才是正常的，管理大于经营企业就要走下坡路了。

激发组织活力，进行多路径、多梯次和饱和攻击。面对未来智能社会可能出现的大数据洪水，华为把主航道突破聚焦于构建低成本和低时延的网络宽带。未来发展方向只能大致正确，保持组织活力才是应对不确定未来的关键。华为已经进入"无人区"，"无人区"是没有人领路的，方向是不清晰的，所以只能采用多路径的方法来探索和试错。多梯次，是以用户为中心，以智能技术为基础，通过科学样机、商业样机、多场景化样机、全简化样机等4个梯队，来满足客户需求和潜在需求。饱和攻击，强调组织几千、几万人，对准一个"城墙口"进行突破。

坚持自我批判，把对制度的批判和批判的制度有机融合在一起，构建华为的自我纠错机制，并将这种制度规范化、流程化、科学化，主动求变，未雨绸缪。

炸开人才金字塔，组建战略预备队。华为通过炸开人才金字塔塔尖，在全球能力中心进行人才布局，打开各类人才的上升通道。华为在海外构建了几十个能力中心（外籍专家占比达90%），包括俄罗斯数学算法中心、法国美学研究中心、日本材料应用中心、德国工程制造中心、美国软件架构中心、加拿大智能应用中心等，网罗天下英才为华为所用。华为还组建了战略预备队，为未来培养领袖，加强跨部门人员流动。华为曾经搞过多次集体大辞职，超过千人被破格提拔，这些都是华为激活组织活力的方法。

> 万物生长是熵减，战略预备队循环流动是熵减，干部增加实践知识是熵减，破格提拔干部是熵减，在合理的年龄退休也是熵减……我们不能让惰息在公司生长。一周只有40个小时用于工作，是产生不了科学家、艺术家的。
>
> ——《在华为市场工作大会上的演讲》（任正非，2017年）

睿华视角：活力引擎模型与开放式创新

C理论的基本假设是，任何企业在发展过程中，都会经历多次技术范式转变期，该时期呈现非连续、非线性的演化特征，该过程充满了不确定性和挑战。诸多企业管理实践告诉我们，企业想要取得持续成功，需要持续面对不同范式转变期的不确定性和挑战，需要主动应对环境变化和自身发展中的各种问题。具体来说，企业需要通过对生命周期更替中范式转变的混沌和非线性、不确定性问题的管理，来抓住技术范式转变的机会窗口，实现非线性成长和超越追赶。

从C理论的视角来看，华为公司成功的关键，是任正非把熵、灰度和人性的理念直接引入企业管理中，把熵理论蕴含的物理学、生物学和哲学理念直接引入企业管理中，形成了华为独特的商业思想、企业文化和组织战略。华为熵减的管理思想是华为应对不确定性，抓住每次技术范式转变的机会窗口，实现非线性成长的核心思想。华为熵减有两个主要举措，一个是构建活力引擎模型，另一个是构建开放式创新系统。

根据C理论的研究和熵增理论，如果没有外力干涉，组织中的熵会持续增加，组织会趋于混乱状态，逐渐失去活力，直到组织彻底消亡。因此，组织要生存和发展，就必须通过主动做功来进行熵减，抵消熵增。为了达到熵减的目的，组织需要保持耗散结构，只有这样，才能够通过做功，耗散掉组织的"熵"。组织"熵"的耗散结构具有开放性、远离平衡、非线性三个基本特征。这实际上反映了熵减的两个规律：开放与非平衡。华为活力引擎模型就是华为耗散结构的升华。

组织活力是个体活力之和。华为活力引擎建立在开放的耗散结构基础上，其核心作用是通过激发个体活力来激活组织。"远离平衡""以客户为中心"和"开放性"，是华为活力引擎模型的三个核心要素。

"远离平衡"就是通过逆向做功，打破组织原有的平衡状态，使组织和组织中的个体之间产生差距和势能，从而产生新的动力，达到激活组织的目的。"以客户为中心"是激活的目的，是否能为客户创造价值，是判断组织有序或无序、熵减或熵增的标准和方向。"开放性"则确保了组织可以与外界交换能量，促进组织人员的流动和组织的成长。

具体而言，华为的活力激发实践分为三个层面：个体层面、团队层面、组织层面。个体层面通过坚持"长期艰苦奋斗"，避免个人的怠惰，从而激发个体效能。团队层面，通过"小前端、大平台、全营一杆枪"，避免团队的静态化，激发团队动能。组织层面，通过"多打粮食，增加土地肥力"目标的牵引，避免组织板结，激发组织势能。

华为熵减的另一个举措是构建开放式创新系统。根据熵减理论，系统必须处于开放的环境中才能与外界进行能量交换，封闭就会带来熵增。华为的开放式创新系统体现在多个维度。在企业文化上，华为倡导开放的文化与思想。在技术创新上，华为坚持开放式创新并构建了全球协同的研发中心。在生态构建上，华为通过开放合作，构建产业链、价值链、质量链的国际化生态新格局。任正非认为：华为开放就能永存，不开放就会昙花一现。

可以说华为成立后的30多年，是ICT领域快速发展的30多年，是技术范式窗口不断交替出现的30多年。正是在熵减的管理思想指导下，通过构建活力引擎模型和开放式创新系统，华为才能够应对一个个不确定性，抓住每次技术范式转变的机会窗口，实现非线性成长。

第三篇

华为质量战略与方法

质量是第一生产力,我们要坚持这样的路线。

——任正非

第 9 章 质量与战略

> 我司历经三十几年的战略假设是:"依托全球化平台,聚焦一切力量,攻击一个'城墙口',实施战略突破。"
> ——《星光不问赶路人》(任正非,2020 年)

全面质量管理

2015 年,任正非在公司质量工作汇报会上发表讲话,阐述了自己对全面质量管理的看法,认为质量观念要从小质量转变到大质量上来。

> 目前公司在质量问题上的认识,仍然聚焦在产品、技术、工程质量等领域,而我认为质量应该是一个更广泛的概念。我们沿着现在的这条路,要走向新领域的研究,建立起大质量管理体系。
> ——《在公司质量工作汇报会上的讲话》(任正非,2015 年)

任正非说的大质量体系,就是全面质量管理。对于国际一流企业,一定要从大质量视角来看质量战略，而不要从小质量视角把质量战略简单看作职能战略。一提到质量，人们马上就会想到产品质量，包括性能、寿命、可靠性和安全性，然后联想到研发、制造、供应等，这都是小质量概念。约瑟夫·朱兰认为，"小质量"将质量视为技术范畴，而大质量将质量与商业范畴联系在一起。他所说的大质量管理就是全面质量管理。

全面质量管理的概念最早是在20世纪60年代由费根堡姆提出的，是指组织以质量为中心，以全员参与为基础，通过顾客满意和本组织所有成员及社会受益来实现长期成功的管理途径。企业推行全面质量管理的关键是要做到"三全"，即全面、全员、全过程。全面是指质量管理的对象包括企业所有的生产经营活动。全员是指企业全体员工都要参与质量管理，并对产品质量各负其责。全过程是指要对从市场调研、研发设计、采购生产到用户服务的整个过程进行质量管理。全面质量管理的关键，就是要求企业一把手和高层管理人员改变原有的思维模式与工作习惯。

> 华为最重要的基础是质量，我们要从以产品、工程为中心的质量管理，扩展到涵盖公司各个方面的大质量管理体系。大质量管理体系需要介入到公司的思想建设、哲学建设、管理理论建设等方面，形成华为的质量文化。你们讲了很多"术"，我想讲讲"道"……如果公司从上到下没有建立这种大质量体系，你们所提出的严格要求则是不可靠的城墙，最终都会被推翻。
>
> ——《在公司质量工作汇报会上的讲话》（任正非，2015年）

早期规模较小时，华为的质量管理是小质量的概念，公司上下主要聚焦在产品质量与交付质量上。随着公司逐渐成长为世界一流企业，华为管理层发现，小质量的思维和理念已经无法满足客户需求和竞争需求。于是，公司开始关注大质量，关注大质量体系对提升企业竞争力的价值，并逐步把质量战略渗透到公司战略、所有组织部门与业务环节中。

质量战略

质量战略是企业最根本的战略

从优秀到卓越，中国企业已经走到一个从战略视角重新认识质量的拐点，实现了从中国制造到中国创造，从中国速度到中国质量，从中国产品到中国品牌的"三个转变"。现在，我们需要重新认识质量战略与企业战略的关系。很长一段时间，质量战略讨论停留在产品战略、职能部门或业务层面，最多由企业副总分管，现在必须把质量责任还给企业一把手。要建设中国质量高地，需要强化中国企业一把手的质量认识，把质量战略上升到企业顶级战略，并推动企业发展的动力变革、效率变革、质量变革。

质量卓越绩效模式

卓越绩效模式（Performance Excellence Model）是全面质量管理的标准化与规范化。1987年，美国以国家质量奖的名义，颁布了波多里奇卓越绩效评审标准。卓越绩效模式的核心是强化企业顾客导向意识，加强质量创新管理，追求经营绩效的卓越质量。如图9-1所示，卓越绩效模式的管理框架图由主动轮和从动轮两个三角组成。左侧的主动轮"领导三要素"包括领导作用、战略以及以顾客和市场为中心；右侧的从动轮"结果三要素"包括人力资源、过程管理及经营结果。"领导三要素"关注的是组织做正确的事和如何正确地做事，解决的是方向与战略的问题，这里的战略是质量视角下的公司整体战略。"结果三要素"关注的是调动组织中人的积极性、能动性和创造性等，解决的是效率与效果问题。两个轮子之间，通过测量、分析与知识管理连接。从图中可以看出，战略是质量卓越绩效模式的七大模块之一，质量是公司战略的基础。

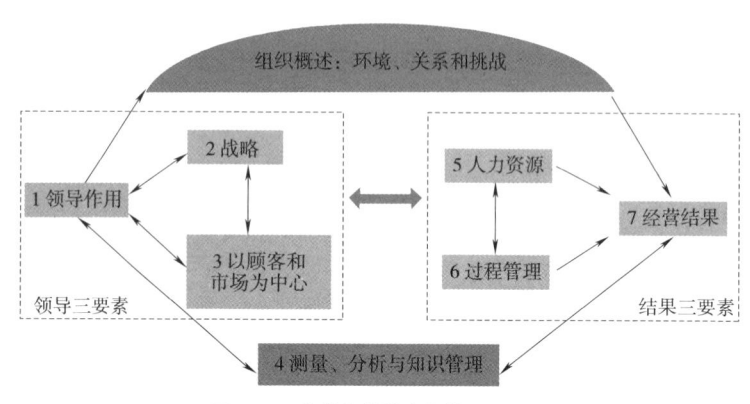

图 9-1 卓越绩效模式的管理框架图

质量是战略的核心

战略是一个组织从全局考虑谋划实现整体目标的规划，企业经营战略是企业在一定时期内，为实现其经营目标，谋求长期发展而做出的全局性、长远性的发展方向、目标、任务和政策的总和。企业战略管理的目的，就是要打造竞争优势，而质量是企业竞争优势的核心内容。质量管理体系作为预防性体系，是企业经营战略的重要组成部分。

质量战略是企业基于自身的质量竞争条件和所处的竞争环境，对质量做出的全局性、长远性、根本性的谋划。质量战略是企业的核心战略，对企业其他战略具有引领作用，需要镶嵌到企业其他战略中：品牌战略立足的基础是其产品与服务的质量；技术创新战略的目的是通过技术创新提高产品和服务的质量，从而提高客户满意度；价格战略是建立在质量基础之上的价格竞争优势。

华为质量战略转型

企业的质量战略转型总是伴随着企业战略转型,华为也不例外。华为有三次成功的战略转型,每次战略转型总能保持高质量产品与服务的输出,现在正经历第四次战略转型,如图9-2所示。

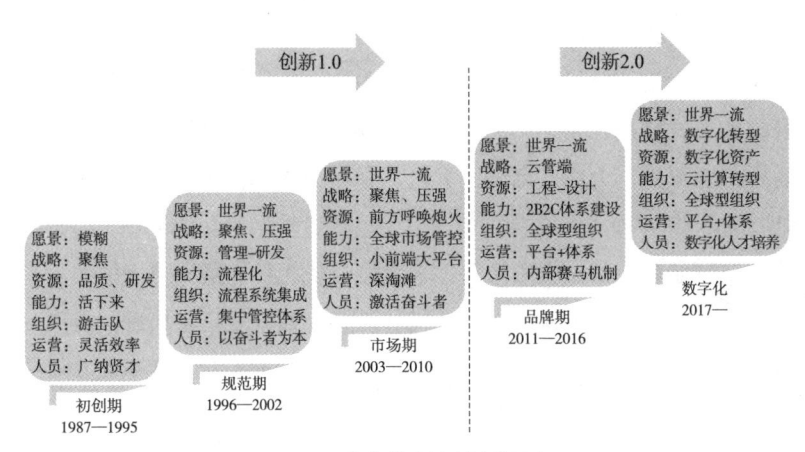

创新1.0

初创期 1987—1995
- 愿景:模糊
- 战略:聚焦
- 资源:品质、研发
- 能力:活下来
- 组织:游击队
- 运营:灵活效率
- 人员:广纳贤才

规范期 1996—2002
- 愿景:世界一流
- 战略:聚焦、压强
- 资源:管理-研发
- 能力:流程化
- 组织:流程系统集成
- 运营:集中管控体系
- 人员:以奋斗者为本

市场期 2003—2010
- 愿景:世界一流
- 战略:聚焦、压强
- 资源:前方呼唤炮火
- 能力:全球市场管控
- 组织:小前端大平台
- 运营:深海滩
- 人员:激活奋斗者

创新2.0

品牌期 2011—2016
- 愿景:世界一流
- 战略:云管端
- 资源:工程-设计
- 能力:2B2C体系建设
- 组织:全球型组织
- 运营:平台+体系
- 人员:内部赛马机制

数字化 2017—
- 愿景:世界一流
- 战略:数字化转型
- 资源:数字化资产
- 能力:云计算转型
- 组织:全球型组织
- 运营:平台+体系
- 人员:数字化人才培养

图9-2 华为战略转型演化路径

注:2B2C指面向企业和面向消费者

为什么华为的战略目标总是能够达成?华为质量战略成功的秘诀是什么?

华为从20世纪90年代开始搭上信息化产业革命的列车,主要依靠数学在电子技术上构建了优势,获得了产品与服务的成功。过去的30多年中,华为公司也曾出现过一些战略失误,但最后都通过战略转型成功走出了困境,并实现了高速发展。质量战略制定容易,难的是如何执行;质量目标口号上墙容易,难的是如何落地。华为质量战略落地靠的是文化、制度与流程。《华为质量管理手册》主要有三个版本:1996版、2006版、2015版。从这几个不同版本的质量管理手册可以看出,华为每次企业战略转型都伴随了质量战略转型。

第一次转型：从农村市场到城市市场

创业初期，华为选择了"农村包围城市"的发展战略。众所周知，华为是市场驱动型公司。从创立以来，华为始终强调：一定要做满足客户需求的产品和解决方案，永远以市场需求、客户需求为导向，不断牵引公司的研发方向。所以，华为在成立初期代理交换机业务的时候，就开始积极地进行技术开发，从一些小型交换机开始，慢慢地走上中型、大型交换机领域的自主研发道路。由于通信设备的技术复杂性高，研发周期长，在产品稳定性和品牌公信力不足的情况下，刚涉足通信领域的华为无法与国际大公司在城市等主流市场正面竞争，只能从农村市场切入。虽然面对的是要求相对较低的农村市场，但是华为从一开始就非常重视服务和客户满意。优越的性能和可靠的质量是通信产品竞争力的关键，华为任何一款产品在开发出来之后，首先要得到客户反馈，并据此不断完善与调整。就这样，华为逐渐在农村市场站稳脚跟，并逐步向城市通信市场渗透。

华为的质量管理最早是基于检测的质量管理。随着业务的发展，华为逐渐认识到产品质量存在于产品生命周期，包括研发设计、中试、制造、分销、服务和使用的所有阶段。1996年，华为提出公司的质量目标：技术上保持与世界潮流同步，创造性地设计、生产具有最佳性能价格比的产品，产品运行实现平均2000天无故障，从最细微的地方做起、充分保证用户各方面的要求得到满足，准确无误的交货期，完善的售后服务，细致的用户培训，真诚热情的订货与退货。同时，华为还明确公司的质量方针：树立品质超群的企业形象，全心全意地为顾客服务；在产品设计中构建质量；依合同规格生产；使用合格供应商；提供安全的工作环境；质量系统符合ISO 9001的要求。

根据1996版《华为质量管理手册》，这一阶段华为的质量战略明确要求：必须使产品生命周期全过程中影响产品质量的各种因素始终处于受控状态；必须实行全流程的、全体员工参加的全面质量管理，使公司有能力持续提供符合质量标准的产品。

第二次转型：从国内市场到全球市场

1998 年，集成产品开发、集成供应链管理等变革项目的启动和流程体系的建设和完善，大大提升了华为的研发管理、供应链管理能力，华为也随之开启了全新的全球竞争战略。当时全球 ICT 产业正处于从 1G 模拟通信到 2G 数字通信技术范式转变的阶段，华为抓住了通信数字化的机遇，登上了高速发展的列车。华为国际化战略的形成，主要基于以下几个重要因素：

1. 天花板效应。当时华为的产品，尤其是交换机产品在国内已经占据了主导地位，整个行业的国内市场也已经趋于饱和。依托国内市场实现快速增长的天花板已经出现，必须形成新的突破。这时，海外市场就成了华为的最佳选择。

2. 成熟的产品体系。经过十多年的发展，华为的交换机产品经过国内市场的检验和锤炼，已经非常成熟了，可以直接拿到海外进行销售。

3. 优秀的人才储备。在国内市场拓展的过程中，华为就非常注重人才的引进、培养和激励。到 2000 年左右，无论是在研发、生产、销售还是服务方面，华为都已经沉淀了一批优秀的人才，完全可以直接面向海外市场。

4. 管理体系的提升。《华为基本法》的确立，加上集成产品开发、集成供应链管理等流程体系的建设，使得华为公司上下思想逐渐统一，管理体系逐步完善，管理能力也得到了较大的提升，有了应对国际市场竞争和挑战的基础。

华为业务国际化的过程也是与全球的对手进行竞争的一个非常有效的手段。当时，一些国际巨头在中国市场上与华为形成了竞争。如果华为能够在国际市场上整合资源，并利用这些资源与国际巨头展开竞争，那么不仅可以分散华为在中国市场的竞争压力，同时也可以提高公司产品和解决方案的竞争力。所以，这次的战略转型，其实是华为重大决策的一部分，也是华为国际化的必由之路。

2006年前后，华为树立了以客户为中心、全员参与的质量文化，并明确了公司的质量目标：构筑优质的产品和服务，持续改进，追求卓越，成为业界最佳。同时，华为还进一步明确面向客户的质量方针：积极倾听客户需求，精心构建产品质量，真诚提供满意服务，时刻铭记为客户服务是华为存在的唯一理由。

根据2006版《华为质量管理手册》，这一阶段华为的质量战略主要包括以下方面的内容：瞄准业界最佳，倾听、理解和满足客户需求，持续提升客户满意度；提高全流程质量能力，一次把事情做好，降低质量损失成本，增加公司利润；持续推动质量管理在公司全业务、全流程、全地域的贯通，并实现与客户流程的无缝对接，逐步构建完整、高效、全球化的端到端质量管理体系架构；在保证卓越产品质量的前提下追求零偏差交付，力争达到业界最佳的项目周期和产品可用度。

第三次转型：由运营商业务向云管端一体化转型

华为的第三次战略转型，是从单纯面向运营商提供服务，转型到在运营商、企业、消费者三类不同的业务领域提供服务。由于这三个业务板块无论是客户属性、需要的技术、产品，还是内部运营流程和外部采购、服务流程的差异都非常大，所以当时全球没有任何一家公司敢于挑战同时面向这三个业务板块。

华为的战略规划一直颇具前瞻性，总是能够先于市场而动，并通过坚定的执行，最终实现战略目标。2011年，随着电信业务全球领先，华为业务增长面临天花板，急需寻求新的业务增长点。这时，电影《2012》给了任正非启发，他意识到未来信息爆炸会像洪水一样泛滥，华为要想在未来生存发展，就得建造自己的"挪亚方舟"。于是，华为做出战略调整，从电信运营商业务向企业业务、消费者业务领域延伸，推动云管端一体化战略，华为质量战略也随之做出新的调整。

根据 2015 版《华为质量管理手册》，这一阶段华为的质量战略主要包括以下方面：华为视质量为企业的生命；质量是我们价值主张和品牌形象的基石，也是我们建立长期及重要客户关系和客户黏性的基石；打造精品，反对低质低价；以最终用户体验为中心，从系统、产品、部件、过程 4 个维度构建结果质量、过程质量和商业环境口碑质量；借鉴德国、日本质量文化，与华为实际相结合，建设尊重规则流程、一次把事情做对、持续改进的质量文化；把客户需求与期望准确传递到全球合作伙伴并有效管理，与价值链共建高质量和可持续发展；尊重专业，倡导工匠精神，打造各领域世界级专家队伍；人人追求工作质量；不制造、不流出、不接受不符合要求的工作输出；不捂盖子、不推诿、不弄虚作假，基于事实决策和解决问题；落实管理者质量第一责任，基于流程构建质量保证体系，建设能适应未来发展的大质量管理体系。

2014 年，华为还提出"让华为成为 ICT 行业高质量的代名词"的质量目标，并提出新的质量方针：时刻铭记质量是华为生存的基石，是客户选择华为的理由；我们把客户需求与期望准确传递到华为整个价值链，共同构建质量；我们尊重规则流程，一次把事情做对；我们发挥全球员工潜能，持续改进；我们与客户一起平衡机会与风险，快速响应客户需求，实现可持续发展；华为承诺向客户提供高质量的产品、服务和解决方案，持续不断让客户体验到我们致力于为每个客户创造价值。

第四次转型：生态转型

克劳塞维茨在《战争论》一书中讲过："伟大的将军们，是在茫茫黑暗中，把自己的心拿出来点燃，用微光照亮队伍前行。"什么叫战略？就是能力要与目标匹配。华为在过去 30 多年的发展中，主要依托全球化平台，聚焦一切力量，持续攻击一个"城墙口"并取得战略突破。美国的封杀让华为意识到，未来的全球化竞争，会是全生态体系的竞争。为了在美国的竞争压力下能够持续活下去，而且活得更好，华为开始考虑通过战略收缩和生态重构，来打造未来的持续竞争力。一方面，进一步加大核心技术的研发投入。另一方面，通过5G技术、鸿蒙操作系统和Huawei Inside战略，构筑未来数字化生态体系，打造持续竞争力。这一阶段，华为对质量战略做出新的诠释：华为的愿景与使命是把数字世界带入每个人、每个家庭、每个组织，构建万物互联的智能世界；让无处不在的连接，成为人人平等的权利；让无所不及的智能，驱动新商业文明；所有的行业和组织，因强大的数字平台而变得敏捷、高效、生机勃勃；个性化的定制体验不再是少数人的特权，每一个人与生俱来的个性得到尊重，潜能得到充分的发挥和释放。

面向未来，华为公司在战略上依然会坚持以下观点：为客户服务是华为存在的唯一理由，客户需求是华为发展的原动力；质量好、服务好、运作成本低，优先满足客户需求，提升客户竞争力和盈利能力；持续管理变革，实现高效的流程化运作，确保端到端的优质交付；与友商共同发展，既是竞争对手，也是合作伙伴，共同创造良好的生存空间，共享价值链的利益。

按照企业生命周期理论，企业的发展会经历初创期、成长期、成熟期、卓越期（持续发展期）等不同阶段，最终走向衰退期。企业处在不同发展阶段，其对应的质量战略也会不同。企业生命周期前四个阶段的质量战略如图9-3所示。

华为质量战略中的PDCA思想
质量渊博知识系统SOPK

SOPK体系包括公司战略（strategy）、目标（objective）、策略与计划（plot & plan）以及关键绩效指标（KPI）四大部分内容，是一个从战略规划到执行的全方位、全流程战略管理体系，可用以指导公司

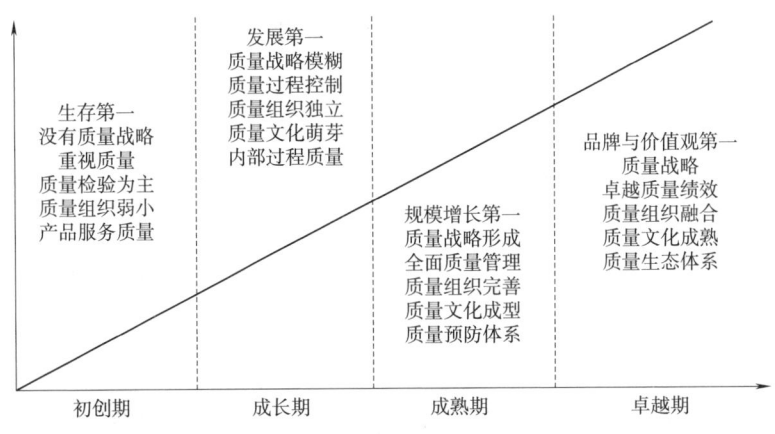

图 9-3　企业生命周期前四个阶段的质量战略

各级员工系统、科学地开展战略制定及战略执行工作,并能有效促进各级员工达成思想上的统一以及行动上的一致。SOPK 和战略规划的前提是战略洞察。从质量 PDCA 循环的角度来看,华为战略管理框架属于 SOPK 体系。如图 9-4 所示,华为的战略管理框架主要包括战略制定、战略展开、战略执行与监控和战略评估与改进四部分内容。

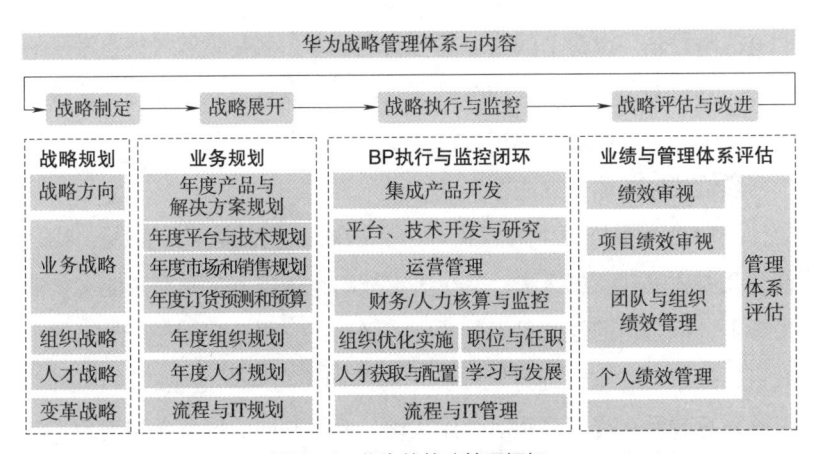

图 9-4　华为的战略管理框架

第 9 章　质量与战略　223

战略制定。战略就是企业为实现愿景和使命而进行的谋划,是基于全局和未来做出的有限资源下的权衡取舍,是动态地寻找自身定位的过程。企业的战略规划不只是业务层面的战略规划,还要通过对组织、人才、流程制度的战略规划,来确保企业整体战略的落地和实施。所以战略规划既要包括业务战略,也要包括所有支撑业务实现的职能战略,如组织战略、人才战略、变革战略等。企业战略规划通常是3~5年或更长期的战略规划,关注未来、价值转移及业务设计。

战略展开。战略展开是指企业的年度经营计划,是将中长期战略规划的各项内容逐年展开并落地实施的过程,是战略规划有效执行的方法和手段。战略展开更关注当年机会点及具体的行动措施和运营条件。

战略执行与监控。战略执行与监控环节,主要聚焦关键任务如何达成。战略执行阶段,华为采用业务执行力模型(Business Execution Model,BEM)对关键任务进行分解,并通过排兵布阵,为执行打下基础。业务执行力模型的核心,是对战略逐层逻辑解码,把年度经营计划拆解成可衡量的组织和个人关键绩效指标,分配资源并进行过程监控,必要时进行优化和调整,最终保证业绩目标的实现。

战略评估与改进。战略评估与改进环节,就是绩效考核与激励的过程。通过对组织和个人的战略绩效进行复盘和审视,综合性地进行绩效评估和考核激励,并进行持续改进。

质量战略的取舍方法

战略是有限资源下的权衡取舍,战略必须回答三个问题:我是谁、我要去哪儿、怎么去。文化决定战略,战略制定是在企业文化的指导下,把公司的经营目标分解到各级组织,再分解到每个员工的个人目标的过程,最终通过全体员工的共同努力实现企业的愿景目标。因此,只有所有员工都认同企业文化,遵循共同的价值观和理念,才能真正做到上下同欲、力出一孔。这样的战略才有生命力,才能最终确保企业愿景目标的实现。如图 9-5。

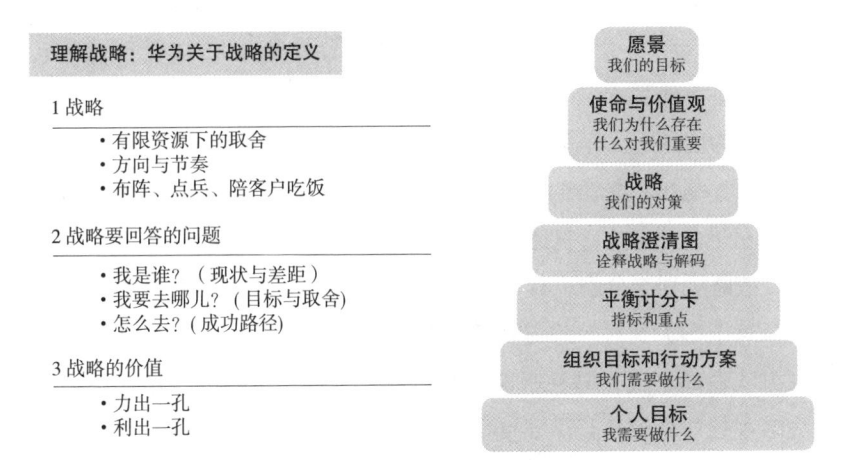

理解战略：华为关于战略的定义

1 战略
- 有限资源下的取舍
- 方向与节奏
- 布阵、点兵、陪客户吃饭

2 战略要回答的问题
- 我是谁？（现状与差距）
- 我要去哪儿？（目标与取舍）
- 怎么去？（成功路径）

3 战略的价值
- 力出一孔
- 利出一孔

愿景
我们的目标

使命与价值观
我们为什么存在
什么对我们重要

战略
我们的对策

战略澄清图
诠释战略与解码

平衡计分卡
指标和重点

组织目标和行动方案
我们需要做什么

个人目标
我需要做什么

图 9-5　华为质量战略认识与取舍方法

华为认为自己的成功是战略、人才、运营、创新和激励 5 个要素共同作用的结果，所以制定战略的时候，需要统筹考虑这 5 个方面，绝对不能割裂。

战略就是要做正确的事，是企业的方向和目标。华为从最初的运营商战略，到后来的云管端一体化协同战略，始终坚持以客户为中心，确保产品开发对准客户需求，做正确的事。

在人才方面，华为坚持让最明白的人在最合适的时间做最正确的事，并不惜在全球范围内重金"掠夺"优秀的人才资源。华为坚持以奋斗者为本，坚持自我批判的价值观，将向奋斗者倾斜的考核激励机制与末位淘汰机制相结合，打造了一支能持续艰苦奋斗的干部队伍。

华为通过建立流程型组织，完善矩阵管理，打破部门墙，建立任务型组织，并通过战略规划导向的预算管理机制，确保企业持续有效增长。

华为一方面通过聚焦战略和压强原则，持续高强度投入研发，构筑专利门槛，确保领导者地位。另一方面坚决反对自主创新，提倡开放式创新。通过与供应商、客户、友商联合共建创新中心，构建开放式创新生态体系。

华为倡导给火车头加满油和结果导向的激励制度。通过任职体系与绩效评测双轮驱动、短期激励和长期激励相结合、物质激励与精神激励相结合等方式，打造奋斗者文化，激发组织活力。

战略规划与分解工具

对于华为这样一个超大型跨国企业来说，其战略规划已经上升到方法论的层面，并在战略转型过程中发挥了重要的作用。华为的战略规划与分解执行主要使用两个模型：一个是"业务领导力模型"（Business Leadership Model，BLM），一个是"业务执行力模型"。

BLM 主要是用来把战略规划转化成可以执行的业务计划。BLM 的核心价值是为战略规划和业务规划提供统一的思维框架，确保战略、执行、价值观和领导力这 4 个核心要素在方向上保持一致。BLM 模型可以帮助管理层在制定与执行企业战略的过程中进行系统的思考、务实的分析、有效的资源调配和执行跟踪，确保战略目标的最终实现。

而 BEM 则是通过对战略逐层逻辑解码，导出可衡量和管理的战略 KPI，以及可执行的重点工作和改进项目，并采用系统有效的运营管理方法，确保战略目标达成。BEM 的主要内容包括关键任务分解、组织架构设计、人才与关键能力获取、企业文化和员工激励等。

通过 BLM 和 BEM 方法，企业可以把质量方法 PDCA 融入企业的战略到执行体系中，用数据说话，将战略解码为可操作落地的行动，并通过规范的改进达成目标。

华为的五年滚动战略规划其实是一个体系，是在产业、区域、客户群 3 个层面分别进行各自的五年滚动战略规划，并通过互锁来管理华为全球170多个国家和地区的20万员工与业务。五年滚动战略规划在保证华为大方向正确的同时，确保短期不会跑偏。比如在五年滚动战略规划和当年商业计划互锁的方法论下，华为当年没有加入小灵通的市场竞争。在五年滚动战略规划中，对未来的判断通常会落实到几个场景里，对每个场景再组织专题研讨会。刚开始实施五年滚动战略规划时，华为发现其业务部门战略从制定到落地缺少保障，人力资源与业务连接不够紧密，在制定战略时，人力资源不被邀请，这些问题使得华为的五年滚动战略规划执行起来略有滞后。直到2005年，在销服体系和IBM合作领导力项目的时候，华为才发现IBM的BLM工具可以弥补上述问题。于是华为将IBM的BLM模型引入研发并推广。并将质量战略"五看三定"，与华为年度战略规划和业务规划结合起来。

从2004年开始实施五年战略规划以来，华为坚持每年对五年战略规划重新滚动，并与当年的商业计划互锁，保证从战略层面对长期目标的关注以及对短期目标的聚焦。

质量战略"五看三定"

质量战略作为企业顶级战略，核心就是将质量目标放在企业战略规划之中，作为战略制定的一个内在要求进行考虑。30多年来，华为在质量战略制定过程中有许多的模型和方法，其中"五看三定"一直是华为坚持使用的方法之一。

"五看三定"模型是一套非常系统的思考方法，属于SOPK体系，常被用来服务于组织战略、目标计划、产品规划和解决方案，如图9-6。"五看三定"战略在很大程度上，帮助华为看清自身在市场竞争中的优势，确定华为质量发展的目标与路径。"五看"是由外及内、由表及里，层层抽丝剥茧展开的，能够确保战略制定的时候考虑周全，战略执行的时候全力以赴。

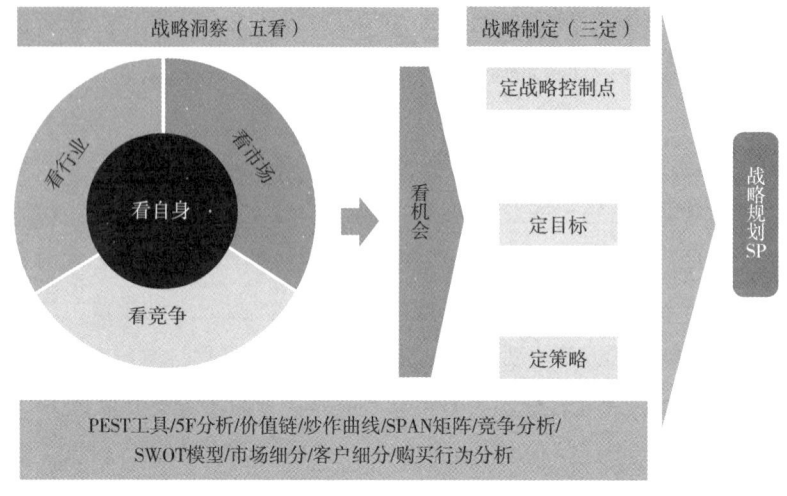

图9-6 质量战略"五看三定"[①]

看行业：主要从宏观角度，对行业与趋势进行洞察。目的是了解政治、经济、社会、文化等国家层面的政策变化及发展趋势会带来什么样的行业机会和方向，以便在制定企业战略和业务目标时，能够顺应趋势，顺势而为。

看市场：主要是通过对市场和客户的洞察，明确自身的市场定位、业务范围、客户痛点，并从中寻求新的战略机会点。

华为的海外战略向来有着清晰的规划。华为国际化海外第一站，是俄罗斯。华为在俄罗斯的野心由来已久。早在1994年，华为就曾派代表团访问俄罗斯，此后双方互访数次，但直到1998年，合作未有任何进展。1999年，任正非给俄罗斯代表处下了死命令。死命令换来的是俄罗斯市场零的突破。当时，客户购买了国外厂商的设备，但是当设备需要维修时，国外厂商的售后服务跟不上。于是华为抓住

---

① PEST 为宏观环境分析的经典模型，指政治（politics）、经济（economy）、社会（society）、技术（technology）。SWOT 模型指基于内外部竞争环境和竞争条件的态势分析模型。——编者注

228　不确定时代的质量管理

机会，帮客户进行了售后服务，收取了 38 美元的零件成本和维修费，实现了零的突破，并就此打开了合作的大门。随后的几年，华为在俄罗斯市场取得的成绩令人瞩目，2001 年华为在俄销售额突破 1 亿美元。

看竞争：在商业竞争中，企业想要长久存活下去，需要清楚地了解他们的竞争对手，并取长补短。对于强大的竞争对手，不能只关注它们的产品，需要对其进行全方位的分析，这样一方面可以取长补短，更重要的是，可以找到自己差异化的竞争机会和竞争点。

当年华为无线扩展到中国发 3G 牌照的时候，华为做了安徽移动的采购、运维、营销主管等人的工作，希望可以打败爱立信。结果爱立信找到安徽移动总经理，说安徽移动在做人力资源咨询，而爱立信拥有全球顶尖的人力资源咨询团队，爱立信可以给安徽移动提供免费的人力资源咨询服务。结果这些安徽移动的岗位说明书，全是爱立信做的。可想而知，安徽移动的无线业务被爱立信做成了，华为被爱立信打得丢盔弃甲。华为后来也学会了这个方法，用这个方法在南非把竞争对手打败了。这个案例告诉我们质量定义的广泛性，质量不仅仅是指产品本身，还包括服务、过程、体系等很多影响因素。

看自身：企业在系统洞察客户与竞争对手的基础上，还要更好地发掘自身的优势，并弥补内在的不足。具体可以通过商业画布或者 SWOT 分析模型，找到自己的优势、劣势、机会和威胁，从而明确企业的挑战与机遇，并制定相应的应对措施。

看机会：主要是通过分析市场机会和企业的竞争力来寻找未来的投资机会。判断机会的优先级有三个层次。第一层为市场空间，小灵通业务空间有限，属于华为坚决放弃的市场。第二层为增长速度，市场增长速度越快，机会越多，成长性越好，华为偏向寻求快速增长的市场。第三层为利润，对于毛利率很低的市场，华为一般不考虑参与。

定战略控制点：战略控制点可以简单理解成一种不易构建，但也不易被模仿、不易被超越的中长期的竞争力，有的叫作"卡位"，你设定一定的门槛，让别人进不来。战略控制点有不同的层级。最简单的战略控制点叫作"10%~20%的成本优势"，往上是功能、性能、品质、技术、品牌、客户关系的领先，绝对的市场份额，价值链的控制等，最高级别的战略控制点是拥有标准或者拥有专利组合。

定目标：企业经营的全方位的目标，不仅包括销售、订单的目标，还要包括研发、生产、供应链、内部管理的目标，通过平衡计分卡进行分解。

定策略：当定位和路线清晰了，策略就是要解决战术的问题。各种策略形成一个系统，形成一个走向胜利的系统，就能实现用过程的规范性保证结果的确定性。

质量战略解码与执行

质量战略落地的关键，就是将质量目标融入战略解码与执行中。确定质量目标以后，如何将质量融入企业总体战略中，实现质量目标的分解与落地，是考验所有企业的难题。华为战略管理的流程框架DSTE（Develop Strategy to Execution），以年度为视角，对从市场到职能、从组织到个人的动作和职责都进行了明确。战略DSTE流程，包含战略规划、年度业务计划与预算、管理执行与监控。质量业务就包含在战略目标分解过程中。

战略规划

华为公司的战略规划是3~5年期的中长期规划，相对宏观，每年会滚动审视和修订一次。战略规划来自市场洞察与战略指引，通过识别战略问题、进行战略专题研究，借助业务领先模型BLM，确立集团层面的战略规划。集团战略规划批准以后，再进一步导出战略衡量指标、签署战略归档文件，制定 KPI 指标。

战略是不能被授权的，领导力贯穿战略制定与执行的全过程。战略就是方向选择，选好方向之后领导力至关重要，战略管理的核心是带领全体员工向同一个战略目标前进。质量战略体现战略规划的范围和职责，跨产品线或功能领域的质量改进项目由公司质量管理团队统一规划，各产品线、功能领域负责规划本领域的质量管理工作并在本产品线或功能领域评审通过，提交公司质量管理团队评审。

战略管理最重要的就是逻辑和闭环。战略决策需要科学管理，需要建立在正确的逻辑基础上，战略制定需要以数据和事实为依据。战略执行在于闭环，一个环节没有搞定，就不进入下一个环节，这取决于战略执行力。战略执行力是指通过一套有效的系统、组织、文化和行动计划管理方法等把战略决策转化为结果的能力。

业务规划与质量战略分解

华为每年会在战略规划的基础上，制定当年的业务规划。从战略规划到业务规划的过程称为战略解码，其核心作用是通过年度经营计划，分阶段实现企业的中长期战略目标。通常，年度经营计划包括公司年度经营计划、事业部年度经营计划、职能部门年度经营计划。年度经营计划最终会通过目标分解和 KPI 传递，落实到下层组织年度规划和预算，再到个人年度工作计划及 KPI。

战略对齐到落地

业务规划制定与执行紧密接合，业务规划重在落地结果，以结果为导向，进行质量目标的分解与执行。通过战略解码，能够帮助执行层理解战略并找到战略与自身价值的关系，进而把业务规划层层分解为 KPI，落实到部门与个人，进行个人绩效承诺（Personal Business Commitment，PBC）的沟通与签署。战略解码与战术地图如图 9-7 所示。计划要和资源相匹配，通过制定全面预算、人力预算、财务资源

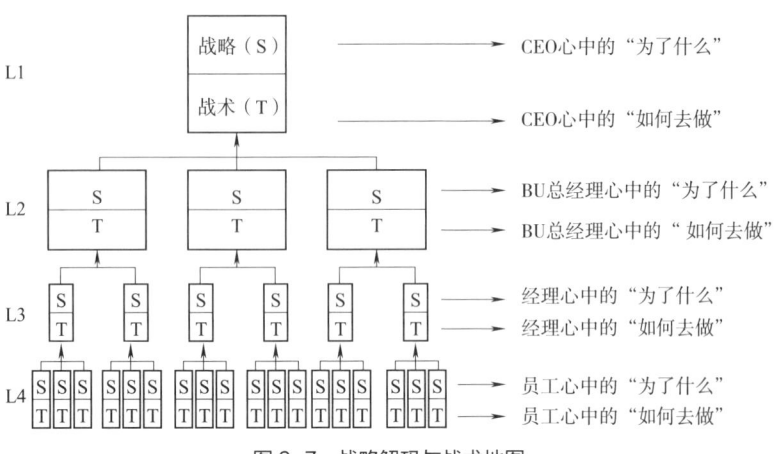

图 9-7 战略解码与战术地图

预算,把各种资源合理配置到业务一线。在执行中,还需要通过定期与不定期盘点和总结质量战略执行与落实情况,在持续复盘和组织学习中不断优化完善。过程的有效性直接取决于公司各级人员的意识、能力和主动精神。

年度质量业务规划

质量规划分为年度规划和年中审视两部分。公司质量管理团队、产品线质量部门和各功能领域每年年初完成年度质量规划。在质量体系的规划中,华为将客户需求和供应商需求作为质量体系规划输入的一部分,通过客户关系管理流程调查和了解客户的需求、供应商认证、新物料选型等相关流程了解供方需求。

公司质量管理团队年度规划输入材料包括但不限于:公司质量管理团队 KPI 目标完成情况,公司客户满意度调查结果,网上问题趋势分析,年度规划项目完成情况,质量管理团队月度例会遗留问题解决情况,公司总体经营策略、IRB(投资评审委员会)制定的策略和方向。公司质量管理团队年度规划的输出为公司质量管理团队质量工作总结和工作规划。

产品线或职能部门年度规划输入材料包括但不限于：公司质量管理团队年度工作重点，产品线或部门质量KPI目标完成情况，网上问题趋势分析，年度规划重点工作完成情况，公司总体经营策略、产品线或职能部门策略和方向。产品线或职能部门年度规划的输出为各产品线或职能部门质量工作总结和工作规划。

质量战略分解与质量改进

华为通过战略解码和战略承接，将组织目标与个人目标结盟。华为的质量管理是通过组织内各职能各层级人员参与产品实现及支持过程来实施的。公司高层组织制定质量目标，并将关键的质量指标分配到公司各层管理者的个人绩效承诺考核中。

华为还定期对质量管理体系进行管理评审，以确保其持续的适宜性、完整性和有效性。华为通过建立必要的质量管理团队和部门来分层、分业务、分产品管理质量，并为各种有效的质量改进项目提供人、财、物的支持。华为高层管理者对质量体系建设高度重视，负责制定公司的质量方针，任命质量管理者代表，代表公司高层行使管理质量的权责，并亲自参与到重大的质量改进项目中。

华为公司要求从高层到基层，全体员工都参与到全面质量管理中。对于公司高层领导，主要通过指标/目标来牵引，使其积极参与到质量改善活动中去；中层干部起着承上启下的作用，一方面要落实公司高层的任务，承担分解的指标/目标，另一方面要发动组织基层员工进行改进，通过专项质量改进（攻关）、六西格玛活动等，不断改进产品质量和过程质量；对于基层员工，公司强调立足于本岗位，点滴改进，"小改进，大奖励"，通过合理建议、品管圈（QCC）等活动，引导员工自发进行质量的改进。

质量战略融入业务战略

华为的质量战略通过有效融入业务战略，以及各主要业务流程的执行得以实现。华为业务流程架构核心业务领域包括：战略规划与营销、集成产品开发、客户关系管理（含 CS 非工程实施部分）和集成供应链（含 CS 的工程实施部分）。华为质量战略与业务战略的关系如图 9-8 所示。

（1）在战略规划与营销业务中，为了确保及时满足客户的需求，华为对需求建立了跟踪机制，并在实现活动完毕后增加了对需求实现的验证；对制订出来的业务计划，定期评估其执行的绩效，发现问题及时调整。

（2）在集成产品开发业务中，华为设立有4个决策评审点和7个技术评审点。开发各阶段有评审和测试活动，确保产品开发成功。在生命周期管理阶段，收集网上反馈的问题，及时分析改进，使产品充分满足客户需求。

（3）在客户关系管理中，华为的宣传介绍材料须经过正式的开发和评审，确保产品描述准确无误。在招投标上华为采用项目管理的方式，确保方案的准确性和承诺的可行性。在客户服务中，在技术支持和网上问题管理活动中设置相应的评审环节，按照集成产品开发的模式开发培训课程和材料。

（4）在集成供应链业务中，华为对供应商进行认证和管理，并对采购原材料进行检验，来保证生产原材料的质量。在生产制造过程中，通过在线检验、设备自动化检验、组装检验和包装发货检验等确保了产品制造质量和交付质量。在工程安装及服务交付过程中，华为应用工程项目管理模式来管理工程的质量，对工程分包商进行认证和管理，同时进行客户培训以确保工程和服务的质量。

（5）除了对具体业务进行质量管理，华为还对整个质量体系的充分性、有效性和适宜性进行管理，包括进行质量体系的内部审计、外部审计、管理评审活动，以及传递质量文化、引入新的工程方法、对质量改进技术进行质量能力的分析和持续改进等。

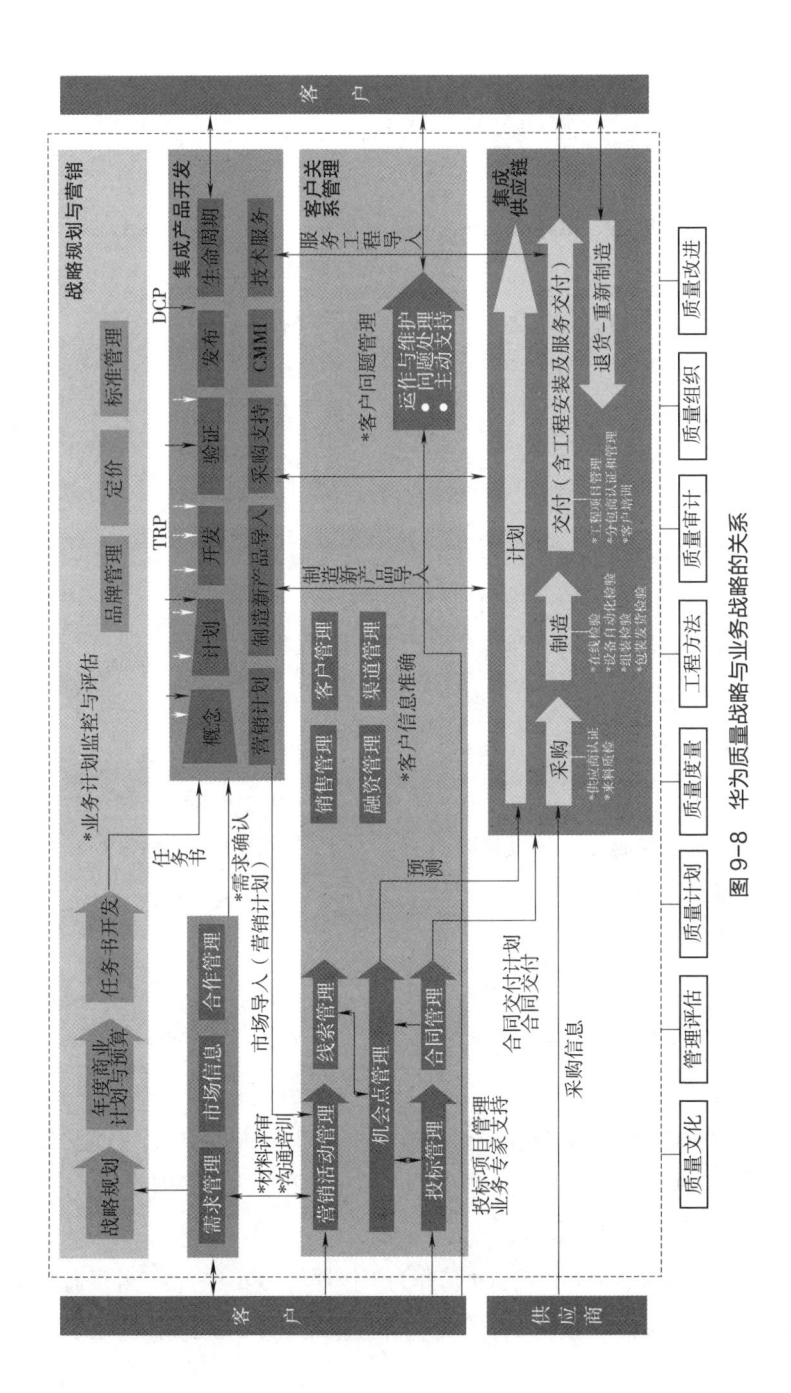

图 9-8 华为质量战略与业务战略的关系

第 9 章 质量与战略

战略执行

华为认为战略的本质就是发现与满足客户需求。客户需求分为真需求和伪需求。企业的发展趋势是随着市场、技术、产业链和环境变化而逐渐明朗的，战略也是从混沌逐渐到清晰的。客户真正的核心需求，也是企业在不断纵深接触客户的过程中，逐渐发现和识别出来的。战略与执行日趋成为一个整体，或者两者的边界日渐模糊，两者之间的链条必须尽量缩短。战略最终要靠执行力支撑，在执行过程中不断试错纠错，才能探明企业战略的最终方向。华为自始至终的战略就是执行力取胜战略。华为是在战略执行中学会战略规划的。

> 执行力的意义远远大过"战略和创新"。任总总说华为没有战略，如果有的话也就是"活下去"，从传统概念上理解，基本是事实。而往深一层再看，我们心里非常清楚，体会也很真切，华为自始至终的战略就是执行力取胜战略，或是核心竞争力战略。华为没有可以依赖的自然资源，唯有在人的头脑中挖掘出大油田、大森林、大煤矿……什么是大油田、大森林、大煤矿？如何挖？关键是人才及其执行力，人才的关键就是机制，机制是整个体系顶层设计的原点。从最坚实的原点出发，来打造具有超强学习力和执行力的组织，即学习型的卓越组织。
>
> ——《华为执行力的意义远远大过"战略和创新"》
> （费敏，2018年）

费敏认为，企业最核心的是基于实践的专门知识，它大部分不在战略里，基本都在执行里。战略的本质是回答"为客户创造什么价值"（What），执行的本质是"全力为客户创造价值"（How）。华为的做法是把满足客户需求、为客户创造价值作为工作评价的第一标准，并以此为公理、公约、原点，打造华为自带发动机的有强大学习能力和执行力的组织。

质量内控与质量审计

质量内控

> 一个组织要有铁的纪律,没有铁的纪律就没有持续发展的力量。公司不因为腐败而不发展,也不因为发展而宽容腐败。公司发展得越快,管理覆盖就越不足,暂时的漏洞也会越多。
>
> ——《在监管体系座谈会上的讲话》(任正非,2016年)

截至 2019 年,华为已经拥有 19.4 万名员工,业务遍及 170 多个国家和地区,服务 30 多亿人口,成为全球领先的信息与通信基础设施和智能终端提供商。随着业务规模及业务复杂度的不断增加,尤其是全球业务的持续增长,华为所面临的内外部风险也在逐步增加,因而华为越来越认识到,如果没有内部控制体系的支持,企业不仅不能做大,利润不会增加,还可能由于效率低下和徇私舞弊而增加损失。内部控制体系就像是企业经营管理中的"红绿灯",没有人希望受到它的限制,但是没有"红绿灯"的指示,整个企业可能陷入一片混乱。在认识到内部控制系统重要性和必要性的基础上,华为在 IBM 的帮助下逐步建立并完善了由流程责任制、风险监管体系、内部审计制度三道防线构成的内部控制体系,确保了在内外合规的基础上多打粮食、增强土地肥力,有力地支撑了华为的商业成功与持续发展。华为的内部控制三层防线如图 9-9 所示。

第一层防线,业务主管/流程负责人,是内控的第一责任人,在流程中形成内控意识和能力,不仅要做到流程的环节遵从,还要做到流程的实质遵从。流程的实质遵从,就是行权质量。落实流程责任制,流程负责人/业务管理者要真正承担内控和风险监管的责任,95%的风险要在流程化作业中解决。业务主管必须具备两种能力,一种是创

图9-9 华为的内部控制三层防线

造价值的能力,另一种就是做好内控的能力。

第二层防线,内控及风险监管的行业部门,针对跨流程、跨领域的高风险事项进行拉通管理,既要负责方法论的建设及推广,也要做好各个层级的赋能。稽查体系聚焦事中,是业务主管的帮手,不要越俎代庖,业务主管仍是管理的责任人,稽查体系要帮助业务主管成熟地管理好自己的业务,发现问题、推动问题改进、有效闭环问题。稽查和内控的作用是在帮助业务完成流程化作业的过程中实现监管。内控的责任不是在稽查部,也不是在内控部,这点一定要明确。

第三层防线,内部审计部是"司法部队",通过独立评估和事后调查建立冷威慑。冷威慑,就是让大家都不要做坏事,也不敢做坏事。审计抓住一个缝子,就不依不饶地深查到底,碰到有其他的大问题也暂时不管,沿着这个小问题把风险查清、查透。一个是纵向的,一个是横向的,没有规律,不按大小来排队,抓住什么就查什么。

质量审计

内部审计制度

内部审计制度作为华为内控体系的第三层防线,其核心作用是通过独立评估和事后调查建立起冷威慑。内部审计部是"司法部队",独立于业务及流程之外,行使对公司内控体系进行独立评估的职能:

在财务进行业务计划、预算、核算管理的基础上，通过审计确认业务的真实性和正确性，确保有利于"多产粮食"。华为在政策收紧的同时开放自我申报政策，体现出了宽严相济、治病救人的原则。一方面坚持无罪论定，没有证据不能随便伤害一个干部；另一方面，又本着实事求是的原则，坚持把员工的"功"和"过"区分开来，分别进行处理。

通过内部审计、风险监管、流程责任三层防线，建立起点、线、面有机结合的内部控制体系，以确保内外合规多打粮，支撑起了华为的商业成功与持续发展。审计关注"点"的问题，通过对个案的处理建立威慑力量。监管无处不在，关注"线"的问题，与业务一同端到端地管理，揭示并防范端到端的风险。流程责任关注"面"的问题，持续建立良好的道德遵从环境，建立一个"场"的监管。

质量评审与测量

（1）质量管理评审：华为的最高管理者在每年的年底至下一年的年初，需要对质量管理体系进行一次全面的评审，以确保其持续的适宜性、完整性和有效性。公司质量管理部负责管理评审的组织开展、保存管理评审资料及过程的记录、跟踪落实管理评审的改进要求。

（2）质量体系文件管理：华为的质量管理体系文件以金字塔的形状进行组织，如图 9-10 所示。从上至下第一层是质量方针，第二层是质量管理手册和业务流程框架，第三层是各业务领域的流程文件，包括流程和支持流程运作的指导书、标准、规范、模板、表单等，第四层是流程运作的结果记录。

（3）质量测评体系架构：华为质量测评体系架构如图 9-11 所示。第一层是客户满意度指标；第二层是反映产品应用、技术服务、生产交付三个方面全流程的面向结果的指标，支持客户满意度指标的提升和改进；第三层是针对各业务过程的指标，这些重点关注的过程质量保证全流程结果指标的实现。

图 9-10　华为质量管理体系文件

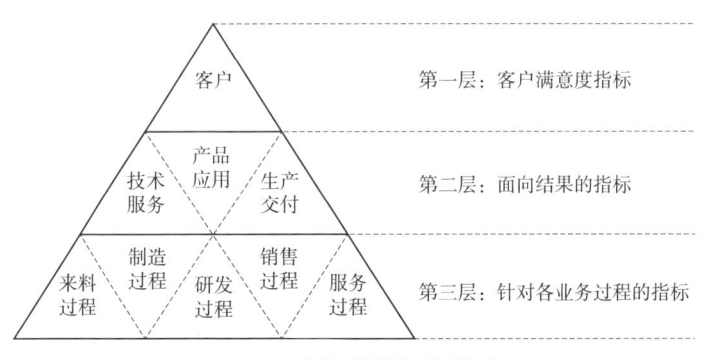

图 9-11　华为质量测评体系架构

睿华视角：非线性成长与质量战略选择

C 理论研究的核心是企业在范式转变期的创新战略选择问题，即在面临不同的机会窗口时，企业如何从战略上进行调整，以适应技术范式的转变，并抓住不同的机会窗口，实现企业的非线性成长和超越追赶。

C 理论在对华为的跟踪研究中发现，华为质量体系发展的历程，与企业战略转型和行业技术范式转变之间存在对应关系，即华为的每次质量体系转型升级，都对应了某阶段的企业战略转型，而企业战略转型的原因，则是华为所在的 ICT 行业出现了技术范式转变的机会窗口，新的技术范式驱动企业做出相应的战略调整以适应新技术范式的发展需要。

从有线到无线的机会窗口

创业初期，华为作为后发企业，主要以模仿国外的技术和产品为主。初创期的华为具有明显的后发劣势，在技术积累、品牌形象、产品质量、资金实力等方面，都无法与国际一流企业正面竞争，只能一边通过小型用户交换机 PBX 在农村等非主流市场寻找机会，一边通过在干中学，积累技术和打磨产品。很快，华为迎来了通信领域从模拟信号到数字信号转换的技术范式窗口。华为随即通过快速的战略决策、技术攻坚和产品创新，于 1993 年成功推出 C&C08 数字程控交换机。此款产品优越的性价比加上华为快速优质的售后服务，很快就在市场上获得了普遍认可，也大大缩短了华为与国际竞争对手的产品和技术差距。1997 年，华为进一步推出无线 GSM 解决方案，并于 1998 年开始进军城市市场。

创业初期，华为可以说没有质量战略，对质量的管理也仅仅是依赖事后的质量检测。正是这一次从农村市场到城市市场的战略转型，以及随之而来的业绩快速增长，倒逼华为开始重视质量问题。1998 年，华为引入集成产品开发、集成供应链管理等流程变革，并开始构建基于流程的质量体系 1.0。

UMTS 等移动宽带技术的快速发展

随着集成产品开发、集成供应链管理等流程变革的推进，华为的产品体系、交付能力、内部管理体系日渐完善。随后的技术进步又促使华为开始向国际市场寻求更大的发展空间。华为的第二次战略转型，是在 3G UMTS 移动宽带技术快速发展下，从国内市场转向国际市场的战略过程。

在国际业务快速增长的阶段,国际客户的高质量标准要求,促使华为从战略层面关注产品、服务、流程与交付的质量问题,质量战略成为华为公司的职能战略,质量组织与质量责任融入研发、生产、供应、售后服务等具体业务部门和工作环节中,此阶段华为的质量管理以统计过程控制为主,并持续进行产品和服务质量改进,以满足国际一流客户的质量要求。

通信领域新技术集中涌现

过去的30多年,是全球通信领域技术快速发展的30多年,多种创新技术范式集中涌现。华为的战略规划一直具有前瞻性,多年来始终坚持通过高额研发投入确保技术的领先性,并能坚持随着技术范式的转变快速进行战略方向的调整和业务布局的调整,从而抓住每一个技术窗口期,实现非线性成长。2009年,华为成功交付全球首个LTE/EPC商用网络。2011年,华为发布GigaSite解决方案和面向IP视频和云的下一代网络架构U2net,并投入建设20个云计算数据中心。同年,受电影《2012》的启发,华为成立了"2012实验室",开始大力投入基础技术研究。随着通信技术的快速进步,华为再次对业务战略做出调整,从电信运营商业务向企业业务、消费者业务领域延伸,并逐渐构建云管端一体化业务战略。

华为通过抓住一个个技术范式窗口期,实现了业务的快速增长和技术的快速进步和积累。随着业务规模的大幅提升,华为形成了以客户为中心的质量战略和质量文化,质量战略嵌入公司的经营战略之中,并逐渐构建了全面质量管理体系。质量管理更加以客户为中心,不再是由内向外看质量,而是转向从客户视角审视系统、产品、部件、过程的质量问题。

从 4G 到 5G 的技术窗口

经过多年持续高强度的研发投入,华为依托全球化平台和聚焦战略,在 4G、5G 技术方面取得了突破,成为世界通信行业领先企业,率先推出 5G 商用技术,5G 专利数量领先全球。华为在 5G 技术上的绝对领先,使得美国开始在全球范围内封杀华为。美国的封杀让华为认识到,未来的全球化竞争一定是全生态体系的竞争。于是,华为开始构建数字化生态体系。华为一方面继续加大核心技术的研发投入,另一方面通过 5G 技术、鸿蒙操作系统、Huawei Inside 战略,构建未来数字化生态体系,持续打造核心竞争力。

当企业追求国际一流标准时,卓越质量强调质量经营而不是质量管理。这时,质量战略成为企业整体战略的重要组成部分。质量成为企业战略规划的前置条件和内在要求,质量管理更加关注品牌、价值观与质量生态体系建设。华为开始围绕 5G 和数字化转型,构建数字化生态体系。

数字化时代,华为对质量战略做出新的诠释:华为的愿景与使命是把数字世界带入每个人、每个家庭、每个组织,构建万物互联的智能世界,让无处不在的连接,成为人人平等的权利。面向未来,相信华为在战略上依然会坚持以客户为中心,以质量为中心。

第 10 章　质量与数字化

数字化时代，任何一个企业都无法独善其身，企业只有两个选择，要么参与生态，要么主导生态，没有其他选择。只有融入、参与或主导健康生态，才可以更好地发展、更好地抓住机会。最后实现智能的运营。充分利用大数据、人工智能技术，使得整个企业实现自动化决策、智慧化决策，提升决策的效率和质量。数字化的组织未来应该达到的目标，是我们要持续不断讨论和探索的课题。只有进一步把数字化企业或者数字化组织的目标定义清楚了，走向目标的过程中才会有清晰的方向，从而少犯错误。

——《华为战略是做多连接、撑大管道、使能行业数字化》

（徐直军，2017 年）

质量数字化是思维巨变

数字经济时代质量的主要矛盾变了，数字要素、数字流程、数字规则、数字环境深刻改变了质量思维与运行逻辑，工业经济质量追求零缺陷，数字经济质量追求零距离，质量数字化转型需要从零缺陷向零距离转变。

数字经济时代质量追求零距离

质量零距离是建立在信息零距离基础上的,强调信息交流与传递的能量最小,强调与数字客户的心理距离最小,质量零距离具有实时化、场景化、智能化和信任化等特点。诺基亚手机故障率低,丰田汽车追求百车故障率最低,这些都是工业经济时代零缺陷质量的代表;数字经济时代质量的典型代表,如特斯拉汽车、苹果手机,已经不再仅仅追求质量零缺陷,还要追求质量零距离。

数字经济时代,只有抓住质量零距离的本质并不断追求传统制造的零缺陷,才能实现增长方式的动力变革、质量变革与效率变革。IBM这头信息行业的大象,在1992年差点解体。摩托罗拉、诺基亚等华为的友商也给人们留下了深刻的教训。信息产业中层出不穷、曾经叱咤风云的许多企业,如今已是伤痕累累,甚至烟消云散。根据统计分析,美国硅谷高新技术企业的灭亡,几乎100%不是因为技术不先进,而是因为技术路径或技术范式选择错误。这些企业忘了数字经济时代的质量逻辑已经发生了改变,仍然按照传统工业经济的质量逻辑进行创新,最终走入了死胡同。

数字要素成为质量核心要素

数字产品是硬件、软件与服务三位一体的智能化产品,质量不再单单由传统硬件终端决定,而是由三者共同决定。一件产品的质量水平往往是由"木桶短板"决定的。在传统硬件终端质量管理相对成熟,而软件质量、数据服务质量相对不足时,智能化水平决定质量水平。从数字化转型角度而言,在相当长的一段时间内,数字能力决定未来企业质量竞争力。比如无人驾驶汽车的事故,是汽车硬件制造商的质量责任,还是智能驾驶软件的责任?这不仅仅是一个质量责任的法律问题,更是一个质量重心转移的问题。如果智能驾驶软件对质量责任最终负责,或者成为决定性因素,那么质量的重心将从传统汽车硬件终端转移到汽车智能化水平上来。此外，人们需要的是交通便捷，而不是汽车本身，智能自动驾驶可能改变家庭购买汽车的习惯。共享汽车和自动驾驶的结合可能使汽车的拥有量减少，但使用率会大大增加。未来，汽车的技术升级速度可能会逐渐接近手机的水平。大多数城市居民将不再购买自己的汽车，家庭汽车从大众消费品变成小众消费品，城市政府或者垄断企业将拥有大量共享的、公共的汽车。人们乘坐汽车看的不仅是汽车品牌，还有汽车自动驾驶智能软件及其认证标准。电动汽车改变了传统汽车核心技术的定义，发动机、变速器已经不是电动汽车的核心技术，电池管理和自动驾驶软件可能成为汽车的核心技术。未来判定一辆汽车的质量，决定性因素可能是汽车自动驾驶智能系统。未来高质量的智能汽车企业可能将是一家人工智能企业，或者是拥有智能驾驶技术的汽车制造企业。

数字流程支撑质量管理流程

华为质量变革，是从引入 IBM 的数字流程变革开始的，支撑华为从"农民"公司成长为现在的世界级领袖企业。在变革中，华为成立质量流程 IT 部门，将质量部与流程 IT 部合并为一个部门，将质量工作融入数字流程中，将数字流程融入质量工作中；原质量部领导直接参与集成产品开发、集成供应链管理、从线索到回款等流程变革项目。数字流程 IT 的价值，最终是通过核心业务指标与质量水平改善来体现的。华为质量流程 IT 工作是围绕公司重要的业务变革项目、重要的业务绩效指标改善开展的。质量流程 IT 的使命是支撑公司战略和业务发展，流程 IT 部门本质上是服务支撑部门。质量管理不是质量控制，而是一种质量服务，通过质量流程 IT 的赋能作用与使能作用，提高企业整体质量水平。

数字规则影响质量评价规则

当质量效益主要来自数字能力时，数字规则将深刻影响质量评价规则。苹果手机、特斯拉汽车的兴起，预示着未来硬件、软件与服务三位一体缺一不可。当硬件终端"不赚钱"的低利润时代到来时，真正能为企业带来比较优势和质量效益的，往往是软件平台与数字服务能力。苹果硬件创新越来越少，但苹果操作系统升级、苹果应用商店的苹果税给企业带来了巨额利润。特斯拉汽车终端不断降价，未来主要靠智能驾驶增值服务赚钱。最近特斯拉又把智能驾驶服务从一次性购买转变为按月服务包购买的形式。一件产品的质量效益往往由"木桶长板"决定，比较优势决定产品质量效益。率先实现数字化转型的企业，具有数字能力的比较优势，当质量效益主要来自企业数字能力时，数字能力水平而不是硬件终端制造水平决定企业的质量水平。由于传统制造业的相对过剩，以及网络经济效应的马太效应，数字规则将深刻影响质量评价规则。

质量从零缺陷走向零距离，只有人工智能才能真正满足个性化需求。日本把现场质量管理的"现场"看作一种企业与客户关系的"现场"，而不仅仅是工厂车间"人机物法环"的现场。从这个质量视角而言，质量零距离不是物理距离或服务距离，而是一种企业与客户关系的信任状态，一种质量供给与需求的均衡状态。改革开放40余年，质量竞争的重心经历了四重空间：一是传统工厂空间，竞争的是工厂规模和先进程度；二是市场空间，竞争的是企业销售网络的发达程度；三是信息空间，数字经济是质量竞争的主战场；四是心智空间，人工智能才能真正满足个性化需求，推动质量从零缺陷走向零距离，从物理空间走向心智空间。最了解你的可能不是你自己，而是你的人工智能个人助理。未来的产品质量可能不再由出厂形态决定，而是由基于人工智能的个性化定制和基于数据和用户喜好的持续更新决定。人工智能技术成为产品的核心技术之一，硬件、软件、服务三位一体的人工智能产品才是高质量的产品。

数字环境改变质量生态环境

数字经济与工业经济的本质区别在于需求与资源的有限性和无限性的假设逻辑不同。

工业经济时代，质量的主要矛盾是物质资源供给的有限性与需求的无限性之间的矛盾；数字经济时代，质量的主要矛盾则是数字资源供给的无限性与数字需求的有限性之间的矛盾。数字思维改变了质量的底层逻辑。传统经济学是在资源稀缺条件和理性人假设条件下，研究资源合理配置的学问。传统经济学的最大假设是人的需求与欲望是无限的，相对于人的欲望，资源永远是稀缺的，而理性经济人会做出最优选择。

数字社会人们对信息需求的有限性与信息产品资源的无限性之间的矛盾成为主要矛盾。数字社会的质量环境也发生了改变。质量反映的是企业与客户的关系，质量环境就是质量需求与质量供给的均衡状态。在数字社会中，人能获取与接受信息的时间是有限的，即对信息的需求是有限的，而信息资源的供给是无限的，信息产品制造的边际成本趋近于零，企业复制与拷贝软件、电子文档等产品的边际成本基本为零。

> 我们处在一个信息产品过剩的时代，这与物质社会的规律不一致。人们对物质的需求与欲望是无限的，而资源是有限的。而信息恰好反过来，人们对信息的需求是有限的（人要睡觉，人口不能无限地增长……），而制造信息产品的资源是无限的。
> ——《在广东省政府汇报会上的讲话》（任正非，2005年）

价值导向的质量零距离

质量零距离的内涵
质量的目标是为顾客创造价值

质量零缺陷的主要目标是减少错误，而质量零距离的主要目标是创造价值。世界质量大师、全面质量管理提出者费根堡姆曾说过，"质量不再是减少缺陷，质量必须创造每件事物的价值"。费根堡姆认为现有质量管理实践往往忽视了质量创造价值的一面。工业经济时代的质量管理是以产品为载体的，偏重于减少错误。现代质量管理在"减少错误"方面已经有相对成熟的技术与方法，而在"创造价值"方面还处于不断探索和总结的过程中。数字经济时代，质量创新的未来更多是以客户需求为出发点，通过质量要素组合来实现质量价值创造，面向客户需求持续提高产品与服务满意度。

客户承认的永远是你给他提供的价值。微软和苹果公司并没有什么专有技术，微软就是用 C 语言编写操作系统，苹果技术集成能力大于技术原创能力，但为什么它们经营得如此成功？朗讯贝尔实验室为全人类做出了巨大的贡献，诞生了多位诺贝尔奖获得者，但朗讯却失败了，原因何在？

郑宝用在题为《企业创新旨在低成本高增值的客户服务》的文章中指出："苹果和微软的成功，不同于纯粹意义上的技术革命，是一种技术成果转化为产业的变革。比尔·盖茨成功的关键在于他采取拿来主义，善用外来技术以创新产品、创新需求、创新客户、创新市场的经营理念和行为。"可见，市场是评价商品和服务总价值的公正天平。即使是富有创新能力的实验室，如果不能创造出对人类最有价值的产品，最终也会被市场抛弃。

以客户为中心的华为质量理念的核心就是为顾客创造价值。数字经济时代，创造价值需要追求质量零距离。任正非认为高质量就是

"多产粮食、产好粮食"。作为华为公司内部培训丛书之一的《价值为纲》，强调的就是为顾客创造价值的理念。质量主要有两个载体，一个是产品，一个是服务。数字产品本质上是一种信息服务，在数字成为质量载体以后，数字产品质量逻辑发生了巨大变化，数字产品服务化改变了游戏规则。

以泰勒科学管理为标志的现代质量管理诞生以来，质量管理是建立在工业经济基础上的，是以产品为中心的。直到 2015 版的 ISO 9000 质量管理标准才把服务正式纳入质量管理的主要内容。产品追求零缺陷，服务追求零距离。根据 PZB[①] 的服务差距模型 SERCQUAL（服务质量量表），服务质量源于事前质量预期与事后质量感知之间的差距，这种差距就是一种质量距离。质量零距离强调的就是以客户为中心，为客户创造价值。

数字经济时代的价值创造

数字信息服务与传统服务不同，可以用"连接 + 算法 + 数据 + 算力 + 平台 = 服务"公式来表示。数字服务主要通过全链接来实现价值创造，数字服务主要体现在"连接 + 算法 + 数据 + 算力 + 平台 = 服务"的"化学反应"上。劳动与劳动工具决定社会形态。农业经济时代的劳动者以体力劳动为主，使用手工工具。工业经济时代的劳动由体力劳动和脑力劳动两部分组成，使用工业机器。数字经济时代，知识工作与知识创造成为主要劳动形式，使用数据与智能工具，数据成为能源、资源、资本之外新的生产要素。数据生产力在于激发每一个个体的潜能，实现自我组织、自我管理、自我驱动，通过高效协同去应对各种不确定性。数字经济的核心生产力是算力。

数字创造价值的模式包括：资源优化、投入替代、价值倍增。资源优化：数据要素提高劳动、资本、技术、土地等传统要素之间的资

[①] PZB 指英国剑桥大学的三位教授帕拉休拉曼（Parasuraman）、泽丝曼尔（Zeithaml）及贝里（Berry）。——编者注

源配置效率，通过数据要素对传统生产要素进行颠覆式聚合与重构，驱动经济高质量发展。投入替代：数据要素可以替代部分传统人力、物质等生产要素，用更少的物质资源创造更多的物质财富和服务，产生经济学上的替代效应。自动取款机、移动支付、政府"最多跑一次"改革极大地减少了社会成本。价值倍增：通过创新驱动提升全要素生产率。数据可以激活其他传统生产要素，提高产品、服务与商业的创新能力，提升个体、组织与全社会的创新活力。

质量零距离与价值创造

质量零距离，是追求客户端与企业端之间的零距离。客户端追求精准获取用户需求、用户零距离交互、建立用户海量数据库。企业端追求数字产品服务一体化、智能制造、智慧物流、智能服务。

零距离以数字产品服务一体化的视角，重新审视产品与服务，将数字产品看作一种信息服务。客户从来不是为了购买一种数字产品，而是为了购买一种数字服务。数字产品研发的目的是减少服务成本，数字服务研发的目的是增加商业价值。简单来说就是需求产品化、产品数字化、数字服务化、服务价值化，最终体现为质量零距离。

质量零距离是为顾客创造价值，只有价值创造才能缩短企业端与客户端之间的质量距离。质量的目的不是减少错误，而是创造价值；质量的目的不是追求零缺陷，而是追求零距离。华为推动流程OWNER变革的主要目的就是以客户为中心构建关键流程活动的业务规则，为客户创造价值。从戴明环PDCA角度来看，质量价值链符合PDCA循环，其中P指价值主张（plan），D指价值创造（do），C指价值传递（check），A指价值实现（action）。

价值主张：华为采用集成产品开发流程和软件敏捷开发流程，通过需求转化、产品数据建模与解析、智能匹配建立产品模型，把用户需求与产品价值主张相匹配。另外，通过2012实验室对前沿技术的追踪和重大技术的攻关，确保产品实现过程中的技术支撑。

价值创造：华为面向工业 4.0 建立了华为大生产体系，把智能采购与全球供应链、模块化与自动化生产、智能生产与加工、数字制造与柔性生产相结合，从制造环节确保了质量零缺陷。

价值传递：华为通过从线索到回款的流程，把集成供应链管理、集成财经管理、智慧物流、智能服务连接起来，确保了交付和服务环节的质量零距离。

价值实现：华为通过客户服务与售后、快速响应客户、质量问题回溯与分析等流程，精准匹配用户需求，为客户提供零距离服务。

零缺陷与零距离双轮驱动

华为质量之路是双轮驱动的质量模式，在物质空间追求质量零缺陷，在信息空间追求质量零距离，在社会空间建立质量声誉，真正实现为客户创造价值。传统工业企业以产品为中心，数字企业以服务为中心，华为质量强调以客户为中心。质量是以客户为中心的，或者说是以价值为中心的，为客户创造价值是企业存在的最终目的。

质量零缺陷是从产品生命周期的视角来思考质量。传统工业经济是以产品制造与流通为核心的，强调第一次就把事情做好，重视质量问题与故障的预防。

质量零距离是从数字服务生命周期的视角来思考质量。数字经济时代，数字资源成为重要资源，数字驱动企业计划、制造、物流、交付、售后等业务流程变革。数据要素，相对于劳动力、土地、技术、资金等传统要素而言，能够创新融合各种要素资源，促进要素优化配置，使得各种要素发生裂变乃至聚变，从而产生巨大价值。零缺陷与零距离双轮驱动的质量体系如图 10-1 所示。

质量零距离的"四项基本原则"

克劳士比质量零缺陷的"四项基本原则"是：明确需求、做好预防、一次做对、科学衡量。数字时代质量零距离的"四项基本原则"

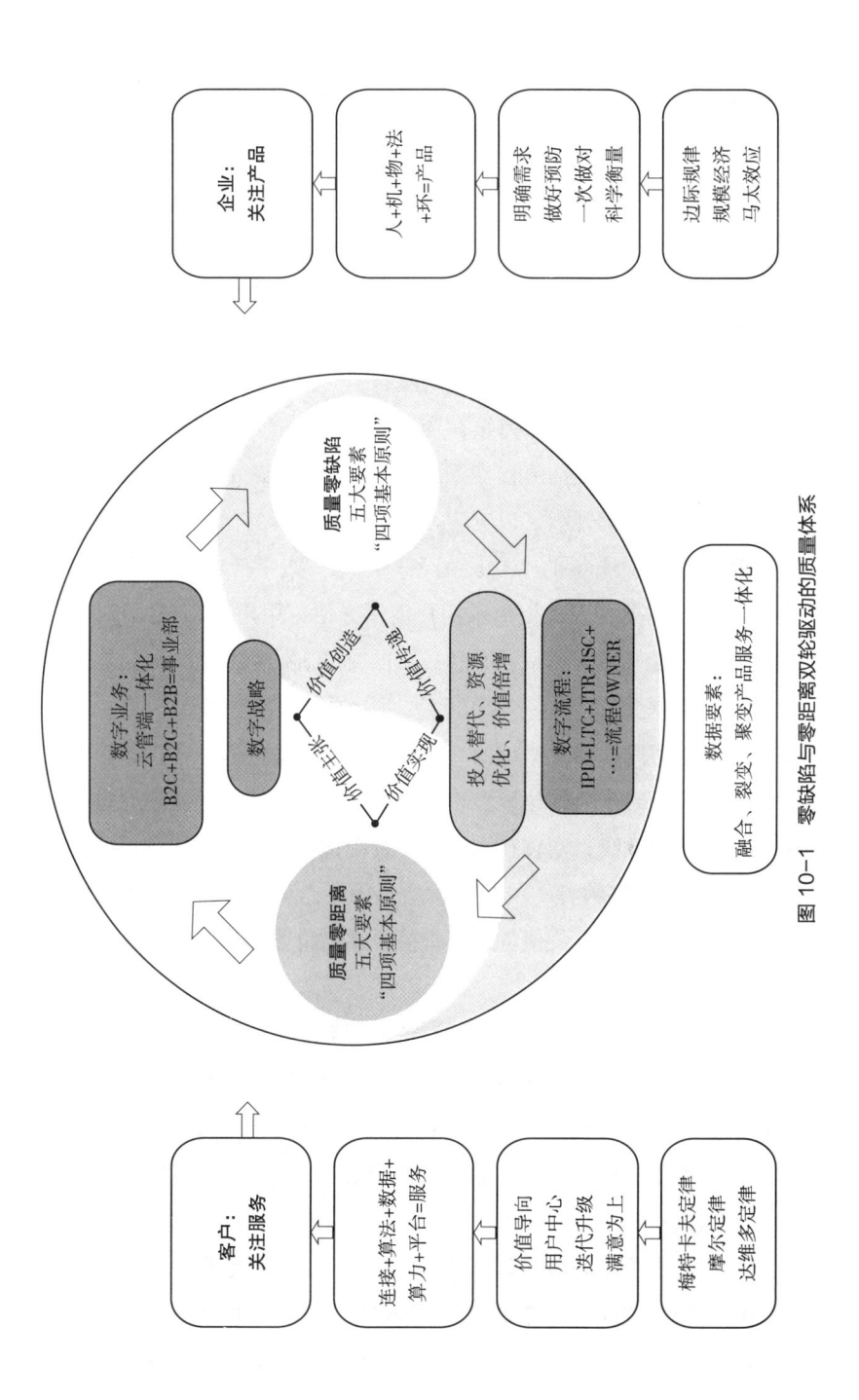

图 10-1 零缺陷与零距离双轮驱动的质量体系

第 10 章 质量与数字化　253

是：价值导向、用户中心、迭代升级、满意为上。

价值导向：需求一直都存在。数字经济时代，生产过剩与信息过载的条件下，谁能为顾客创造新的价值，谁就能够赢得质量竞争优势。

用户中心：数字经济时代，用户就是价值源泉，用户是质量价值的重要参与者、创造者，用户转变为产消者，用户数量达到一定临界点，是数字产品生存与价值实现的基石。

迭代升级：用户需求持续在变，产品以客户为中心，就必须随需求而持续变化。在敏捷流程支撑下的数字产品，最大的优势就是可以通过快速迭代持续升级，以响应客户需求的持续变化。

满意为上：质量的本质就是客户满意。数字产品的评价依赖于用户习惯与数据，因此更追求用户使用方便、用户满意与用户信任。数字产品不需要最科学、最好的设计，而需要最满意、最受信任的设计。

质量零距离，在战略层面，追求为客户创造价值。客户是企业唯一的利润来源，华为构建以客户为中心的大质量体系，就是通过数据驱动质量转型升级，实现投入替代、资源优化、价值倍增，最终达到"多产粮食、产好粮食"的目的。质量战略总体上依然围绕 PDCA 循环，通过价值主张、价值创造、价值传递与价值实现，最终为客户创造价值。

质量零距离，在业务层面，追求云管端一体化发展。产品终端产生数据，网络管道将无数数字终端连接在一起，云平台通过算力与算法提供优质数字服务。在"链接 + 数据 + 算法 + 算力 = 服务"中，算力是数字服务的关键核心能力。智能服务一定是基于互联网的，单一芯片提供的算力总是有限的。由于现有芯片与软件技术局限，人工智能只有基于网络分布式计算才有可能实现，通过数据平台集成分布在网络中的无数终端的算力，从而提供高品质数字服务。

质量零距离的五大要素

信息化时代的质量管理不仅要关注数字技术应用、优化效率、减少故障、质量改进,同时还要关注宏观层面的质量风险控制。数字驱动下的质量升级,是在质量管理信息化基础上,聚焦数字智能与价值创造,对数据、IT 技术、服务、人才和管理五大要素的创新融合,如图 10-2 所示。

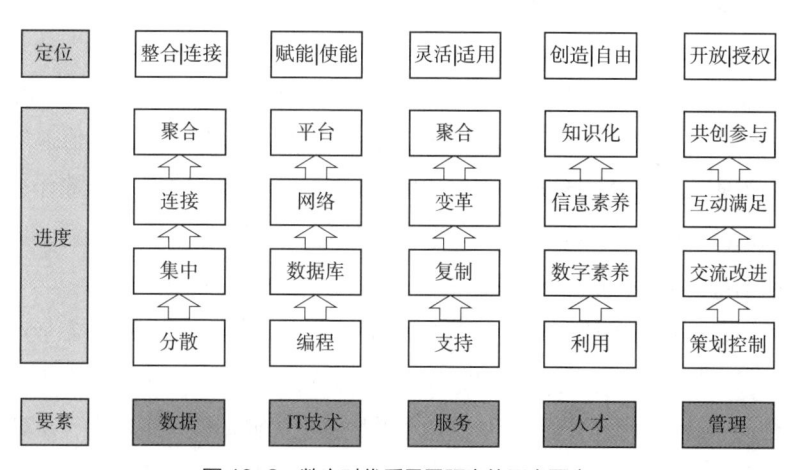

定位	整合|连接	赋能|使能	灵活|适用	创造|自由	开放|授权
进度	聚合	平台	聚合	知识化	共创参与
	连接	网络	变革	信息素养	互动满足
	集中	数据库	复制	数字素养	交流改进
	分散	编程	支持	利用	策划控制
要素	数据	IT技术	服务	人才	管理

图 10-2 数字时代质量零距离的五大要素

数据:将分散在不同部门和区域的数据集中到统一的数据池中。由于数据的协同性,这些数据库相互融合在一起,朝着整合和连接的方向不断发展。

IT 技术:支持从简单编程到数据库构造的各项技术。随着万物互联与无线智能的发展,跨功能的平台安装在技术上变得可行,技术发展始终以技术利用为重点与方向。

服务:IT 系统最初的功能主要是支持业务流程的实现和简单的复制功能。随着流程变革的深入与落地,IT 系统逐渐发挥数据资源的聚合功能,并通过反向分发来为业务提供数据服务。

人才：在数字化时代，企业对人才要素的职能从简单的要求执行任务和流程（利用），转向积极提升人才的数字素养和信息素养，并鼓励知识型员工的创造力发挥与实现。

管理：随着数字化技术的发展，质量管理的重点已经从简单的策划控制，转变为共创参与，旨在通过互动让全体员工都参与到质量创新与价值创造上来。

数据治理打破信息孤岛

数字经济时代，需要对数据进行全生命周期管理。数据治理是支撑质量管理信息化体系的关键举措，也是打破"信息孤岛"，推进跨层级、跨区域、跨部门数据融合、业务融合的新举措。数据治理需要跨职能团队共同参与，围绕6W1H［为什么治理（why）、治理什么（what）、谁治理（who）、在哪里治理（where）、何时治理（when）、为谁治理（for whom）、如何治理（how）］制定数据标准与规则。

数据治理是统一企业管理数据的数量、一致性、易用性、安全性和可用性的过程，是一个对数据进行管理的决策、职责和流程有机组合的系统。数据治理是指从使用零散数据变为使用同一组数据，从具有很少或没有组织和流程治理到企业范围内的数据治理，从尝试处理数据的混乱状况到数据井井有条的过程，最终使企业能将数据作为企业的核心资产来管理。有专家认为，数据治理是一门新的综合学科，是企业的责任，需要"统一的解决方案和治理模型来保护及共享不同层面的数据"。为确保数据治理成果，企业必须安排合适的治理负责人、了解所处环境、制定治理策略、核算数据价值、评估数据使用风险、关注控制措施效果。数据治理涉及组织机构、管理制度、核心领域、支撑领域等方面。大数据是一种创新技术，也是一种治理技术。作为企业治理技术，大数据可以提升企业管理决策的能力，能够有效开展智能决策、智能制造、智能控制、智能改进、智能服务等等，对于科学决策、精细管理、精益生产、精准服务与精准控制有重要的价值。

数据资产全生命周期模型（Data Asset Life Cycle Model，DALCM）是一种可持续的数据存储战略，它能够平衡存储成本与其业务价值的关系。由图 10-3 可以看出，数据资产全生命周期模型是一个建立数据资产管理体系的过程，通常包括数据采集、数据处理、数据共享、数据挖掘、数据决策等阶段。

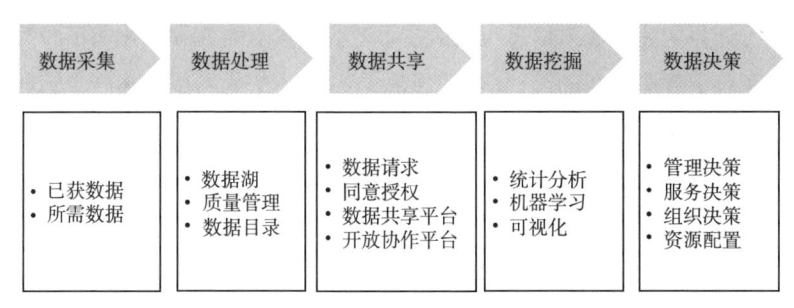

数据采集	数据处理	数据共享	数据挖掘	数据决策
• 已获数据 • 所需数据	• 数据湖 • 质量管理 • 数据目录	• 数据请求 • 同意授权 • 数据共享平台 • 开放协作平台	• 统计分析 • 机器学习 • 可视化	• 管理决策 • 服务决策 • 组织决策 • 资源配置

图 10-3　数据资产全生命周期模型

企业要厘清数据资产运营的关键因素和关键途径，释放数据资产红利，使数据以及数据产生的信息成为公认的资产，通过分析挖掘使数据资产的价值转变为用户价值、群体价值、经济价值。根据数据的对象不同，业务需求与信息需求的种类、用途和侧重点也不同。

元数据作为数据资产全生命周期模型的一个关键要素，是指"关于数据的数据"，它通常用来描述数据。在存储管理中，元数据的主要功能包括数据保护、智能归类和存储优化。如果没有元数据，就不可能实现信息生命周期管理的自动化。在数据资产运营方面，合理配置和有效利用此类数据资产，可以提高数据资产的经济效益，保障和促进各项事业发展。其核心思路是把数据作为一种全新的资产形态，并且以资产管理的标准和要求，加强相关制度的建设和应用。数据价值实现的前提是数据资产能顺畅地流通，而数据不能顺畅流通的原因在于数据流通过程中各利益主体之间的矛盾。因此，应该从数据资产流通过程中涉及的利益相关者角度出发，以价值实现为目标研究数据资产分类，研究数据资产的流通对策；从量化数据价值的角度来了解数据，实现数据资产价值评估，深化数据的管理活动，分析企业数据资产价值影响因素，构建企业数据资产评估框架。

质量零距离的五个维度

华为主业是从事信息与通信技术产业，重点研究和优化通信和控制系统中普遍存在的端到端的信息处理问题。华为希望构建一个实现感知、连接、智能、可信的数字生态平台体系。

质量零距离，可以从信息的"感传智控信"五个维度思考。"感传智控信"基本可以概括端到端流程中信息的获取、存储、传递、使用、度量和评价等方面的问题。质量零距离，从"感传智控信"来说就是在端到端流程中的信息感知、信息传递、信息智能存储与处理、信息控制与利用、信息体系可信五个方面，都要做到满足客户信息处理的零距离。"感传智控信"就像人的五官感知、神经系统、大脑、双手双脚和可信判断系统。

"感"，即信息获取与反馈，企业需要构建全量感知的质量数据获取系统。"全量感知"包括硬感知与软感知。系统需要与外界环境进行信息交互，质量系统主要是利用传感器、物联网设备来感知和获得系统所需的各类信息，如温度信息、位置信息、位移信息、存在信息、图像视频信息及信息的变化等。

"传"，即信息传递。企业通过建立全连接的信息传递系统来传递信息。信息传递的质量评价主要包括及时性、响应性、准确性等指标；以5G为代表的超快速、低时延、高带宽，带来了远程医疗、无人驾驶等的现实可能性。

"智"，即人工智能处理与存储。产品质量最终依赖于对信息的认知、挖掘、智能分析与处理。人工智能主要由智能算法加大数据构成。智能化意味着质量个性化实现真正成为可能。如果说满足个性化需求才是卓越质量，那么智能化才能让卓越质量真正落地，人工智能才能够实现产品和服务的量身定制，充分满足多样化、多层次、动态化、个性化的消费者需求。智能化最大的意义在于把信息空间、物质空间和人类空间紧密结合在一起，并用智能化引领质量资源配置和质量要素整合。未来高质量一定是实现软件、硬件和智能三位一体的产品与服务，这里硬件连接物质空间，软件连接信息空间，智能连接人类空间。智能化把三个空间紧密连接起来并产生了乘法效应，现实世界的有形资源和有限可能，与虚拟世界的无形资源和无限可能，被智能化这个乘号连接起来，质量也就突破了边际成本为零的限制。

"控"，即信息控制与自动化处理，是数字信息系统的执行端，通过感知对执行效果进行验证和评估，最终形成质量循环闭环。控制环节一般具有时效性，这对网络延迟和控制运算提出挑战。控制环节需要考虑网络对数据汇聚的延迟影响，需要考虑分布式的影响，有时需要对多个物体进行协同控制。完整的控制环节将实时感知、实时数据处理、实时控制的终端一体集成，并能够智能适应感知环境的变化，以及端到端的协同等问题。

"信"，即前面"感传智控"整个体系都是可信的，质量重点在于可信计算和信息安全。信息安全具有4个层面：设备安全、数据安全、内容安全与行为安全。可信计算属于行为安全，包括行为的机密性、行为的完整性、行为的真实性等。可信计算在计算和通信系统中使用广泛，基于硬件安全模块支持的可信计算平台，可以提高系统整体的安全性。汽车自动驾驶需要绝对的安全，系统质量关键在于安全与可信，一个是自动驾驶安全，一个是个人隐私数据的安全。

华为 HiCar 品牌以 Huawei Inside 模式与车企深度合作，为客户提供全栈智能汽车解决方案，帮助客户打造智能汽车。华为的全栈智能汽车解决方案包括一个全新的智能汽车数字化架构和五大智能系统——智能驾驶、智能座舱、智能电动、智能网联和智能车云服务，以及 30 多个智能化部件。另外，华为还发布了包括华为八爪鱼、4D 成像雷达、AR-HUD、MDC810 等在内的新一代智能化部件和解决方案。

数字经济时代的质量发展

基于智能制造的大生产体系

从质量价值 PDCA 循环来看，华为在价值创造环节的智能制造与柔性生产领域还有待提高。美国芯片封杀事件后，华为余承东反思："现在唯一的问题是生产，华为没有办法生产。中国企业在全球化过程中只做了设计，这也是教训。"华为具备芯片设计的自研能力，但不具备生产能力，所以一直以来都由台积电等厂商代工。2020 年 9 月 14 日，美方发布禁令，之后台积电就无法再与华为有业务往来，华为的高端芯片也很遗憾地成为绝版。芯片能自己生产才是硬道理。卡脖子的关键技术必须掌握在自己手里，像华为这样的中国龙头企业，必须坚持全产业链发展，坚定地推动产业链去美国化。

> 我们也是很遗憾，华为在芯片方面的探索，过去十几年从严重落后，到比较落后，到有点落后，到终于赶上来，到领先，到现在被封杀。我们投入了巨大的研发成本，也经历了艰难的过程，但是很遗憾在半导体制造方面，华为没有参与重资产投入型的领域、重资金密集型的产业，我们只是做了芯片的设计，没搞芯片的制造。
>
> ——《扎扎实实，赢取下一个时代》（余承东，2020 年）

制造业的两条价值曲线

制造业有两条曲线，一条是微笑曲线，另一条是武藏曲线。两条曲线代表了制造在企业中的定位，代表了企业对质量管理的不同理解。质量与制造密不可分。华为本质上是一家高科技制造企业，一家以制造为中心的信息与通信技术世界领先企业。制造能力是华为的质量核心竞争力，探索和引领先进制造模式，成为华为构建质量生态体系的关键原则。

微笑曲线理论1992年由台湾宏碁集团创办人施振荣提出。微笑曲线是一条把业务流程当作横轴而描绘出的利润率曲线；曲线左侧主要是研发、零部件生产等；曲线右侧主要包括销售、售后服务等。微笑曲线理论认为，曲线左右两侧附加价值高、利润空间大；而处在曲线中间弧底位置的加工、组装等，技术含量不高、附加价值低、利润微薄。

武藏曲线2004年由日本索尼中村研究所所长中村末广所创，他认为真正丰厚的利润源正是在"制造"上。中村末广根据索尼中村研究所对日本400多家制造企业的调查，发布了《2004年度制造业白皮书》。研究发现制造业的业务流程中，组装制造阶段的流程有较高的利润，而两侧的研发以及营销服务的利润反而较低。武藏曲线与微笑曲线相矛盾。如图10-4所示，在武藏曲线中，组装制造的利润空间最大；而在微笑曲线中，这部分的利润空间最小。

数十年来，微笑曲线理论伴随着产业转移，在某种程度上，成为中国制造走向中国智造的理论指导曲线，这是值得警惕与反思的。华为发展也符合微笑曲线的经验。华为的人力资源配置大致如下：技术研究及开发人员占46%，市场营销和服务人员占33%，管理及其他人员占9%，生产人员只占12%，人力资源配置呈"研发和市场两边高"的"微笑曲线"。日本精益大师佐佐木元说："制造过程降低10%的成本，等于经营层面在市场的销售额扩大一倍，资金周转率提高1%

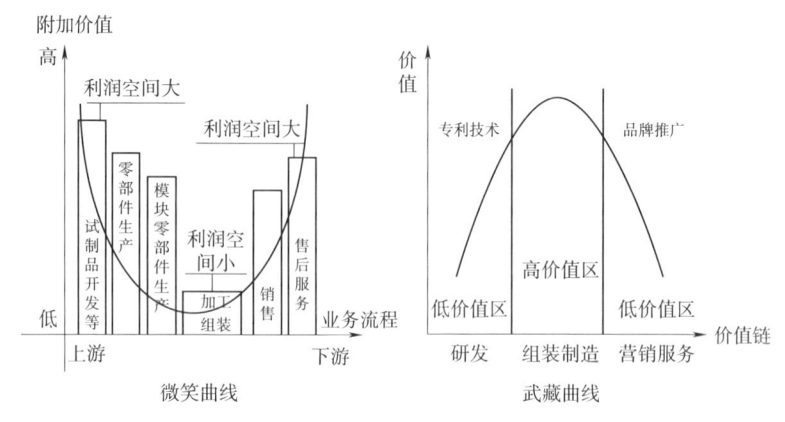

图 10-4　微笑曲线与武藏曲线

等于市场占有率提高 10%。"

微笑曲线和武藏曲线没有绝对的对错。只是在不同的企业发展阶段，利润会在不同的环节被创造出来。优秀的高科技企业不能忽视关键中间品的自主制造，否则会出现重大质量问题。从武藏曲线和微笑曲线的对比中可以看到，微笑曲线是一种不平衡的价值链利益分配状态，是由价值链的信息不畅和博弈能力造成的。理论上整个价值链的总体价值是因满足客户需求而创造的，谁拥有了价值链主导能力，谁得到的价值份额就大。在信息充分的条件下，价值应均匀分布在价值链各个环节上。真实的市场信息不充分，价值分布就会不均匀，拥有核心技术与信息优势的企业就能获得更多价值。

华为大生产体系架构

华为大生产体系架构，以精益生产为基础，以德国的工艺流程和工业软件为主体，嵌入日本的质量管理，提炼和黏结关键制造能力，形成面向未来的先进制造模式。华为设有德国实验室、日本实验室与松山湖实验工厂，以松山湖实验工厂来统筹思考面向未来的华为公司大生产体系和智能制造的系统性框架。华为先进制造模式，是跳出现有的平台、跳出过去的基础，站在更高平台来构想的模式。

德国人工作非常严谨、流程非常严格、工业软件非常优秀。比如说西门子,将机械、电气、电子、工艺、结构、材料、热能等多学科能力集成到了一个统一的软件平台上,产品和工艺的设计、开发、试制验证都可以在这个平台通过数字化手段完成,省去了大量重复性工作,并在西门子数字化转型过程中得到了充分检验。华为也可以借鉴德国的工艺流程,直接应用其工业软件。生产系统的软件对我们来讲是不重复使用的软件,坚决买。日本的"检一个、装一个、测一个",一个流没有断点的精益生产模式,从来料到出货全流程不间断流动,通常集中的老化工序也能随线。生产能流起来的前提是质量稳定,直通率达到95%,生产线可以动起来,达到98%时就可以顺畅流动。流动可以减少等待、减少沟通协调、减少浪费,也能避免出现批量质量问题,保证制造过程的高质量、高效率,这就是我们要学习的日本经验。结合德国"高质量、高性能、高度自动化"和日本"小型、低成本、一个流自动化"之长,把这些都融入我们的大生产体系架构中,以有综合竞争力的成本实现高质量、高度自动化和部分智能化生产。

——《在松山湖工厂沟通纪要》(任正非,2018年)

华为的大生产体系架构,包括质量方针、质量目标、计划体系、调度体系、生产体系、工艺体系等,都遵循以内部确定性来应对环境的不确定性的原则。所谓的生产体系架构的确定性,是指市场波动和环境变化不能传递到制造系统。确定性的制造系统就是要通过合理的吸收波动,做到均衡生产,按照需求而不是计划来生产,按照计划是无法生产出优质产品来的。

这些确定性的工作怎么融合起来,整个管理过程每一个口的经线是什么、纬线是什么，怎么走向智能化，希望在这一次新架构设计和思想框架搭建过程中要很清晰。经线做到比较清晰相对容易，纬线要打通则很难。我们每个口有大循环、中循环，又有小循环，我认为小循环有统计规律，大循环、中循环也有统计规律，要根据这些统计规律，在一个复杂的地方建一个模型，在另一个复杂的地方再建一个，模型和模型连接起来，就解决了很多纬线相衔接的问题。你们过去的很多改进做得很好，要不断地通过统计学进行持续优化。

——《在松山湖工厂沟通纪要》（任正非，2018年）

华为大生产体系，致力于满足不同用户的定制化需求，实现"设计即制造、所见即所得、制造即服务"。未来大生产体系架构的主体会围绕从产品设计到投入生产的产品工程数据流、从客户需求到生产指令的生产信息流、从来料到成品出货的生产工艺流，将这三个端到端的过程打通、集成和融合。

中国5000年农民生产、手工生产是这三条主线，今天走向机器自动化生产也是这三条主线，管理也没有本质上的变化。三条线中间加一朵云，把所有的东西都连接起来，就改变了我们现在的生产方式，就是智能制造了。智能制造还是要坚持继承和发展，迭代推行、边规划、边实施。要优先保证高质量，也不能片面地追求全自动、无人化，人在未来智能制造系统中还是会起核心和决策作用，但工厂人员结构将会改变，都是工匠科学家和工匠专家。

——《在松山湖工厂沟通纪要》（任正非，2018年）

质量零距离的发展趋势

人、机、物三元世界的高度融合，将人类空间、信息空间、物理空间三个空间紧密联系起来。数字经济时代以客户为中心需要同时考虑自然人、社会人和数字人三种角色，实现三种角色之间的信息无缝衔接与传递零距离。质量零距离，就是让客户在工作、生活与沟通中，实现信息零距离。

质量零距离建立在信息零距离基础上

信息距离是信息状态转移的一种定量表述。信息距离是衡量两个含有信息的实体之间距离的普适度量，在1998年被贝内特（Bennett）等人提出。两个实体之间的信息距离可以被理解为将两者相互转化所需要的最小能量。在热力学中，冯·诺依曼–朗道定律告诉我们不可逆地处理1比特的信息需要1KT的能量（其中K是玻尔兹曼常数，T是温度单位），而可逆地处理信息不需要消耗能量。质量零距离，就是让用户用最少的能量传递最多的信息，用最小的成本挖掘信息空间的综合价值。

质量零距离与零边际成本

杰里米·里夫金在《零边际成本社会》一书中提出，在数字化经济中，社会资本和金融资本同样重要，使用权胜过了所有权，可持续性取代了消费主义，合作压倒了竞争，"交换价值"被"共享价值"取代。他甚至预言，"零成本"现象孕育着一种新的混合式经济模式，这将对社会产生深远的影响。零边际成本、协同共享将会给主导人类生产发展的经济模式带来颠覆性的转变，我们正在迈入一个超脱于市场的全新经济领域。数字化从概念上把物理空间和人类空间概念化、抽象化成了一切可被传递的"信息"联系的总和，创造了一个全新的信息空间。在信息空间中，以前质量管理中的有形活动依然存在，然而眼睛看不见、手触摸不到的无形的信息活动将成为主流，牵引整个质量活动的开展。过去成功的质量经验不再起作用，甚至可能成为产品创新和质量升级的羁绊，最典型的就是智能手机对传统手机的替代，以及数码相机的出现导致胶卷市场不断萎缩。数字化可以把许多产品数字化和网络化，信息产品借助于网络外部性又可以低成本极大化地放大自己的价值，并以零边际成本抢占国际市场和获得超额利润。数字化也正在把现实世界虚拟化，帮助改造现实世界，从数字城市、信息城市到智慧城市，城市数字化的进程就是城市虚拟化的过程，传统城市空间从地面空间、地下空间逐渐延伸到虚拟空间，深刻地改变了人们的生活和工作状况。数字化也把经济社会虚拟化，跨越时空极大地提高了交易速度，降低了交易成本，具有很高的效益成本比。信息空间为人类提供了一片可供开发的"看不见的新大陆"，实现一些现实世界不存在的可能性，更有效地提高产品与服务质量。

质量零距离与 M 型质量路径选择

大前研一在《M 型社会》一书中提出：虽然信息空间这一"新大陆"是大家看不见的，但是所有人都不能逃过它的影响并感觉到它的存在。"看不见的大陆"概括了新经济的四大互相影响的特征，即无形、无国界、数字科技和高效益成本比。大前研一在《M 型社会》一书中还提出新经济会导致 M 型社会产生，数字世界导致世界财富重新分配，富人因为数字经济而更加富裕，大多数中产阶层因失去竞争力而沦落到中下阶层，左边富人多，右边穷人多，而中间的中产阶层塌陷下去，形成一个 M 型社会。2008 年金融危机时，皮凯蒂的《21 世纪资本论》强调了经济发展中存在分配和不平等问题，自由主义市场经济不能自发消解分配和不平等问题。资本收益率将永远大于经济增长率，贫富差距只会扩大不会缩小。由于劳动人口增速的下降，技术进步减速，经济增长率下降，质量需求呈现两极分化之态势。M 型社会需要企业走 M 型质量之路，即既拥有面向高端群体的高质量品牌，也拥有面向中下阶层的高性价比品牌。质量和价格有着密切联系，离开价格谈质量，或者离开质量谈价格，都没有意义。

华为手机双品牌战略就是 M 型质量路径的选择，华为品牌手机走高端路线，荣耀品牌手机走年轻化、性价比路线。这种 M 型质量路径会成为大多数企业的质量选择，一条腿走路的企业会逐渐被淘汰。只走性价比道路，很难在顾客中形成高质量形象，品牌溢价较低导致利润率较低，会使企业陷入同质化竞争的泥潭。只走高端用户群体路线，由于质量试错机会较少，难以达到质量系统集成的临界点，会逐渐丧失真正的质量比较优势。同时，销量不足首先会导致利润总额较低，最终被走 M 型质量路线的企业所超越。少数奢侈品和时尚品的情况例外，因为它们的质量重心在于身份文化符号而不是信息技术。

中美为什么和其他发达国家逐渐拉大差距，关键就在数字经济上。2021 年，中国数字经济占 GDP 的比重为 39.8%，已经成为网络和数字化大国；美国数字经济占 GDP 的比重超 60%。从数字经济规模来看，美国还是居于世界第一，中国居第二。世界新财富的主要来源，已经从物质资源转变为数字资源。日本经济学家池田信夫反思日本失去的 30 年，他认为关键的一点就是日本被锁死在了上一次信息产业革命之前。日本整体经济之所以落伍，主要原因是在所谓的日本"失去的 30 年"中，日本一直在追求硬件零缺陷，一直在研究材料、汽车等硬件，在互联网信息产业方面没有任何建树，也就是 30 年没创新。互联网就像信息和数据的海洋，谁掌握了工业互联网的数据交流环节，谁就掌握了智能制造网络的数字通道，谁就控制了世界质量发展的趋势。新一代信息技术包括 5G、物联网、大数据、空间信息技术、人工智能等。工业互联网的贸易通道是 5G、物联网和人工智能，谁掌握了 5G、物联网和人工智能的核心技术与标准，谁就能占领未来世界的质量高地。

数字经济时代的质量特征

当前世界面临百年未有之大变局，质量发展也面临百年未有之大变局。从泰勒科学管理开始，现代质量经过 100 多年的发展，正在进入一个数字经济的新时代。数字时代，质量底层逻辑发生了巨变，数据成为最核心的质量要素。科技发展处于饱和曲线的平顶端，付出巨大的努力，并不能确保有对等的收益，反而给追赶者减少了追赶的困难。谁抓住了质量数字转型的机遇，谁就能够赢得先机。

质量大师克劳士比在《质量再免费：如何在不确定时代把质量确定》一书中提出质量进入不确定时代。质量不确定时代，表现为新数据、新产业、新模式、新格局等四大特征，不确定时代需要新发展理念，推动经济发展实现量的合理增长与质的稳步提升。具体表现为：

质量新数据——大数据改变质量管理与经营模式。质量管理是建立在数据统计分析基础上的，从小数据到大数据，从统计分析到实时智能预测，质量管理与经营发生思维革命。大数据将加速企业质量创新、引领社会变革、形成透明政府、改变人们的生活与工作方式。

质量新产业——第四次工业革命推动智能制造与质量智能控制。第四次工业革命已经拉开序幕，智能制造成为制造业转型升级的方向。质量发展路径呈现不连续变化特征，面临创新加速、需求分化、环境巨变的挑战与机遇，产业生命周期与技术生命周期越来越短，唯有长期生存的战略思维才能处变不惊。

质量新模式——后疫情时代质量链模式面临重组变革。新冠疫情世界大流行，加速了质量链变革的进程。全球产业链、供应链安全面临巨大挑战，质量链自主可控成为新模式构建的底层逻辑，供应链稳定性逐渐大于供应链效率，质量链确定性大于质量链经济性。要坚持底线思维与风险管理，在质量关键技术与制造能力上，通过自主创新与战略备份，来防范重大的不确定风险。

质量新格局——质量治理的全球格局受到重大挑战。全球化塑造了质量格局，现在却出现了逆全球化的某些趋势。中美竞争加剧了时代的不确定性，全球丛林竞争时代的风险显著提高，无规则时代的质量风险凸显，技术性贸易壁垒和非技术性贸易壁垒都有加剧趋势。全球治理面临挑战，以西方为中心的发展格局，逐渐被东西方平衡的发展格局所取代。

睿华视角：技术创新与商业模式创新双轮驱动

C理论把商业模式创新定义为：为寻求竞争优势而充分发掘技术创新或非技术服务创新的潜在价值，以更好地实现消费者价值主张的一整套连续的和动态的逻辑；把后发企业对发达国家原创的商业模式进行二次创新，以迎合后发国家本地偏好和市场基础设施的特定过程称为二次商业模式创新。

根据C理论的研究，商业模式创新在后发企业追赶和超越追赶的过程中，发挥着重要的作用。一方面，技术创新创造了把技术推向市场的需求以及满足消费者潜在需求的机会，即技术创新会带动商业模式创新，并影响后续的商业模式；另一方面，新产品的开发（新技术的商业化）必须有一个合适的商业模式进行配合，否则，技术创新无法给个人、企业和国家带来利益。可见，中国本地企业商业模式创新与本地技术创新在发展中存在共演机制，中国企业实现超越追赶和走向国际引领，是技术创新与商业模式创新双轮驱动的结果。企业在发展的过程中，如果技术创新不能和商业模式很好地相互匹配和相互促进，那么，企业就像是在单脚走路，很难持续高质量发展。如果没有与之相适应的商业模式，企业的技术能力便难以实现客户价值，从而难以实现其商业价值。如果没有技术支持，单纯的商业模式创新缺乏技术壁垒的保护，就很容易被模仿和超越，难以持久。例如，很多共享单车运营企业缺乏技术壁垒，仅靠商业模式创新难以持久。

中国企业在创业初期，需要通过支撑技术的引进，来支持二次商业模式创新。随着自主技术创新的发展和提升，技术创新超越二次商业模式创新演进的实际需求，商业模式创新开始本地化。而在二次创新的商业模式被本地市场充分接受后，替代性和竞争性的新兴商业模式会逐渐崛起，使企业因二次商业模式创新而拥有的核心竞争力受到威胁，企业需要进一步技术创新来支持和保护商业模式创新。最终，随着企业技术创新从顶层应用研究逐渐走向底层基础研究，涌现出一批具有自主性、前瞻性和复杂性的技术创新，从而激发出大量新兴技术商业化的机会与需求，新兴技术商业化的需求进而促进了本地原创商业模式的出现。二次商业模式创新与技术创新共演，使本地企业一方面实现技术创新对国外领先企业的追赶和超越追赶，另一方面通过二次商业模式创新演进与大量的原创商业模式，实现对市场的追赶和超越追赶。

C理论研究团队对华为公司的持续跟踪研究发现，华为公司作为中国民营企业，其发展历程符合后发企业从追赶到超越追赶再到国际引领的路径特征。华为公司的发展历程，伴随着技术创新的持续进步，同时也伴随着商业模式的持续创新，是在技术创新与商业模式双轮驱动下的持续高质量发展。

追赶阶段的技术创新与商业模式构建

创业初期，华为从小型用户交换机代理业务开始，经过散件组装低端用户交换机、模仿生产小型用户交换机，到自主研发2000门数字局用交换机，再到成功推出拳头产品C&C08万门数字局用交换机。这一阶段华为的主要战略目标是活下来，技术创新主要是以模仿和重组为主，即在模仿和重组的基础上，逐渐实现技术积累，并最终走向技术和产品的自主研发。

在商业模式上，初创期的华为无法和国际大公司正面竞争，于是选择了竞争压力相对较小的农村市场，没有实力像国际大公司那样布局代理渠道，于是选择了直销的模式来进行市场拓展，即在全国各主要省会城市设立分公司，直接面向客户销售。该模式的优势一是可以直接面对客户，及时发现市场机会、快速响应客户需求，提升市场占有率，二是可以及时发现产品问题并快速解决问题，从而弥补产品和技术方面的缺陷。在客户需求的推动下，华为的技术创新也得到了快速的积累和提升。

这一阶段的华为，可以说是边研究技术、边开拓市场、边开发和改进产品。就这样，在技术创新和商业模式创新的共同推动下，经过多次的失败和艰苦努力，华为终于在技术上有了较大提升，1993年，华为成功推出C&C08系列局用数字交换机，实现了技术、资金和市场的快速积累。1997年，华为推出无线GSM解决方案，随后开始从农村市场走向城市市场，实现了从农村到城市的第一次战略转型。

超越追赶到国际引领阶段的技术创新与商业模式创新

进入城市市场的华为，继续坚持技术和产品研发方面的大力投入。经过多年高强度的技术和产品研发投入，华为在2G、3G技术方面取得持续突破，与世界一流企业的技术差距逐渐缩小，成功进入国内主流市场，并开始走向国际市场。2003年，华为全球首创3G分布式基站；2004年，华为开始4G LTE标准化工作。随着5G技术研发工作的推进，华为技术创新从顶层应用技术开发逐渐延伸到基础技术开发领域，2012实验室的建立是华为进入基础技术研究的关键里程碑。

技术创新的进步同样推动着华为商业模式创新的进步。进入国际市场以后，简单的通信设备销售已经无法满足国内和国际客户的需求，华为开始从通信设备销售商向通信技术解决方案提供商转变。在市场开发上，华为选择通过参加国际化展会、在海外设立办事处、营销中心等形式，积极开拓海外业务。同时，为了更好地服务国际化大客户，华为持续加大技术投入，通过引进国际先进经验、国际一流人才、国际先进技术，在海外设立研发基地、技术中心等措施，持续提升技术开发能力和产品开发能力。

从华为的发展可以看出，企业的持续进步是技术创新和商业模式创新在不同的阶段相互促进、共同作用的结果。

数字经济时代的原创商业模式：数字生态建设

工业经济时代，华为的商业模式是基于硬件产品＋软件产品＋

服务的价值创造循环。数字经济时代，质量的底层逻辑发生了改变，从零缺陷走向零距离。只有抓住质量零距离的本质并不断追求传统制造的零缺陷，才能实现增长方式的动力变革、质量变革与效率变革。

进入数字化时代的华为，在5G技术方面处于全球引领地位。其在MWC2018大展上发布的首款3GPP标准5G商用芯片巴龙5G01和5G商用终端，支持全球主流5G频段。在5G标准必要专利技术方面，2020年1月的统计数据显示，华为以3147个专利位列全球第一，华为Polar码成为5G国际标准。

在商业模式创新方面，伴随着移动通信和数字技术的发展，华为的业务从单一的以运营商业务为主，转向云管端一体化战略。在终端产品上，华为手机业务采用了自建线上电商平台+线下渠道代理的线上线下结合的销售模式；在运营商业务上，华为顺应5G核心网演进趋势，从电信级5G专网走向工业级5G专网，从集中的电信云走向分布的移动计算网。在企业业务方面，华为通过信息与通信技术基础设施建设，为企业提供企业网络、统一通信与协作的成品和服务。2021年，华为开始成立行业军团，并设立生态经理角色，整合数字产业上下游资源，打造数字化网络生态。未来，华为将以行业军团+铁四角交付模式更好地服务不同领域的企业网客户。

数字经济时代，华为商业模式最大的亮点是数字化生态建设。为了更好地以客户为中心，更好地为客户创造价值，华为引入了IBM的数字流程变革，通过质量部与流程IT部的合并，将质量工作融入数字流程中。质量流程IT的使命是支撑公司战略和业务发展。一方面通过数字规则影响质量评价规则，使软件、硬件、服务三位一体，全面提升质量效益。另一方面，通过全面数字生态体系建设，与产业上下游企业共同搭建数字生态系统，在客户端实现质量零距离，更好地提升客户体验以及个性化产品和服务质量。同时，华为还通过在供应端提升工程规模和先进程度，进一步推动质量从零缺陷走向零距离。

参考文献

[1] 吴晓波,徐光国,张武杰.激活组织:华为奋进的密码[M].北京:中信出版社,2021.

[2] 爱德华兹·戴明.戴明的新经济观[M].钟汉清,译.北京:机械工业出版社,2015.

[3] 爱德华兹·戴明.转危为安[M].钟汉清,译.北京:机械工业出版社,2016.

[4] 白少君,崔萌筱,耿紫珍.创新与企业家精神研究文献综述[J].科技进步与对策,2014(23):178-182.

[5] 波德里亚.消费社会[M].刘成富,全志钢,译.南京:南京大学出版社,2006.

[6] 程虹,许伟.质量创新战略:质量管理的新范式与框架体系研究[J].宏观质量研究,2016(3):1-22.

[7] 程虹,许伟.质量创新:"十三五"发展质量提高的重要基础[J].宏观质量研究,2015(4):9-21.

[8] 崔立新.顾客感知服务质量测评技术现状及未来发展趋势[J].认证技术,2020(002):73-75.

[9] 大野耐一.大野耐一的现场管理[M].崔柳,译.北京:机械工业出版社,2011.

[10] 大野耐一.丰田生产方式(精)[M].谢克俭,李颖秋,译.北京:中国铁道出版社,2016.

[11] 董华,隋小宁.数字化驱动制造企业服务化转型路径研究——基于DIKW的理论分析[J].管理现代化,2021,41(5):5.

[12] 杜传忠,杨志坤.德国工业4.0战略对中国制造业转型升级的借鉴[J].经济与管

理研究，2015（007）：82-87.
- [13] 范秀成，杜建刚. 服务质量五维度对服务满意及服务忠诚的影响——基于转型期间中国服务业的一项实证研究［J］. 管理世界，2006（6）：8.
- [14] 菲利浦·克劳士比. 质量再免费：如何在不确定的时代把质量确定［M］. 零缺陷管理中国研究院，译. 北京：经济科学出版社，2005.
- [15] 菲利浦·克劳士比. 质量免费：确定质量的艺术［M］. 杨钢，林海，译. 北京：中国人民大学出版社，2006.
- [16] 弗兰克·奈特. 风险、不确定性与利润［M］. 郭武军，刘亮，译. 北京：华夏出版社，2013.
- [17] 高培勇，袁富华，胡怀国，等. 高质量发展的动力、机制与治理［J］. 经济研究，2020，55（4）：16.
- [18] 格雷戈里·沃森，栗志敏. 全面质量管理之父：阿曼德·费根堡姆［J］. 上海质量，2015.
- [19] 安迪·格鲁夫. 只有偏执狂才能生存：特种经理人培训手册［M］. 安然，张万伟，译. 北京：中信出版社，2010.
- [20] 郭克莎. 质量经济学概论［M］. 广州：广东人民出版社，1992.
- [21] 郭士纳. 谁说大象不能跳舞：IBM董事长郭士纳自传［M］. 北京：中信出版社，2006.
- [22] 韩福荣. 质量生态学［M］. 北京：科学出版社，2005.
- [23] 胡展硕. 熊彼特理论创新点及中国创新现状——基于熊彼特破坏性创造理论的研究［J］. 发展研究，2020（2）：6.
- [24] 华为大学. 熵减：华为活力之源［M］. 北京：中信出版社，2019.
- [25] 华为公司数据管理部. 华为数据之道［M］. 北京：机械工业出版社，2020.
- [26] 马克斯·韦伯. 理想国：新教伦理与资本主义精神［M］. 康乐，简惠美，译. 桂林：广西师范大学出版社，2010.
- [27] 黄卫伟. 价值为纲：华为公司财经管理纲要［M］. 北京：中信出版社，2017.
- [28] 黄卫伟. 以奋斗者为本：华为公司人力资源管理纲要［M］. 北京：中信出版社，2014.
- [29] 黄卫伟. 以客户为中心：华为公司业务管理纲要［M］. 北京：中信出版社，2016.
- [30] 杰里米·里夫金. 零边际成本社会［M］. 赛迪研究院专家组，译. 北京：中信出版社，2014.
- [31] 克劳斯·施瓦布. 第四次工业革命（实践版）［M］. 北京：中信出版社，2019.
- [32] 克劳斯·施瓦布. 第四次工业革命：转型的力量［M］. 北京：中信出版社，2016.

[33] 李唐.中国传统质量文化的主要特质[J].宏观质量研究,2015(3):1-15.

[34] 刘斌,赵晓斐.制造业投入服务化,服务贸易壁垒与全球价值链分工[J].经济研究,2020,55(7):16.

[35] 刘伟丽,袁畅,曾冬林.中国制造业出口质量升级的多维研究[J].世界经济研究,2015(2):69-77.

[36] 刘研,仇向洋.顾客价值理论综述[J].现代管理科学,2005(5):82-84.

[37] 柳卸林,高雨辰,丁雪辰.寻找创新驱动发展的新理论思维:基于新熊彼特增长理论的思考[J].管理世界,2017(12):18-29.

[38] 罗纳德·哈里·科斯.变革中国:市场经济的中国之路[M].王宁,译.北京:中信出版社,2013.

[39] 马永开,李仕明,潘景铭.工业互联网之价值共创模式[J].管理世界,2020,36(8):11.

[40] 迈克尔·波特.国家竞争优势[M].李明轩,邱如美,译.北京:中信出版社,2007.

[41] 毛泽东.毛泽东选集(第一卷)[M].北京:人民出版社,1991.

[42] 孟猛,朱庆华.国内外信息系统用户体验研究综述[J].图书馆学研究,2021(9):9-19.

[43] 米歇尔·渥克.灰犀牛:如何应对大概率危机[J].供热制冷,2018(1):1.

[44] 伊利亚·普利高津.确定性的终结:时间、混沌与新自然法则[M].湛敏,译.上海:上海科技教育出版社,1998.

[45] 冉涛.华为灰度管理法[M].北京:中信出版社,2019.

[46] 任保平,魏婕,郭晗,等.数量:质量经济学的范式与标准研究[M].北京:人民出版社,2017.

[47] 芮斌,熊玥伽.华为终端战略[M].杭州:浙江大学出版社,2018.

[48] 史殿魁,高峰.质量4.0助力高质量发展[J].中国质量,2020(9):6.

[49] 狩野纪昭,梁红霞,田彤坤.质量进化:可持续增长之路[J].中国质量,2012(10):14-18.

[50] 纳西姆·尼古拉斯·塔勒布.黑天鹅[M].万丹,刘宁,译.北京:中信出版社,2011.

[51] 弗雷德里克·温斯洛·泰勒.科学管理原理[M].北京:北京大学出版社,2013.

[52] 泰勒·考恩.大停滞?——科技高原下的经济困境:美国的难题与中国的机遇[M].王颖,译.上海:上海人民出版社,2015.

［53］田涛，吴春波.下一个倒下的会不会是华为［M］.北京：中信出版社，2012.

［54］田涛.华为的理念创新与制度创新［J］.企业管理，2016（3）：6.

［55］托马斯·库恩.科学革命的结构［M］.金吾伦，胡新和，译.北京：北京大学出版社，2012.

［56］维克托·迈尔－舍恩伯格，肯尼斯·库克耶.大数据时代：生活、工作与思维的大变革［M］.周涛，译.杭州：浙江人民出版社，2013.

［57］吴春波.保持熵减，焕发组织活力的华为探索［J］.金融博览，2018（11）：2.

［58］吴春波.任正非的"灰度管理哲学"［J］.人力资源，2019（7）：3.

［59］项立刚.5G机会——5G将带来哪些机会？如何把握？［J］.经济理论与经济管理，2020（9）：1.

［60］肖静华，胡杨颂，吴瑶.成长品：数据驱动的企业与用户互动创新案例研究［J］.管理世界，2020，36（3）：23.

［61］熊伟.质量创新［M］.北京：中国标准出版社，2015.

［62］许伟.质量变革：高质量发展的新视角［M］.西安：西安交通大学出版社，2020.

［63］杨大跃.首席质量官——华为管理转型与质量变革［M］.北京：企业管理出版社，2021.

［64］阳立高.生产性服务业集聚如何影响制造业结构升级？——一个集聚经济与熊彼特内生增长理论的综合框架［J］.管理世界，2020，36（2）：23.

［65］袁建军.供应铁军：华为供应链的变革、模式和方法［M］.北京：机械工业出版社，2020.

［66］约瑟夫·派恩，詹姆斯·H.吉尔摩.体验经济［M］.毕崇毅，译.北京：机械工业出版社，2012.3.

［67］约瑟夫·M·朱兰，约瑟夫·A·德费欧.朱兰质量手册：通向卓越绩效的全面指南（第七版）［M］.中国质量协会，译.北京：中国人民大学出版社，2021.

［68］约瑟夫·熊彼特.经济发展理论：对于利润资本信贷利息和经济周期的考察［M］.何畏，易家详，译.北京：商务印书馆，1990.

［69］詹姆斯·埃文斯，威廉·林赛.质量管理与卓越绩效［M］.岳盼想，译.北京：中国人民大学出版社.2016.

［70］张群祥，熊伟，朱玲凤，等.基于Kano模型和质量功能展开的医疗服务质量提升研究［J］.中华医院管理杂志，2021，37（4）：6.

［71］赵宸宇.数字化发展与服务化转型——来自制造业上市公司的经验证据［J］.南开管理评论，2021.

［72］赵文斌.质量春秋［M］.北京：中国质检出版社，2015.

［73］赵正国.美国国家制造业创新网络计划评估机制建设及案例研究［J］.科学管理研究，2019（1）：4.

［74］中国质量协会.卓越绩效评价准则实务［M］.北京：中国质检出版社.2012.

［75］周贵川，罗文雪，何亚惠，等.公私合作技术创新网络中企业创新产出提升路径——基于美国制造业创新网络的模糊集定性比较分析［J］.中国科技论坛，2020（10）：10.

［76］丁伟，陈海燕.熵减：华为活力之源［M］.北京：中信出版社，2019.

［77］Abbott, L. Quality and Competition［M］. New York:Columbia University Press, 1955.

［78］Akerlof, G. A. The market for "lemons"：Quality uncertainty and the Market Mechanism［J］. The Quarterly Journal of Economics, 1970（84）：8–129.

［79］Amiti M, Khandelwal A K. Import Competition and Quality Upgrading［J］. Social Science Electronic Publishing, 2009, 95（2）.

［80］Amiti, Mary and Amit Khandelwal. Import Competition and Quality Upgrading［J］. The Review of Economics and Statistics. 2013, 95（2）：476–490.

［81］Ana Belén Escrig Tena, et al. Measuring the relationship between total quality management and sustainable competitive advantage: A resource-based view［J］. Total Quality Management, 2001, 12（7–8）：932–938.

［82］Archibald, Robert B. et al. Quality, Price, Advertising, and Published Quality Ratings［J］. Journal of Consumer Research. 1983（2）：56–347.

［83］Asif M, et al. Why quality management programs fail: A strategic and operations management perspective［J］. International Journal of Quality & Reliability Management, 2009, 26（8）：778–794.

［84］Benson P G, et al. The Effects of Organizational Context on Quality Management: An Empirical Investigation［J］. Management Science, 1991, 37（9）：1107–1124.

［85］Crosby, P. B. Quality is free: The Art of Making Quality Certain［M］. New York: New American Library. 1979：15–97.

［86］David A Garvin. What Does "Product Quality" Really Mean［J］. Harvard University Fall, 1984, 26（1）：25–43.

［87］D eming, W. E. Quality, Productivity and Competitive Position［M］. Cambridge: Massachusetts Institute of Technology, Center for Advanced Engineering Study, 1982.

［88］Feigenbaum A.V. Total Quality Control［M］.New York: McGraw-Hill, 1991.

［89］Feigenbaum, A.V. Quality and Business Growth Today［J］. Quality Progress, 1982, 15

(11): 22-34.

[90] Flynn B B, Huo B, Zhao X. The impact of supply chain integration on performance: A contingency and configuration approach [J]. Journal of Operations Management, 2010, 28 (1): 58-71.

[91] Flynn B B, Saladin B. Relevance of Baldrige constructs in an international context: A study of national culture [J]. Academy of Management Annual Meeting Proceedings, 2006, 24 (5): 583-603.

[92] Flynn B B, Schroeder R G, Sakakibara S. The Impact of Quality Management Practices on Performance and Competitive Advantage [J]. Decision Sciences, 1995, 26 (5): 659-691.

[93] Fornell Claes. Boost Stock performance, nation's economy [J]. Quality Progress, 2003 (36): 25.

[94] Fornell, Claes, Michael D. Johnson, Eugene W. Anderson, et al..The American Customer Satisfaction Index: Nature, Purpose, and Findings[J]. Journal of Marketing. 1996 (60): 18.

[95] Hippel E V. The Sources of Innovation [J]. Technology & Culture, 2007, 31 (2): 50-58.

[96] Johnson, Eugene W, Fornell Claes. Customer Satisfaction and Shareholder Value [J]. Journal of Marking, 2004, 68 (10): 172.

[97] Juran, J. M. Juran on Quality by Design: The New Steps for Planning Quality into Goods and Services [M]. New York: Free Press, 1992.

[98] Kaynak H, Hartley J L. A replication and extension of quality management into the supply chain [J]. Journal of Operations Management, 2008, 26 (4): 468-489.

[99] Kaynak H. The relationship between total quality management practices and their effects on firm performance [J]. Journal of Operations Management, 2003, 21 (4): 405-435.

[100] Khandelwal A. The Long and Short (of) Quality Ladders [J]. Review of Economic Studies, 2010, 77 (4): 1450-1476.

[101] Nelson, P. Information and Consumer Behavior [J]. Journal of Political Economy, 1970 (78): 311-329.

[102] Penrose E T. Profit Sharing Between Producing Countries and Oil Companies in the Middle East [J]. Economic Journal, 1959, 69 (274): 238-254.

[103] Powell T C. Total Quality Management as Competitive Advantage: A Review and Empirical Study [J]. Strategic Management Journal, 1995, 16 (1): 15-37.